KB204446

우리 모두는 이방인이다

사례로 보는 이주여성인권운동 15년

이 도서의 국립중앙도서관 출판예정도서목록(CIP)은
서지정보유통지원시스템 홈페이지(http://seoji.nl.go.kr)와
국가자료공동목록시스템(http://www.nl.go.kr/kolisnㅎ8et)에서 이용하실 수 있습니다.
CIP제어번호: CIP2017002478(양장), CIP2017002479(학생판)

We are all strangers:
15 years of women migrants'
human rights movement in Korea

우리 모두는
이방인이다

사례로 보는 이주여성인권운동 15년

한국염 지음

한울
아카데미

차례

제1부   이주여성운동의 태동

제2부   여성들의 이주, 유입에서 귀환까지

제3부   이주 여성들의 안전한 삶을 위한 법과 제도 마련

6

한국염 대표와 이주 여성들의 치열한 생존 기록

　흔히 운동사라고 하면 상상되는 서사가 있다. 불의와 불평등에 맞서 어떻게 당사자들이 단결하여 정의를 회복했는가에 대한 투쟁의 기록 같은 것이다. 그런데 여성, 특히 이주 여성은 오랜 기간 당사자 운동의 주체가 되지 못했다. 그들은 종종 피해자와 증언자로 등장했다. 그만큼 한국 사회의 이주 여성은 강도 높은 폭력, 차별, 경제적 착취, 추방, 몰이해, 문화적 무시 등 중첩적 권력에 압도 되어 집단적 목소리를 내지 못했다. 또한 주류 여성운동이나 인권운동에서 이주여성인권운동은 핵심 의제가 되지 못했다. 불모지와 같던 이주여성인권운동은 한국염 대표님이 한국이주여성인권센터를 열면서 큰 뿌리를 내렸다고 할 수 있다.

　이 책은 지난 15년간 한국염 대표님과 활동가, 이주 여성이 겪어낸 치열한 생존의 기록이다. 이 책이 반가운 이유는 이주 여성들이 한국의 소수자 인권운동의 역사를 새롭게 구성하는 발화자로 등장했기 때문이다. 1990년대 이후 한국에 온 이주 여성들은 한국의 가부장적 성차별주의, 인종차별주의와 경제제일주의 가치가 채 변화하지 못한 상황에서 한국에 유입되었고, 그들이 그 피해를 고스란히 받고 있다. 이 때문에 기존의 한국 인권운동에서 사유되지 못한 젠더, 인종, 계급이라는 삼중의 억압체제하에서 인권은 어떻게 구성될 수 있을지를 질문하고 있다. 이주 여성과 함께 거리에 나가서 싸우고, 토론하고, 추모식을 치룬 한국염 대표님은 이 책에서 이주 여성의 인권 문제는 제도적·법적 조치뿐 아니라 공감·애도·기쁨을 함께 나누는 것임을 알려준다. 이주 여성의 고통의 언어를 들을 수 있고 '사건'을 제대로 읽어낼 수 있는 공정한 중재자가 되는 것이 인권을 실천하는 첫걸음이라는 것이다.

한국인 선주민은 이주 여성들과 어떻게 만나야 할까? 이 책은 우리에게 한국이주여성인권센터 한국염 대표님이 걸어왔던 길의 의미를 생각해볼 것을 주문한다. 이주 여성이 당하는 폭력과 차별에 분노하지만 동시에 이들이 힘과 지혜를 지닌 존재임을 믿고, 같은 자리에서 언제나 함께 하는 것이다. 한국염 대표님은 평범한, 낙담한, 그리고 고통받던 이주 여성들을 정의로운 변화를 이뤄낼 당사자 활동가로서 키워내셨다. 오랜 여정이었다. 무척 힘들고 지치셨을 것이다. 목사로서 한국염 대표님이 보여준 치유와 회복의 능력에 감사드리며 대표님이 열어준 이주여성인권운동에 동행하자. 이를 통해 우리는 모든 이의 인권이 보장되는 진정한 다문화 사회로 이동할 수 있다.

연세대학교 문화인류학과 교수
김현미

이주 여성들의 어머니, 한국염 대표

먼저 이 책 『우리 모두는 이방인이다』의 출간을 환영하고 축하드립니다. 한국염 대표님은 저를 비롯한 이주 여성들에게 어머니와 같은 존재입니다. 살던 터전을 떠나 다른 곳으로 이주해서 산다는 것은 엄청난 결단과 용기가 필요한 모험입니다. 한국염 대표님은 그러한 모험을 시작한 우리 이주 여성 곁에 언제나 함께 있어주셨습니다. 언제나 한결같이 함께한다는 것은 사명감이 없이는 할 수 없는 일이라는 것을 너무나 잘 알고 있기 때문에 늘 감사하고 존경합니다.

15년 동안 이주 여성들과 함께해온 열정과 현장의 소리, 정책 현황까지 책으로 출판한다니 정말 기뻤습니다. 이 책을 다 본 후 저에게는 딱 한 가지 생각이 떠올랐습니다. 이 책은 이주 여성에 대한 이야기이지만, 결국에는 '사람' 이야기라는 것입니다.

이 책은 이주 여성을 이주 여성으로 구분해서 생각하고 대하는 것이 아니라 사람으로 대하면 된다는 것을 알려줍니다. 그냥 내 주변에 있는 가족, 이웃이라는 것입니다. 15년 전에 이주 여성에 대한 정책이 미비하여 선주민에게는 상상도 할 수 없는 차별과 고통 속에서 살아가야 했던 이들과 함께 웃고, 함께 울면서 제도를 만들어가고 수정하고 재판을 받았던 현장의 이야기를 생생하게 들려줍니다. 그뿐 아니라 정책 개선에 도움이 될 수 있도록 정책의 미비점을 체계적으로 정리해 이주 여성 정책의 교과서라고도 할 수 있습니다.

　이 책을 보면서 그동안 한국염 대표님의 이주 여성들을 향한 진심과 사랑이 느껴졌습니다. 한 사람이 희생과 열정으로 참 많은 열매를 맺을 수 있었고 그 뒤를 이어 모두가 행복하게 살 수 있는 나라를 만들 수 있도록 이렇게 기록을 남겨주셔서 또 얼마나 감사한지 모릅니다. 무엇보다 이주 여성이 변방에서 주체자로 설 수 있도록 함께 뛰어주신 한국염 대표님께 사랑을 담아 감사와 존경의 인사를 전합니다. 사랑합니다.

19대 국회의원

이자스민

나도 이방인이었다

　필자는 독일에서 1988년부터 1991년 봄까지 3년 동안 외국인으로 생활한 경험이 있다. 독일 교회에서 남편에게 주는 가족장학금을 받아 장학처 돌봄을 받았으니 외국인이라도 별로 차별받지 않고 지냈다. 그런데 이곳에서 인종차별에 대한 충격적인 경험을 하게 되었다. 이방인을 대하는 독일 사람에게서가 아니라 자신 속에 있는 인종차별 의식을 발견하게 된 것이다. 장학처에서 운영하는 어학원에서 매일 만나는 사람들은 필자처럼 아시아, 아프리카, 남미 등 개발도상국에서 온 사람들이었다. 이들과 악수하며 음식을 나누어 먹고 스스럼없이 지냈다. 12월 31일이 되자 장학처에서 송구영신 파티를 한다고 뜰로 모이라고 했다. 노래하고 춤도 추다가 그해의 마지막을 알리는 "열, 아홉, 여덟 … 둘" 하는 카운트다운을 시작했다. "영!"이 세어지는 순간 베토벤Ludwig van Beethoven의 「환희의 송가Ode to Joy」가 울려 퍼지고 폭죽이 터졌다. 여기까지는 매우 멋지고 낭만적이었는데, 그다음 충격적인 일이 일어났다.

　탄자니아에서 온 남학생이 나를 끌어안고 "해피 뉴 이어Happy new year" 하고 인사했다. 순간적으로 깜짝 놀랐다. 몸이 굳어짐을 느낀 것이다. 그동안 많은 백인 외국인과 모임을 끝내고 헤어질 때 으레 껴안고 인사를 했었다. 그때는 거부반응이 하나도 없었다. 흑인이 껴안자 나도 의식하지 못한 채 몸이 거부를 한 것이다. 물론 몸이 거부한다고 해서 밀어내지는 못했다. 양식이 조금은 살아 있었기 때문이다. 그동안 스스로 인종 편견이 없다고 생각했는데 속마음이 벗겨지는 순간이었다. 파티를 마치고 집에 와서 내 안에 잠재되어 있는 인종차별을 보며 위선적인 모습에 얼마나 울었는지 모른다. 그때의 부끄러움을 잊을 수가 없다. 이런 경험은 이주여성운동을 하는 동안 스스로를 돌아보게 하는 큰 자극제가 되었지만 여전히 내 안에 깊이 박혀 있는 인종차별 의식에서 자유롭지는 못하다.

이주 운동을 하는 데 또 하나의 자산은 3년 동안 독일에서 보고 들은 경험이다. 독일에 살고 있는 파독 간호사와 광부들, 아르바이트를 하며 공부하는 한국인 유학생들, 이주 노동자들과 그 가족들의 생활을 들었고, 성매매로 유입된 태국 여성들의 애환도 간간이 들었다. 또한, 이들을 대하는 독일인들의 태도와 자국에 살고 있는 이주자들을 위한 독일 정책에 관심을 가졌다. 독일 사회에 살고 있는 이방인들을 돌보는 독일 교회의 자세에 감동을 받기도 했다. 한국에서 군부독재에 의해 광주 대학살 사건이 일어나자 자기 땅에 와 있는 파독 간호사와 광부들을 이런 위험한 나라에 돌려보낼 수 없다고 교회가 호소해 이들이 독일에 합법적으로 머무를 수 있었다고 한다. 물론 독일에도 인종차별이 있다. 큰 아이는 중학교에 들어가 급우들로부터 괴롭힘을 많이 당했다. 그 경험 때문에 지금도 독일이라면 고개를 흔든다. 우리 큰 아이의 경우뿐 아니라 차별을 당한 사람들의 이야기를 교포들로부터 종종 들었다. 이렇게 차별이 존재하는 다른 한편에서 독일 교회는 이방인을 차별하는 풍토를 없애느라 시민들 의식화하는 일을 하고, 한국인들이 자기 문화를 향유할 수 있도록 지원하고, 한국인 목회자를 초빙해 예배를 드릴 수 있도록 한국인 교회를 지원했다. 한국인뿐 아니라 독일에 사는 개발도상국 사람들에게 관심을 갖고 보살폈다.

이주 문제 세미나나 독일 교회에서 주최하는 이주민 행사장을 쫓아다니며 한국 사회문제나 문화를 소개하고, 독일 인권 활동가들을 통해 이주민들과 어떤 관계를 유지하는지, 이주민들을 어떻게 지원하는지 보고 배웠다. 여성운동에 관심이 있었기에 독일 여성운동, 녹색당이 취하는 여성과 이주자 정책, 독일에 거주하고 있는 한국 여성들이 하는 운동을 기웃거리며 이주민 역량이 어떻게 발전하는지, 독일 단체는 독일에 거주하는 이주 여성들을 어떤 시스템으로 돌보는지 관심을 기울였다. 독일어가 부족해 수박 겉핥기식으로 보고 들었지만 그것이 나중에 한국에 와서 이주여성운동을 하는 데 큰 힘이 되었다. 돌아올 무렵, 안타깝게도 독일 사회에 네오나치스트Neo-Nazist들이 생겨나 인종차별이 사회문제가 되기 시작했고 독일은 네오나치의 등장에 대해 우려하고 있다.

1991년 한국에 돌아오니, 1988년 서울 올림픽을 기점으로 한국에도 이주 노동자가 유입되고 있어 자연히 이들에게 관심을 갖게 되었다. 한국 이주 노동자 문제를 실감하게 된 것은 산업연수생 이주 노동자들이 "우리는 노예가 아니다"라는 구호를 외치며 몸에 쇠사슬을 묶고 명동성당 들머리에서 농성을 했던 사건이다. 이 사건을 계기로 1996년 5월 2일 한국교회여성연합회에서 외국인 여성 상담소를 설립했는데, 설립 1주년 기념 심포지엄에서 '외국인 여성 노동자의 선교적 과제'라는 발제를 부탁받았다. 억압당하는 여성과 민중 문제에 관심해 활동해온 데다 독일 이주 경험 때문에 적임자라고 판단한 듯하다. 발제를 준비하면서 교회여성연합회가 실시한 '외국인 여성 노동자 실태' 조사에서 드러난 상황들을 살피다 차별받고 있는 이주 여성 노동자 문제에 대해 고민하게 되었다. 이주 여성 노동자 대부분이 산업기술연수생 자격으로 한국에 왔다가 불법 체류하고 있었다. 다양한 직종에서 일하고 있었으며, 20~30대 젊은 여성들이 많았다. 조사에 참여한 이들은 산업연수생이나 미등록 여성 노동자들도 있었지만 중국 동포 여성들이 많았다. 중국 동포들은 친지 방문을 위해 관광비자로 입국해 취업한 후 머무르는 경우가 대부분이었다. 중국 동포를 조선족이라고 부르던 시절이었는데 이들의 삶은 너무 가혹했다. 조선족 여성은 재외 동포이기는 하지만 단순한 재외 동포가 아니다. 일제 치하에서 독립운동을 위해 만주로, 연해주로 이주한 선조들의 후예가 많았다. 조국 독립을 위해 헌신한 선조의 후예들이 고국이라고 찾아왔는데 고국에서 어찌 이리 푸대접을 할 수 있는지 안타까웠다.

교회여성연합회에서 실시한 외국인 여성 노동자 실태 조사를 통해 기업주의 가혹 행위와 임금 체불, 강제 추방의 위협 앞에 놓인 현지 법인 연수생 중국 여성 노동자들을 만나면서 이주 여성 노동자의 인권 상황과 그들의 아픔을 알게 되었다. 이들을 만나면서 가끔 남편에게, 그리고 나 자신에게 물었다. "오늘 이 땅에서 가장 고통받는 사람은 누구인가?" 마음으로부터 '외국인 노동자'라는 대답을 들었다. 대답을 들었으니 행동을 해야 해서 창신동 산동네에 자리 잡은 청암교회에서 '서울외국인노동자선교센터'를 열었다. 당시 민주화운동과 민중운동에 참여했던 일부 진보 성향 목회자들이 민중운동의 일환으로 외국인 노동자선교센터를 세우고 이주 노동자를 지원하고 있었다. 우리도 그 대열에 들어서게 된 것이다. 이름을 선교센터로 붙였다고 해서 처음부터 외국인 노동자를 개종시키려는 목적은 아니었다. 이주 노동자의 인권을 지원하기 위한 것이었고, 이후에는 개종을 목적으로 외국인선교센터를 세우는 교회들이 생겨나면서 이들과 차별화하기 위해 아예 선교라는 말을 떼어버리고 '서울외국인노동자센터'로 이름을 바꾸었다. 서울외국인노동자센터를 찾아오는 이주 여성 노동자들을 만나면서 이주 여성 노동자의 삶에 개입하게 되었다. 2000년 서울외국인노동자센터 부설로 여성 이주 노동자의 집을 설립하고 맨 먼저 한 것이 한국 최초 이주 여성 전용 쉼터인 '여성 이주 노동자의 집'을 세운 것이다. 이곳 쉼터에서 다양한 이주 여성들을 만났다. 국제결혼 이주 여성을 접하고 이들의 상황이 '창살 없는 감옥에 사는 삶'과 같다는 생각이 들었고, 이들의 인권 상황이 이주 여성 노동자보다 더 열악하다고 판단해 결혼이주여성에 집중하기 시작했다. 2001년 말 이주여성운동을 본격적으로 하기 위해 일하고 있던 한국여신학자협의회 사무총장 재임을 포기하고 센터 이름을 여성 이주 노동자의 집에서 '이주여성인권센터'로 바꾸고 본격적인 이주 여성 인권운동을 시작했다. 이주 여성 인권을 보장하기 위한 전제 조건이 모든 이주 노동자의 인권 향상이었기 때문에 센터 초기부터 이주노동자운동도 함께 진행했다. 이주 노동자 제도 마련과 미등록 이주 노동자 합법화를 위해 국회의사당 앞에서 2주 동안 단식투쟁도 하고, 성공회 성당 뒷마당에서 한겨울에 석 달 동안 천막농성도 하고, 출입국관리소 앞에서 집회도 하고, 캠페인도 벌였다.

2016년을 기점으로 이주여성인권운동에 뛰어든 지 15년이 지났다. 이제 그동안 일해온 한국이주여성인권센터 대표직에서 물러난다. 물론 대표직을 물러난다고 해서 이주여성운동을 그만두는 것은 아니다. 여전히 이주 운동 주변에 머무를 것이다. 이 시점에서 이주 여성 인권운동 15년을 돌아보고, 그것을 통해 향후 후진들이 이주여성운동 방향을 모색하는 데 도움을 주고자 이 책을 내기로 했다. 이 책은 두 가지 한계점을 안고 있다. 하나는 이 책이 학술적으로 쓴 전문 연구서가 아니라, 필자가 만난 이주 여성들의 삶과 이들과 함께 한 경험을 중심으로 기술한 것으로, 한국에서의 이주여성운동 흐름과 이주 여성의 상황을 쉽게 이해하기 위해 이주 여성 사건과 사례, 활동 등을 중심으로 정리한 것이다. 한국이주여성인권센터에서의 경험이 큰 비중을 차지하는데, 이주여성운동사에서 한국이주여성인권센터의 역할과 공헌이 크기에 이주여성운동사로 서술하기에 별 무리가 없을 듯하다.

또 다른 한계는 범주의 한계다. 이주 여성의 범주에는 결혼이주여성뿐 아니라 노동 이주 여성, 난민, 중국 동포와 고려인 동포 등 다양한 유형이 있다. 그러나 이 글은 결혼이주여성을 중심으로 서술했다. 국제 결혼의 증가로 결혼이주여성들의 인권침해 실태가 부각되고 한국 정부의 다문화 가족 정책에 대한 민간단체의 대응 활동이 강화되다 보니 이주여성운동이 결혼이주여성 중심으로 전개되었다. 결혼이주여성을 위한 법과 제도가 어느 정도 자리를 잡은 현 지점에서 향후 이주여성인권운동은 노동 이주 여성과 난민, 동포로 확장되어야 하는 과제가 남아 있다.

이주여성인권운동은 두 가지에 주목할 필요가 있다. 첫째는 이주 운동에 젠더 관점을 접목시키는 일이다. 필자의 이주여성인권운동의 출발점은 이주 여성들의 절박한 상황이 일차적이었지만 이주 여성들의 상황에 부닥치면서 여성 이주의 문제는 '젠더' 문제라는 것을 알게 되었다. 한국에서 이주 운동은 노동권, 경제 중심주의 대항, 인종차별 반대 입장에 초점을 맞추어 전개되어왔다. 이주노동자운동을 통해 이주 노동자들의 인권 상황이 많이 개선되었지만 이주 여성 노동자들이 직면하는 인권 문제를 젠더 관점에서 보지 못했기 때문에 제대로 대응하지 못했다. 이주 여성들의 이주 과정과 한국에서의 삶을 보면서 여성들의 이주에는 성차별주의와 인종차별주의가 서로 밀접하게 관계되어 있음이 파악되었고, 결과적으로 여성 이주의 문제는 젠더 관점에서 보아야만 제대로 대응할 수 있다고 판단했다. 둘째, 이주여성인권운동의 목표는 젠더 관점에서 여성들의 '안전한 이주'를 증진시키는 일이다. 이주 여성들은 본국을 떠나 한국에 도착하는 이주의 과정부터 위협을 받으며, 한국에 도착해서는 불안정한 체류와 불안정한 생활환경, 불안전한 작업환경에 노출된다. 이렇게 여성 이주가 불안한 근간에는 본국에서, 도착국에서 겪는 성차별주의 때문이다. 따라서 '젠더 관점'과 '안전한 여성 이주'는 이주여성인권운동의 키워드다.

이 글은 세 부분으로 구성했다. 첫 번째는 한국에서 이주여성인권운동이 왜, 어떻게 시작되었는지 그 과정, 이주 여성의 유입에서 귀환에 이르기까지 이주 생애사를 통해 젠더가 이주 여성의 인권에 어떻게 작용하는지, 한국의 이주여성인권운동이 아시아 이주 여성의 인권을 위해 무엇을 해야 하는지를 이슈별로 살펴보았다. 두 번째는 이주여성인권단체들이 지난 15년 동안 한국에서 이주 여성이 안전하게 살 권리를 누릴 수 있도록 하기 위해 전개한 법·제도

운동과 이주 여성 사건에 대응한 활동, 인권을 증진시키기 위한 초국적 연대 활동을 살펴보았다. 세 번째는 이주 여성을 주체로 세우기 위한 역량 강화 활동을 키워드를 중심으로 정리하면서 이주 여성 당사자들과 함께 만들어가는 미래를 그려보았다.

이 글에서는 이주 여성들의 본국을 출발국, 또는 송출국으로, 도착하는 한국을 유입국, 또는 목적국, 도착국이라는 단어를 필요에 따라 섞어서 사용함을 밝힌다. 이른바 불법체류자는 미등록 노동자 또는 초과체류자라는 말을 사용한다. 국제노동기구ILO에 의하면 신분이 어떻든지 노동을 하는 사람은 노동자로 정의하기 때문에 이 정의에 따라 인권운동에서는 불법체류자라는 말을 쓰지 않는다. 또한 한국인이라는 말 대신에 선주민이라는 말을 사용한다. 인종차별을 이야기할 때 '원주민'이라는 용어를 보편적으로 사용한다. 한국의 경우는 97%가 한국인 원주민이기 때문에 이 개념에 맞지 않다. 한국의 이주운동에서는 한국인 대신에 '선주민'이라는 용어를 사용하는데, 한국인을 강조할 경우 한국인 대 외국인의 장벽이 생기기 때문에 선주민/이주민이라는 용어를 쓴다. 선주민이란 한국인이 원래부터 한반도에 산 것이 아니라 중앙아시아로부터 또는 우랄 산맥이나 중국을 거쳐 한국에 이주한 백성, 먼저 이주해서 살고 있는 사람이라는 뜻을 내포하고 있다.

'우리 모두는 이방인이다'는 우리 모두 낯선 곳에서 힘들게 살아본 경험이 있는 사람들로서 우리와 함께 살고 있는 이주민과 이웃으로 더불어 살자는, 다문화 사회로 향하는 빗장을 열자는 권유이다. 이주는 기본적으로 신자유주의라는 무한경쟁의 함정 속에서 더 나은 삶을 추구하는 사람들이 지구적으로 이동하여 생겨난다. 좀 더 나은 내일을 위해 낯선 세계로 들어가는 모든 사람은 이주민과 같은 경험을 하게 된다. 우리도 이주민처럼 낯선 세상에서 서로에 대해 각자 이방인일 수밖에 없다. 제목을 통해 우리가 겪고 있는 낯섦과 다름을 인정하고 이방인을 혐오하지 말자는, 이주민과 경계를 허물고 차별 없는 세상을 만들자는 다짐을 강조하고 싶다.

이 글을 쓰는 동안 계속 귀에 맴도는 소리가 있다. 이주 여성 추모제에서 부르짖은 이주 여성의 호소, "우리들에게 죽지 않을 권리를 보장해주세요", "우리도 그 사람처럼 될까 봐 두려워요"가 들린다. 이 글은 이주 여성들의 살 권리를 위해 이주 여성들과 동행한 이야기이며 역사다. 이 글이 이주 여성의 삶과 인권에 관심을 불러일으킬 수 있기를, 그리고 변방에 서 있는 이들에게 징검다리가 되어 그들이 한국 사회에서 한국 선주민과 평등해지기를 기대한다.

지난 15년의 역사를 훑다 보니 「You Raise Me Up」의 노랫말이 생각난다.

당신이 있어서 나는 산에 오를 수 있었고,
당신이 있어서 폭풍 이는 바다를 건널 수 있었습니다.
당신 때문에 나는 내가 할 수 있는 것보다 더 큰 일을 할 수 있었습니다.

그분들의 모습을 한 분씩 떠올리며 감사의 마음을 전하고 싶다. 먼저 '여성이주노동자의 집'으로 시작해서 오늘에 이르기까지 기틀이 되고, 기둥이 되고, 디딤돌이 되어준 단체와 사람들이 있다. 이주여성인권센터의 머릿돌이 되어준 한국기독교장로회 청암교회와 서울외국인노동자센터가 없었다면 오늘의 한국이주여성인권센터는 존재하지 않았을 것이다. 처음으로 이주여성쉼터를 만들고 비영리 민간단체인 여성이주노동자의 집을 운영하는 데 큰 디딤돌이 되어주었다.

서울외국인노동자센터 사무국장으로 있다가 의기투합해 여성이주노동자의 집을 세우는 데 동참해 사무국장으로 일하다 현재 서울이주여성쉼터 소장인 최진영, 센터 초기부터 모성보호 팀을 꾸리고 상담 팀장으로, 법인이 된 이후에는 이사로 쉼터와 이주여성인권센터에 오는 이주 여성을 상담하고 돌봐준 김상임, 정부지원 없이 운영하느라 재정 기반이 약한 쉼터 초기부터 쉼터에 오는 이주 여성들을 따뜻하게 지켜준 쉼터지기 김현숙, 신학교 후배이자 여신도회전국연합회 시절 동료로서 내 요청에 응답해 여성이주노동자의 집이 이주여성인권센터로 바뀌고 한국이주여성인권센터로 법인화하고 이주여성 긴급전화가 자리를 잡도록 헌신해준 강성혜, 이분들이 흘린 땀을 기억한다.

이주여성인권센터 초창기 시절, 독일에 이주했던 인연으로 이주 여성 모성보호를 위해 창신동 골목을 누비며 멀리 상일동, 거여동 너머 외진 곳에 사는 이주 여성 노동자와 아기들을 돌보느라 밤낮을 가리지 않고 애쓴 정혜숙 모성보호 팀장을 비롯해서 김일향, 정금화, 최영옥, 문계진 팀원들, 이분들의 헌신이 없었다면 이주 여성들과 아기들은 어찌되었을까?

필자와의 인연으로 붙들려, "한국염이 가라면 가고, 오라면 온다"며 초창기부터 물심양면으로 버팀목이 되어준 전순란, 이숭리 두 친구, 이들은 정말로 큰 힘이었다. 중간에 결합해서 지금까지 이사로서 함께 길을 걸어준 조인섭 이사를 비롯한 여러 이사들이 나누어준 끊임없는 사랑도 빼놓을 수 없다. 그리고 필자의 여성운동 산실로서 초기부터 지금까지 든든한 기둥이 되어준 한국기독교장로회 여신도회 전국연합회, 독일에서 이주민으로 산 경험을 거울삼아 한국 이주 여성 문제에 관심을 갖고 지원하는 재독한인교회여신도회협의회 등, 우리의 마중물에게 감사 인사를 드린다.

필자 이주여성운동에 길벗이 되어준 소중한 분들이 있다. 이주 여성으로 센터 프로그램에 참여하고 역량을 강화해 이제는 이주여성운동에 동인이자 동료가 된 이주 여성 활동가 레티마이투, 안순화, 원옥금, 이해응, 동애화, 홍매화, 호티뚜완, 전국 어디서든 이주 여성 인권에 관한 법적 문제가 발생하면 달려와주고 법률 상담을 통해 이주 여성을 지원해주는 공익법인권재단 '공감'의 소라미 변호사와 민주사회를 위한 변호사모임 위은진 변호사를 비롯한 여성위원회 위원들에게 감사한 마음을 전한다. 한국이주여성인권센터 활동에 방향을 제시해주고 지지와 격려, 힘을 보태주는 연세대학교 김현미 교수, 이주여성운동

불모지 시절부터 이주 여성들의 인권을 위해 헌신해온 유영님 두레방 소장과 남양주이주노동자여성센터 정숙자 목사, 이주노동자운동 초기부터 이주 노동자 인권에 에너지를 쏟으며 단식, 한겨울 천막농성, 거리 투쟁에 함께해온 외노협 여성 활동가들, 이주 여성 인권 문제를 여성운동에 접목해 여성운동 이슈로 부각시켜주고 유엔 활동의 길잡이가 되어준 한국여성단체연합에 고마움을 전한다. 여성폭력추방운동에 나서 우리 운동에 이정표가 되어준 여성의전화와 성폭력상담소, 이주 여성 사건이 생길 때마다 추모제와 재판 방청, 캠페인에 함께 힘을 실어준 '이주여성쉼터협의회' 소장들, 우리가 제기한 이주 여성 인권 문제를 국가 정책으로 활성화할 수 있도록 자리를 마련해주고 정책 입안과 정부 사이에 다리가 되어준 남윤인순 의원, 이자스민 전 의원 등, 연대의 담쟁이가 되어준 이분들이 있어 산을 넘을 수 있었다.

무엇보다도 빼놓을 수 없는 것은 나와 함께 이주여성인권운동의 동력이 되어 한국이주여성인권센터가 이주 여성 민간대사관으로서 이주 여성과 '생명, 평화, 평등'을 함께 나눌 수 있도록 센터와 쉼터에서 팀장으로, 간사로 열정을 바쳤던 정영진, 최종숙, 인미란, 권미경, 김현덕, 김영희, 권미주, 윤현나, 홍계양, 박희진, 송옥진, 유임숙 역대 활동가들에게 고마운 마음을 전한다. 또 각자의 자리에서 이주 여성의 집이 되고 가족이 된 강혜숙, 고은영, 김숙, 정승희, 김순애, 이둘녀, 박정숙, 김은경, 이기선 지부 대표들과 오랫동안 센터 정책 팀장으로 활동하다 공동 대표로서 함께하고 있는 김엘리와 사무처장 강성의, 허오영숙, 그리고 2005년부터 오늘에 이르기까지 이주 여성과 자녀들을 가정방문해 한국어 교육을 하고 있는 이화여자대학교 동아리 '다정' 회원들에게 고맙다는 인사를 전하고 싶다. 그대들은 내 동료이고 친구이고 가족들이다.

또한 한국이주여성인권센터가 오늘까지 오는 데 큰 지지대가 되어준 단체와 개인들을 기억한다. 오늘이 있기까지 지지와 격려를 보내주신 풀뿌리 후원자 여러분과 이주 여성 역량 강화를 위한 프로그램을 할 수 있도록 프로젝트로 지원해준 사회복지공동모금회, 한국여성재단, 인권보다는 기업 홍보 차원에서 프로그램을 지원하는 한국 상황에서 기업 홍보와는 상관없이 지원이 절실한 이주 여성들에게 꾸준히 베트남 항공편을 제공해주는 '한신항공', 폭력 피해를 입고 쉼터에 오는 이주 여성들이 자국어로 상담을 받을 수 있도록 통역비를 지원하고, 쉼터를 퇴소할 때 생활 집기를 마련할 수 있도록 지원해주는 'S-OIL'에 애틋한 감사의 마음을 전하고 싶다.

마지막으로 삶의 동반자로서 필자를 지지하고 격려해준 남편 최정의팔, 사회정의를 핑계로 내팽개쳐 키웠는데도 잘 성장해 자기 길을 가고 있는 한솜이와 꽃솜이에게 그동안 고맙다는 표현을 제대로 한 일이 없는데, 이번 기회를 빌려 "고맙다, 사랑한다"는 말을 전하고 싶다. "그대들은 나의 '샘'입니다."

원고를 검토해주고 의견을 나눠준 허오영숙 사무처장과 김엘리 공동 대표, 필자와의 인연으로 사회적 협동조합 '다문화 너머서'를 만들고 상임이사로 다문화어린이들을 지원하고 있는 김영희, 교정에 참여해준 이지연, 그리고 정성 들여 이 책을 펴내준 한울엠플러스(주) 대표를 비롯한 출판사 가족들에게 감사드린다.

잊을 수도 없고 잊어서도 안 되는 사람들이 있다. 우리가 마지막 기댈 언덕이고 피난처라고 찾아왔던, 이름을 밝히지 못하는 수많은 이주 여성들에게 "당신들의 고통과 눈물을 기억하고 있노라"는 말을 꼭 전하고 싶다.

2016년 12월 31일
숭인동에서

제**1**부
이주여성운동의 태동

여성의 이주는 이주를 떠날 때부터 딸로서 가족을 위해
내몰려 하게 되고, 이주 목적국인 한국에서는 저출산·
고령화 사회의 도구로서 가부장 사회에서 규정한 성 역
할을 위해 유입된다. 그 나라의 국민이 되지 못하고 귀
환할 경우 본국 가족의 기대치를 저버렸기 때문에 본국
에서도 안정된 삶을 누릴 수 없는, 이주의 시작부터 귀
환에 이르기까지 여성 이주의 문제는 젠더와 결합되어
있다. 그래서 젠더 관점에서 여성의 '안전한 이주'에 관
심을 둘 수밖에 없다.

1

이주하는 아시아 여성들

한국 초기 이주 여성의 현실

외국인 여성들은 1980년대 후반부터 한국으로 이주를 시작했다. 첫발을 들여놓은 이주 여성 노동자는 1986년 아시안게임 때 필리핀에서 가사 도우미로 온 젊은 이주 여성 노동자였다. 초창기에 영어 지도와 가사 도우미라는 이중적인 역할 때문에 주목을 받기도 했다. 그러나 필리핀 여성 가사 도우미는 언어 한계와 입주한 가정에서 발생하는 성폭력 문제, 강남이라는 지역적 한계 때문에 지속되지 못했고 1992년 한중 수교 후 입국하기 시작한 중국 동포 여성으로 대치되었다. 1990년대부터 한국에 유입된 이주 여성은 전체 이주자의 30~35% 정도였다. 시간이 흐르면서 여성 이주는 노동자 중심에서 결혼 이주, 예술흥행 이주 등 점점 다양한 영역으로 확대되었으며 이들이 겪는 인권 문제도 심각해졌다. 한국에 유입된 이주 여성들을 유형별로 살펴보면 다음과 같다.

중국 동포 이주 여성의 삶
제가 한국에 와서 식당에서 일을 할 때 가장 참을 수 없었던 것은 새벽부터 밤늦

게까지, 바쁠 때는 식사할 시간도 없이 일을 시키는 것입니다. 그것도 인간적인 대우를 해주는 것이 아니라 나보다 나이도 어린 사장이 별 잘못도 없는데 항상 욕을 하면서 일을 시키는 것입니다. 마지막에 참을 수 없어 식당을 그만두려 할 때에는 임금을 너무 많이 준 것 같다며 8만 원을 제했습니다. 물론 받지 못한 8만 원도 아깝지만 더 억울한 것은 사람을 노예 부리듯이 장시간 부려먹는다는 것입니다.[1]

이 사례에서 보듯이 중국 동포와 고려인 동포들은 비록 동포 신분이지만 한국 사회에서 동포로서 대접을 받기보다는 여성 노동자가 겪는 전형적인 문제에 그대로 직면했다. 일제강점기 강제 이주, 혹은 조국의 독립을 위해 중국으로 옮겨간 이들의 후손들이 한국과 중국의 국교 단절로 오지 못하다가 한중 수교로 한국에 들어올 수 있는 길이 열리자 고국에 찾아왔다. 그러나 이들이 직면한 것은 냉대와 무시였다. 이들은 대부분 숙박업소나 음식점의 점원, 간병인으로 일했는데 이 과정에서 저임금, 임금 체불, 인격 모독, 성추행 등 수많은 인권침해를 당했다. 이후 중국 동포를 비롯한 재외 동포의 차별이 문제가 되자 '재외 동포 출입국과 법적 지위에 대한 법률'에 근거한 2004년 동포 방문취업제H-2가 도입되었다. 이 제도를 통해 이주한 중국 동포와 구소련 지역 동포의 경우 36개 단순노무직종에 취업했다. 방문취업제로 입국한 여성 대부분은 가사 도우미나 간병인으로 일하고 있다.

해외투자법인 이주 여성 노동자의 삶

금양물산은 중국 한족 여성 18명을 현지법인 연구생이란 명목으로 데려와 단순

---

[1] 한국교회여성연합회 엮음, 『외국인여성노동자문제, 무엇이 문제인가?』(한국교회여성연합회, 1997), 36쪽.

노동을 시켜왔다. 근무시간은 점심 식사와 휴식 시간을 제외하고 하루 열 시간 근무하도록 되어 있으나 1일 2교대로 하루에 열두 시간을 근무할 수밖에 없었다. 외출이 금지되었으며 실제로 노예와 같은 삶을 강요당했다. 이런 가혹한 작업환경도 버티어낸 노동자들이 회사 측에 항의해 농성을 하게 된 것은 임금 체불 때문이었다. 회사 측은 임금 지급을 1년에 한 번 결산하여 지급하되 임금 전액은 중국 청도회사에서 가족에게 직접 지불하기로 한다는 일방적인 계약을 하고도 1년 동안의 임금을 약속 지급일이 3개월 지나도록 지불하지 않았다. 임금 지급이 이루어지지 않자 1996년 5월 30일 중국 노동자들은 임금 지급을 위한 농성을 벌였다. 단식 농성 후 겨우 임금을 받을 수 있었지만 회사 측은 단식 농성을 이끌어온 여섯 명을 회사 규정에 따라 행동하지 않는다는 이유로 7월 13일 강제 출국시키겠다고 통보했다. 그리고 이들이 계약 기간 2년을 채우지 못했으므로 뱃삯과 일체 경비는 본인 부담이며, 남은 석 달 임금 지급도 중국에서 한다고 일방적으로 통보했다. 주지령 외 여섯 명의 여성 노동자들이 더욱 참을 수 없었던 것은 한국인 주임에게 당한 성적 추행이었다. 한국인 직장 주임과 기사들은 거의 매일 여성 노동자들의 엉덩이를 두들기고 발로 차고 얼굴을 만지며 끌어안는 등 성희롱을 했다. 어느 날은 가공부 주임이 술을 마시고 여자 숙소로 들어와 여성 한 명을 밖으로 끌고 나갔다. 간신히 도망쳤으나 모두 놀라 벌벌 떨었다. 한국 남자에 대한 두려움과 설움 속에서 눈물로 보내야 했다고 한다.[2]

위의 내용은 공장을 도망쳐 기독교 인권 단체로 피신해온 해외투자법인(이하 해투법인) 연수생들이 기자회견에서 밝힌 증언 내용으로 해투법인 연수생들의 인권침해 실상을 보여준다. 1991년부터 해투법인 연수생 제도가 실시되면

---

2   한국염, 「외국인여성노동자 선교적 과제」, 한국교회여성연합회 엮음, 『외국인여성노동자 문제, 무엇이 문제인가?』(한국교회여성연합회, 1997), 92~115쪽.

서 연수생이라는 명목으로 많은 중국 여성이 들어왔다. 해외투자기업 산업연수생이란 외국 진출 한국 기업의 현지 공장 노동자를 한국에 데려와 모기업에서 연수시키는 제도다. 그러나 해투법인 연수생 제도는 외국인 노동자를 싼값에 고용해 노동을 착취하는 통로로 악용되고 인권침해 문제도 안고 있었다. 많은 해투법인이 주로 제조업이 많았기 때문에 연수생은 여성이 많았고, 악덕 기업주를 만나 임금 체불, 욕설과 성폭력 등의 인권침해를 겪거나 작업환경과 숙소가 열악한 경우가 빈번했다.

산업연수생 이주 여성들의 삶

네팔 여성 건천은 1997년 12월 15일에 산업연수생으로 한국에 왔다(비자 형태: D3). 건천은 한국에 들어와서 처음 배치된 연수업체에서 9개월간 일을 했다. 월급은 총 50만 원 정도 받았는데 회사에서 적립금(15만 원), 의료보험료(6000원), 연수생 위탁관리비(24000원)를 원천 징수해서 실제로 건천이 받는 돈은 30만 원 정도밖에 되지 않았다. 그 돈을 모두 집에 보냈지만, 한국에 오느라 꾼 돈도 갚을 수 없었다. 그나마 회사가 운영이 어렵게 되자 급여가 제때 나오지 않아 하는 수 없이 건천은 연수업체에서 탈출해서 서울로 왔다. 서울로 올라와서 미등록 이주 노동자로 봉제공장에서 시다로 일을 했다. 처음 받은 급여는 70만 원으로 연수생 때보다 두 배가 많았다. 몇 년이 지난 지금은 100만 원 정도 받는다. 그 돈으로 전기와 수도세 등 사용료를 포함해서 월세 20만 원을 내고 친구와 자취를 한다, 3~4만 원짜리 전화카드를 사고, 아침과 쉬는 날 식사를 비롯한 식비로 7만 원가량, 용돈으로 10만 원 정도 쓴다. 몇 년 동안 남는 돈은 모두 고향에 다 부쳐서 가족들이 생활하였고, 연수생으로 오는 데 드는 비용을 위해 꾼 돈의 이자를 갚았다. 건천은 야근해서 번 돈을 꼬박꼬박 모았다. 건천은 고향에 돌아가서 작은 가게 하나 내겠다고 열심히 일하고 야근도 했다. 그러나 고향에서 시시 때때로 돈이 필요하다고 전화가 와 기껏 모아놓은 돈을 부쳐야 했다. 결국 야근을 해도 남는 것이 없었고, 돈을 모으지 못했으니 고향에 돌아갈 수가 없었다. 그래서 몇 년 동안을 미등록 노동자로 살았다.[3]

위의 글은 산업연수생으로 입국했던 네팔 출신 이주 여성 노동자 건천 씨 사례로서 산업연수생들의 상황을 잘 말해주고 있다. 1993년 산업연수생제도를 도입하면서 산업형 이주 여성 노동자들이 한국에 유입되었다. 인력 도입 나라도 다양해져 몽골, 필리핀, 베트남, 네팔, 태국 등 다양한 나라 여성들이 입국하게 되었다. 산업연수생이란, 같은 일을 하고도 월급은 연수생이라는 명목으로 적게 주는 착취 구조였다. 이 무렵 관광 비자로 입국했다가 비자 허용 기간을 넘겨 초과 체류자가 되어 미등록 상태로 제조업에서 일하는 미등록 이주 여성 노동자들이 생겨났다. 산업현장에서 일하는 이주 여성 노동자들이 증가했으나 이들에 대한 인권보호 정책은 없었다. 더욱 심각한 것은 인권침해를 받았다고 하더라도 이주 여성 노동자들은 미등록 체류자(불법 체류)라는 약점 때문에 제대로 항의조차 하지 못하는 인권 사각지대에 놓여 있었다.

예술흥행 비자 이주 여성의 삶

업주들은 이 여성들에게 한 달에 주스 200잔 이상 먹기를 강요합니다. 물론 클럽 내에서만 한 달에 200잔 이상 마신다는 것은 불가능해요. 그래서 그들은 티켓을 끊어 2차를 나가야 합니다. 티켓을 끊는다는 것은 곧 성매매를 하는 거예요. 이른 시간에 끊으면 300달러, 늦은 시간에 끊으면 150~200달러에도 된답니다. 이 금액에서 업주는 70%를 갖고 여성에게는 30%를 주지요. 이 돈은 여성들에게 직접 지불되는 것이 아니고, 주스 잔으로 계산됩니다. 한 번 2차를 나가면 주스 몇 잔을 판 것으로 계산되는 것입니다. 때때로 한국 손님들도 들어오는데 그들은 한국

---

3   한국염, 『꿈의 나라에서』(한국이주여성인권센터, 2004).

돈 20만~25만 원씩 지불하고 여성을 데리고 나갑니다.

여성들은 성매매를 원하지 않습니다. 그러나 한 달에 주스가 200잔 이하가 되면 업주로부터 심한 말을 듣거나 월급을 착취당하고, 심한 경우 폭행을 당하거나 월급을 받지 못한 상태에서 추방당하거나 다른 업소로 팔릴 수도 있기 때문에 어쩔 수 없이 성매매를 하게 되는 거예요. 그리고 여성들이 영업시간 이외에 밖에서 사람들을 만나는 것을 금하고 감시합니다. 여성들에게 자유를 주지 않습니다. 클럽 영업이 끝나면 숙소로 들어가서 마음대로 나가지도 못하고 낮에는 잠깐 동안 밖에 시간을 주지 않습니다. 물론 여권도 업주들이 가지고 있습니다. 클럽 주인들은 완전히 포주나 마찬가지예요. 그러다가 여성이 몸이 아프거나 임신이 되어도 본인 돈으로 치료받고 낙태수술도 받아야 하고 약값도 지불합니다. 돈이 없는 경우에는 이런 비용도 빚이 됩니다. 임신한 여성들 중에는 아기 낳기를 바라는 여성도 있습니다. 그러나 낙태를 하지 않으면 계약 위반으로 에이전시에 벌금을 물어야 하기 때문에 어쩔 수 없이 낙태를 해야만 합니다.[4]

이 글은 인신매매성 이주로, 성매매로 유입되어 기지촌 클럽에서 일하던 한 이주 여성의 증언이다. 유흥업소에 외국인 여성들이 유입되기 시작한 것은 1990년대 초반부터다. 1995년 375명이 예술흥행 비자E6로 입국했는데 1996년 공연예술(엔터테이너) 사업이 허가제에서 신고제로 바뀌면서 5년 후에는 7000명으로 늘어났다. 이주 여성들은 관광협회에서 가수나 댄스 등 연예인 초청 비자를 받아 한국에 입국해서 가수나 무희로 일한다지만 대부분 주한미군 기지촌 클럽에서 근무했다. 2002년 여성부 실태 조사에 의하면 이때 기지촌에서 일하는 여성 70%가 선주민에서 외국인 여성으로 바뀌어 있었고,[5] 클럽에서 2

---

4 두레방, 『기지촌에 유입되고 있는 외국인여성 인권실태』(두레방, 2003), 9쪽
5 김현선, 「미군기지촌의 국가 간 인신매매와 성매매 실태」, 『미군 기지촌 성매매 실태와 성

1. 이주하는 아시아 여성들 29

차를 나가 성매매를 해야 하는 경우가 많았다. 성 산업에 종사하는 이주 여성의 문제는 유입과정에서 대부분 인신매매 과정을 거친다는 점이다. 전 세계적으로 일어나는 인신매매는 성 산업 또는 성매매 시장으로 유입시키기 위한 목적으로 행해지는 경우가 가장 높은 비율을 차지한다. 가사 노동이나 공장 노동, 연예인 비자, 국제결혼, 예술흥행 비자로 들어와 유흥업소에서 일을 하며 때로는 성매매업소로 유입되기도 하는데, 전형적인 취업 사기를 통해 이루어진다.

국제결혼 이주 여성의 삶

S씨는 국제결혼 브로커를 통해 결혼해서 1999년 9월 한국에 입국했다. 남편은 결혼 6개월 뒤부터 두 달에 한 번꼴로 구타했다. 가장 견디기 힘들었던 것은 남편이 자기만 때리는 것이 아니라 아이를 때리고, S를 모욕하고 비난하는 것이었다. S는 부부가 싸우면 아이가 불안해하고 집이 시끄러워지기 때문에 가능하면 다투지 않으려고 참고 살아왔다. 그러나 이제는 아이나 자신이 구타당하는 것을 더 이상 견딜 수가 없어 이혼하고 아이와 함께 살고 싶다고 했다. 남편이 그동안 많은 약속을 했지만 지키지 않았고, 더 이상 남편을 믿을 수 없다고 했다. 남편은 또한 모든 것을 자기중심으로 판단하고 요구하며, S에게 요구한 것을 하지 않으면 "다 끝났다. 이혼하겠다" 등의 말로 협박했다. "살기 싫으면 왜 여기 왔니? 거기가 좋으면 거기서 살지"라고 빈정대기도 하고, 한국말을 못하면 "이렇게 쉬운 것을 왜 몰라? 넌 머리가 나빠" 하면서 비난했다. 피임 기간이라고 말해도 성관계를 일방적으로 요구해서 낙태를 네 번이나 할 수밖에 없었다고 호소했다. S는 자신의 상태를 "이제 몸과 마음이 다 망가졌다"라고 표현했다. 남편은 고국 여행, 친정 식구 초청, 국적취득 등 할 일이 많다며 S가 집에 들어올 것을 요구했고, 이

적 인신매매 근절을 위한 원탁토론회 자료집』(한국여성단체연합, 2002). 3쪽.

혼하면 아이는 절대 안 준다고 아이를 빌미로 귀가를 종용했다. 귀화하지 못한 상태에서 이혼하면 무조건 본국으로 돌아가야 했기 때문에, 아이를 때리는 남편에게 아이를 맡길 수는 없는 상황에서 S는 귀가를 선택할 수밖에 없었다.[6]

이 글은 국제결혼으로 한국에 와 남편의 폭력으로 쉼터로 피신했던 한 여성의 이야기다. 한국에서 아시아 여성과 한국인 남성 간의 국제결혼이 지금과 같은 형태로 행해진 것은 1988년 통일교에 의해 일본 여성과 한국 남성 650쌍이 올림픽공원에서 집단 결혼식을 한 것이 효시다. 그러나 통일교에 의한 국제결혼은 종교적 행사로 치부되었을 뿐 세인의 관심을 끌지 못했다. 그러다 1992년 한중 수교가 이루어졌고 그 여파로 1993년부터는 '한국 농촌 총각 구제'라는 명목하에 이른바 '연변 색시'라는 이름의 중국 동포 여성들이 한국 남성과 결혼해 들어오게 되었다. 2000년대 와서 중국 동포 여성을 중심으로 이루어지던 국제결혼이 범위가 동남아로 넓혀져 필리핀, 구소련계, 몽골, 태국 등으로 확대되었다.

이렇게 국제결혼이 증가하는 이유는 이주 출발국과 도착국 양측의 입장에서 살펴볼 수 있다. 출발국의 경우 좀 더 나은 삶을 위한 당사자의 결단도 있지만 생존과 계층 상승을 위해 부모로부터 떠밀리는 경우도 있다. 김현미는 결혼에 대한 부모의 기대가 있고, 국가가 사회개발에 적극 개입하지 않을 경우 가족 빈곤 상황을 해결하기 어려워 더 큰 가능성과 희망을 갖고 이동의 지리적 규모를 확장하는 것이 국제결혼에 의한 이주의 이유라고 보았다. 국제결혼은 이주 비용을 들이지 않고 자본주의 경제 부국 아시아 남성을 만날 수 있는 유일한 길이다. 농촌이나 도시의 빈곤계층 가족이 계층 상승을 할 수 있는 대안

---

6   김상임, 「상담 사례를 통해 본 한국 남성과 결혼한 국제결혼 이주여성의 삶」, 『이주의 여성화와 국제결혼』(한국이주여성인권센터, 2004).

의 하나로 딸을 한국이나 대만 등으로 결혼 이주시키고 있다고 파악했다.[7]

한국의 경우 과거 남아선호사상으로 여아를 임신하면 낙태를 했기 때문에 그 세대의 아이들이 자라 성인이 되었을 때는 성비 불균형으로 남성들이 결혼할 상대를 찾기 힘들어졌다. 여기에 몇 년 전까지만 하더라도 여성들에게 결혼이 의무처럼 여겨졌지만 지금은 결혼은 선택이며, 결혼보다 자아 성취를 선택한 여성들이 결혼을 기피하고 있다. 이 사이에서 과거에는 남성의 특권으로 인식되던 가부장제가 이제는 짐으로 부과되는 시대가 되었다. 남성은 집안의 대를 이어야 하고 부모를 부양해야 한다는 가부장 시대의 산물은 남성에게 여전히 결혼이 의무이자 필수로 남게 했다. 그러나 남성과 여성의 성비 불균형, 여성들의 결혼 기피 현상으로 한국인 배우자와 결혼하기 힘든 남성 계층이 생겨나고 저출산 고령화, 농촌 피폐화의 대안으로 국제결혼이 추진되고 있다. 여기에 초국적 국제결혼 중개업이 등장하여 한국 사회에서 국제결혼은 막을 수 없는 사회 현상이 되었다. 국제결혼 시장에서 결혼이주여성뿐 아니라 한국인 배우자 역시 이윤 추구를 목적으로 한 국제결혼 중개업체의 상품일 뿐이다. 국제결혼 중개업에 의해 아시아 여성 상품화와 가부장적 여성 이미지 상업화, 인신매매성 결혼 중개 과정으로 인해 결혼이주여성은 가정폭력과 인격 모독, 경제생활을 위한 노동 활동 강요와 임금 갈취 등 인권 사각지대에 놓였다.[8]

"이주자의 삶이 가변적이기 때문에 지나친 범주화가 오히려 이주자들의 특성을 제대로 드러내지 못하는 경우도 많고 지나친 범주화를 거부하는 움직임도 확산되고 있다"[9]는 의견도 있지만 위에서 살펴본 대로 한국에서 이주 여성의 인권은 입국 양식과 범주에 따라 인권침해의 양태가 달라지고 있다. 따라서

---

7   김현미, 『우리는 모두 길을 떠난다』(파주: 돌베개, 2014). 46쪽.

8   한국염, 「인신매매성 국제결혼: 이주여성에 대한 성서적 응답」, 『두레방 20주년 기념문집: 두레방에서 길을 묻다』(두레방, 2007), 200쪽.

9   마이클 새머스, 『이주』, 이영민 외 옮김(서울: 푸른길, 2013), 33쪽.

이주 여성의 인권을 말할 때 부득불 유형별로 범주화해서 말할 수밖에 없다.

여성들은 왜 이주하는가?

이렇게 이주 과정에서 어려운 상황에 부닥치는데도 왜 여성들은 고국을 떠나 이주하는가? 지구화 시대가 되면서 고향을 떠나 다른 나라로 이주하는 경우가 급격히 증가했다. 유엔개발위원회UNDP가 2004년 발표한 자료에 의하면 전 세계적으로 1년에 1억 9000만 명(2010년에는 2억 3000만 명) 이상이 자국을 떠나 이주하는데, 이 중 65~70%가 생계유지나 새로운 일자리 추구 등 경제적 이유 때문이다. 개인들은 새로운 기회, 미래를 위한 개척, 현실 탈출 등 더 나은 삶을 위해 이주하지만, 이주는 송출국과 도착국의 이해관계가 맞물려 진행된다. 이주는 자국 노동력을 해외로 이주시켜 국가 개발을 촉진시키겠다는 출발국 의지와 자국의 경제발전을 비롯한 여러 가지 이유로 이주를 받아들이는 도착국 필요에 의해 촉진된다. 여기에 브로커들이 틈새를 노리고 합법적으로 또는 불법적으로 밀입국을 주선하면서 이주를 부추기는 것도 요인 중 하나로 작용한다. 이렇게 세계화 흐름을 타고 이주하는 사람들의 상황, 본국과 도착국에서 직면하는 억압과 폭력 등 인권 상황을 제기하면서 라셀 살라자르 파레나스Rhacel Salazar Parrenas는 이들을 '세계화의 하인들'이라고 명명했다.[10]

증가하는 여성 이주

전 세계 이주 증가 현상에서 눈에 띄는 것은 여성의 이주가 날로 증가하고 있다는 점이다.[11] 세계적으로 이주 인구의 성별 분포를 보면 여성 54%, 남성

---

10   라셀 살라자르 파레나스, 『세계화의 하인들』, 문현아 옮김(서울: 도서출판 여이연, 2009).

46%이다. 2004년 유엔개발회의(유니펨)의 보고에 의하면 아시아의 경우 이주 노동인구의 70% 이상을 여성이 차지하며,[12] 이런 현상을 가리켜 '이주의 여성화'라고 한다.[13]

2004년 유니펨 보고에 의하면 '이주의 여성화'에 두 가지 경향이 보이는데, 하나는 기혼 여성 비율이 증가하는 것과 미혼 여성의 경우 나이가 점점 어려지고 있다는 점이다. 다른 하나는 이주하는 여성의 일자리가 대부분 전통적인 성 역할에 따라 배치되고 있는 현상이다.[14] 젠더적 측면에서 볼 때 여성의 이주에는 가부장적 질서와 관련한 세 가지 요인이 있다. 하나는 고용국에서 단순직 산업 노동과 가사 노동, 연예 영역 등 서비스 분야에서 여성 노동력이 필요하기 때문이다. 두 번째는 남성보다 저렴한 송출 비용 때문이다. 일반적으로 송출을 담당하는 중개 시스템이 비리가 많아 거액의 송출비가 발생하는데, 여성의 경우 송출 브로커 비용이 남자보다 저렴하다. 보통 남자 송출 비용의 2분의

11 스티븐 카슬과 마크 밀러에 의하면 "국제이주는 노동력 동학 및 사회계급과 밀접하게 연계되어 있으며, 이는 사람들의 이주 기회와 이동 및 일자리 발견 조건에 영향을 미치지만 동시에 계급, 종족성, 젠더 사이에도 연계가 있다는 인식 역시 커지고 있다." 스티븐 카슬·마크 J. 밀러, 『이주의 시대』, 한국이민학회 옮김(서울: 일조각, 2013), 83쪽.

12 UNIFEM, "Empowering-women migrant workers in Asia," *Migration for Development and its Feminization Process*(Regional Conference on Migration in Asia, 2004).

13 마이클 새머스에 의하면 '이주의 여성화' 현상 앞에서 그동안 여성은 단순히 부양가족으로만 이주한다고 가정되었던 남성 중심의 이주 연구가 여성 이주자 쪽으로 옮겨지고 있다. 이주가 성별이나 젠더 관계에 의해 형성되는 방식을 살핀 연구가들은 ① 남녀에서 불평등한 이동권과 이주 형태 차이를 만드는 국가 기본적인 역할, ② 국가에 의해 중재되는 송출국 가족 및 커뮤니티에서 젠더 관계 속성과 이것이 떠나고 돌아옴에 영향을 미치는 방식, ③ 일반적인 이주 현상에서 전보다 평등한 젠더 관계를 자각하는 방식, ④ 가사 노동 이주 등 차원에 관심하고 연구한다. 마이클 새머스, 『이주』, 147쪽.

14 Jean D'Cunha(UNIFEM), "Mobility and Gender Aspect in Migration," *Migration for Development and its Feminization Process*(Regional Conference on Migration in Asia, 2004).

1에서 3분의 2면 되기 때문에 부모와 남편에게 떠밀려 이주 노동을 떠난다.[15] 세 번째는 국제결혼 중개업체 알선에 의한 결혼 이주의 경우 송출국과 유입국에서 계급화가 발생한다. 송출국 여성의 경우는 브로커 비용이 필요 없고 잘하면 본국 집안 경제를 도울 수 있을 뿐만 아니라 새로운 기회가 될 수 있기 때문에 결혼 이주를 선택하는 반면에, 유입국의 경우 자국민 여성과 결혼하기 힘든 계층의 남성들이 국제결혼알선업체를 통해 국제결혼을 하는 경우가 많다.

여성 이주의 가능성과 딜레마

여성들의 이주는 '빈곤'이 근본적인 이유이지만 "경제적인 목적뿐 아니라 새로운 삶을 개척하려는 젊은 여성의 결단"이라는 측면도 있고 이주를 통해 여성들이 새로운 기회를 얻을 수 있다는 순기능적인 면도 있다. 그러나 앞서 사례에서 보듯이 여성들의 이주와 인신매매의 경계선이 모호하다는 점과 '이주의 악순환'으로 이어질 수 있다는 딜레마가 있다. 여성의 이주는 가족 소득 주체로서 가족의 지위는 향상되지만, 가족과 장기간 결별하기 때문에 가족과 유대관계가 파괴되고, 심지어 가족 해체가 발생하는 등 가족 문제가 생긴다. 그뿐 아니라 귀환할 경우 본국에 돌아가서도 일자리를 찾기 어렵고, 그 사회에 재통합하기 어려워 결국 또다시 이주를 해야 하는 문제가 있다. 결국 본국 경제가 발전되지 않는 한 여성의 이주는 계속될 수밖에 없는 악순환 고리가 이어진다. 건천의 사례는 이를 잘 드러낸다.

2003년 고용허가제가 도입되면서 건천은 한국에 사는 것이 매우 힘들어졌다. 한국 정부가 고용허가제를 실시하면서 4년 이상 된 사람들을 강제로 출국시키기 때문이다. 건천은 E9 비자(단순취업 자격)를 취득하지 못해 불법체류자로 일자리

---

15   같은 글.

가 없어 간간이 아르바이트를 하면서 살아가야 했다. 업주도 한국말을 잘하고 성실하고 일도 능숙하게 처리해내는 건천을 계속 쓰고 싶지만, 불법체류자를 고용하면 벌금을 내야 하는 정부 정책 때문에 채용을 기피한다. 일자리가 나올 때도 있는데 그건 새벽 1시나 2시까지 일하는 곳이라 감당하기 어렵다. 건천은 아들을 보러 집으로 가고 싶다. 그러나 집으로 가는 것은 단순한 문제가 아니다. 건천이 벌어 보낸 돈은 시집에서 다 쓰고 모아놓은 것이 없어 돌아가더라도 살길이 막막하다. 몸이 아파 남편에게 들어가도 되겠냐고 물으면 "네가 알아서 해라"라며 시큰둥하게 대답한다. 건천이 돌아오는 것보다 돈을 벌어오길 바라는 마음에서다. 건천은 한국 사회에서 언어 문제로, 인종 편견 문제로 당한 고통보다 돌아갈 수도 머무를 수도 없는, 이러지도 저러지도 못하는 지금이 더 고통스럽다고 했다.

건천은 서울외국인노동자센터에서 알게 된 이주 여성 노동자로서 MBC 프로그램 〈아시아, 아시아!〉에도 소개된 적이 있다. 이 사례를 한국에서 열린 아시아 이주 노동자 회의Regional Conference on Migration in Asia 에서 이주 여성 노동자 사례로 소개한 적이 있다. 건천의 경우처럼 이주 여성 문제는 인권 문제와 더불어 귀환의 악순환이 큰 문제로 제기된다. 이주 노동자로서 삶을 정리하고 귀국한 이주 여성 노동자들이 직면하는 또 다른 문제는 '이주 악순환'이다. 귀환해서 처음 몇 개월 반가운 잔치가 끝나면 가족들이 다시금 귀환한 여성의 얼굴을 바라보며 외국에 나가서 돈을 벌어오기를 바라기 때문에 어쩔 수 없이 다른 나라로 이주하게 된다고 한다. 처음 나갔던 나라에서 미등록 노동자였을 경우 입국이 거부되기 때문에 새로운 나라에 가서 이주 노동자로서 삶을 다시 시작해야 한다. 이주의 악순환을 겪는 것은 노동 이주 여성뿐만 아니라 결혼이주여성의 경우에도 발생한다. 국제결혼으로 한국에 이주했다가 이혼 후 본국으로 귀환하는 여성들이 있다. 이들 대부분 또다시 이주 노동자로서 다른 나라로 이주하거나 결혼 이주를 다시 하는 경우도 발생한다. 이주 여성 노동자는 돈을 벌어 귀환하지만 결혼이주여성의 경우 빈손으로 귀환하는 경우가 많기 때문에 가족들의 환영도 받지 못하고 어려움을 겪는다고 한다. 그래서 다시 이주를 하는 경우가 발생한다. 이처럼 여성의 이주는 새로운 삶을 가능하게 한다는 점에서 기회로 인식되지만 이주하는 과정에서 일어나는 인신매매, 또는 착취와 본국과 이주한 나라에서 겪는 인권침해 때문에 딜레마에 빠지게 된다.

2000년 무렵 한국에 거주하는 이주 노동자 47만 명 중 여성 이주 노동자의 비율은 30.2%로 그중 87.5%가 산업연수생이었고, 엔터테인먼트 비자로 입국해 유흥업에 종사하는 이들이 12.5%를 차지했다. 국제결혼 이주 여성은 1만 2000명 정도였는데 이주 여성은 모든 영역에서 인권침해를 당하고 있었다. 이주 여성들의 인권침해 현장이 알려지자 여성 문제에 관심이 있던 여성단체와 이주노동인권운동을 하며 젠더 관점을 지닌 이주단체 여성 활동가들이 이주 여성의 인권을 위해 결합했다. 종교를 기반으로, 이주운동을 기반으로, 그리고 여성운동을 기반으로 이주 여성을 위한, 또는 이주 여성과 함께하는 단체들이 태동했고, 이들이 이주여성인권운동을 전개하기 시작했다.

2

한국의 이주노동자운동

　사실상 한국에서 일어난 이주여성인권운동은 이주노동자운동을 전제로 시작되었다. 이주 노동자 유입이 시작되던 당시 한국은 노동시장의 분할이 가속화되고 있었다. 대기업, 중소기업, 영세기업 간의 노동자 임금격차가 커짐에 따라 생산직, 특히 제조업 분야에서 노동력 부족이 심각해졌다. 여기에 국민 교육 수준이 높아지면서 소위 3D업종, 즉 '더럽고 어렵고 위험한' 일자리를 기피하는 현상이 생겼고 이주 노동자들이 이 틈새를 메우기 시작했다. 한국에서 이주자의 유입은 1986년 아시안게임과 1988년 올림픽게임 때부터 시작되었으나 한중 수교 후 중국 동포의 유입으로 가시화되었다.

　1992년 8월 24일 한국과 중국은 한중 수교를 맺고 국교정상화를 시작했다. 한국과 중국이 개방되면서 고향을 찾아온 중국 동포 1세대가 국적을 회복해 한국에 정착하기 시작했다. 국적법이 개정된 2004년 이후에는 한국에 거주하는 상당수의 중국 동포가 국적을 회복하거나 귀화했다. 한편 1994년 무국적 사할린 동포들을 비롯해 구소련 지역의 고려인 동포들이 한국으로 이주를 시작했다. 비록 영주귀국 대상자를 '1945년 이전에 출생한 부부'로 한정했으나 이들 동포의 이주로 인해 이주 노동자 수가 급속도로 증가하기 시작했다.

그러나 일자리를 찾아 유입되는 외국인이 증가하고 있는데도 한국 정부는 1990년대 초반까지 아무런 정책을 세우지 않고 있었다. 생산직에서 일하는 이주 노동자들은 관광 비자로 들어왔기 때문에 대부분 미등록 노동자였으며 사실상 정부는 인력난을 위해 이들을 방치했다. 이런 방치 속에서 이주 노동자들의 주거환경과 작업환경은 매우 열악했고 이들을 사람 취급 하지 않고 함부로 대하는 사람들이 많았다. 이주 노동자들의 인권침해가 점점 심해졌으나 어디에서도 이들이 기댈 곳이 없었다. 이러한 이주 노동자들의 현실에서 이들을 지원하고자 한국의 이주노동자운동이 시작되었다.

착취 구조를 안고 있는 산업연수생제도

이주 노동자 도입에 대한 정책을 마련하지 않고 방치해오던 한국 정부는 제조업 분야의 인력난을 해결하기 위해 1991년 10월 26일 최초의 외국인력제도인 해외투자기업 산업연수생제도(해투법인 연수생)를 발표하고 1만여 명의 이주 노동자를 도입했다. 이것으로 국내 인력난이 해결된 것은 아니었다. 인력난이 해결되지 않자 정부는 일본의 제도를 모방해 1994년 1월 4일 '업종별 산업기술연수생제도'를 도입했다. 중소기업협동조합중앙회를 산업연수제도 주관 단체로 선정해 산업연수생이라는 이름으로 이주 노동자를 들여왔으나 그 수는 매우 적었고 여전히 미등록 이주 노동자들이 대다수를 차지했으며, 당시 이주 노동자들은 인권 착취로 고통받고 있었다. 산업연수생의 경우 노동자와 똑같이 일하면서 근로법상 노동자가 아니라 연수생이라는 이유로 착취를 당해 '현대판 노예제도'로 악명 높았다. 산업연수생의 작업환경이 너무 열악해 일터를 이탈하는 연수생이 속출했다. 대다수를 차지하는 미등록 노동자의 경우 산업연수생보다는 급여가 나았지만 저임금, 임금 체불, 산업재해, 폭행과 무시에 시달렸다.

이주 노동자들의 저항과 이주노동운동의 시작

1990년대에 이르러 이주 노동자들이 직면한 저임금, 열악한 노동환경, 임금 체불, 폭력, 산업재해, 몸이 아파도 병원에 갈 수 없는 등의 인권 문제가 가시화되기 시작했다. 그러나 이들이 당하는 착취와 폭력에 대해 정부는 아무런 조치를 취하지 않았다. 민간단체NGO는 이들을 지원하면서 이주 노동자가 당하는 착취와 폭력에 대해 사회에 문제 제기하기 시작했다.

초창기 이주 노동자를 지원하기 시작한 것은 대부분은 종교 단체로 종교의 가치관으로 이주 노동자를 지원했고, 개신교와 가톨릭교회가 주축을 이루었다. 시간이 경과함에 따라 이주 노동자 단체가 증가했다.

이주 노동자의 인권 상황을 첨예하게 보여준 사건이 1995년 1월 발생했다. 네팔 산업연수생들이 명동성당 앞에서 몸에 쇠사슬을 묶고 "우리는 노예가 아니다"라며 항의 농성을 시작했다. 이에 38개의 이주 노동자 단체와 시민단체가 모여 '외국인 산업기술연수생 인권 보장을 위한 공동대책위원회'를 결성하고 산업연수생제도를 "현대판 노예제"라고 규탄하며 정부에 개선책을 촉구하는 운동을 벌였다.

이 사건은 국내에 충격을 주었을 뿐 아니라 외신에도 소개가 되어 한국의 이주 노동자의 인권 문제가 국제적으로 알려지게 되었다. 이에 노동부가 1995년 2월 14일 한국 노동자를 대상으로 하는 근로기준법을 이주 노동자에게도 일부 적용해 '외국인산업기술연수생의 보호 및 관리에 관한 지침'을 발표했다. 산업연수생에게 최저임금제 적용 및 폭행금지 등 '근로기준법' 8개 조항을 적용한다는 내용이었다. 이렇게 산업연수생의 인권 문제가 드러나자 유엔사회권위원회ICESCR에서 한국 정부에 이주 노동자의 작업환경을 개선하라는 권고안(E/C.12/1995/3)을 제기했으며 1995년 12월 22일에는 대법원에서 산업연수생 근로자성을 인정하라는 판결을 선고했다(95누2050). 이런 결과를 이끌어낸 것은 모두 당사자인 이주 노동자들의 외침과 이를 지원하는 이주 노동자 단체, 시민단체의 연대가 있었기 때문에 가능한 일이었다.

한편 이주 노동자들의 건강 문제가 심각해지자 1992년 7월에는 희년선교회가 발족되어 이주 노동자를 회원으로 하고 협력 병원에서 치료받게 하는 의료공제조합을 만들었다. 한국기독교교회협의회는 한국교회외국인노동자 선교위원회를 설치하고 갈릴리 교회에 '외국인 노동자 상담소'를 설립해 상담하는 한편 매주 일요일 오후에 무료 진료를 시작했다. 이주민 무료 진료의 시작이었다. 1999년 9월 희년협의회에 이어 외국인노동자대책협의회(이하 외노협)가 만든 외국인노동자 의료공제회가 설립되었다. 이 의료공제회는 후에 한국이주노동자건강협회로 법인화되었으며 외노협에서 독립해 독자적으로 운영하고 있다. 이 공제회는 전국의 이주단체들과 연계해 이주 노동자에게 회원제로 의료 서비스를 제공한다.

이주 노동자 단체의 투쟁과 고용허가제

1995년 명동성당 앞의 네팔 산업연수생 항의에 동참하기 위해 결성된 '외국인 산업기술연수생 인권 보장을 위한 공동대책위원회'에 참여했던 이주 노동자 단체들이 모여 '외국인노동자대책협의회(외노협)'를 결성해 이주 노동자 단체 단독의 상설 연대체를 형성한다. 정부는 2002년 7월 15일 '외국인력제도 개선 방안'과 외국인력제도 보완 대책을 발표했는데 제조업, 건설업, 수산업에 한해 실시되던 산업연수생제도를 농업과 축산업까지 확대하고 도입 규모도 늘린다는 내용이었다. 이에 외노협을 비롯한 이주단체들이 강력히 반대하며 산업연수생제도 폐지와 노동허가제 도입을 주장하면서 국회의사당 앞에서 단식농성을 실시했다. 7월 28일 외노협은 169개 이주 노동자 지원 단체를 비롯한 민주시민단체와 연대해 '산업연수생제도 철폐와 강제추방 반대 투쟁본부'를 결성했다. 후에 이 연대체는 명칭을 '외국인이주노동자 강제추방 반대, 연수제도 철폐 및 인권 보장을 위한 공동대책위원회'로 개칭한다.

2003년 정부가 미등록 노동자 강제추방 정책을 강화하고 토끼몰이식의 인간 사냥으로 미등록 이주 노동자를 체포하는 과정에서 이주 노동자가 죽는 사건이 발생하자 민주노총을 비롯한 시민단체와 함께 외국인 노동자 차별 철폐와 기본권 보장을 위한 공동대책위원회를 결성해 한겨울 천막농성 투쟁을 벌였다. 투쟁 결과 2003년 8월 16일 국회에서 고용허가제가 통과되었다. 이주단체들이 주장한 것은 노동허가제였으나 고용주 중심의 고용허가제가 통과되었다. 이주 노동자 합법화 투쟁을 시작한 지 8년 만의 일이었다. 이후 정부는 외국인 근로자를 지원하기 위해 '외국인근로자지원센터'를 설치한다. 이에 기존에 이주 노동자 지원 활동을 하던 단체 중 일부가 정부 기관의 위탁을 받으면서 합법적 이주 노동자는 정부 위탁 기관을 이용하게 되고 비위탁 기관은 주로 미등록 노동자가 찾게 되었다. 그러자 딱히 미등록 노동자를 지원하는 방안이 없는 상황에서 이주운동의 탄력성이 약화되었다. 이러한 한계점에도 이주 노동자의 인권 보호를 위해 '이주 노동자와 그 가족의 권리에 관한 국제 협약' 비준 운동을 전개함과 동시에 장소 이동의 제한 등 고용허가제의 독소 조항 개선을 위한 운동을 전개해왔다. 한국 이주여성운동의 배경에는 이주 노동자의 인권을 위해 노력해온 이주단체들과 시민사회의 투쟁 역사가 있다.[1]

---

1 이주노동자운동 역사는 다음 자료들을 기초로 하여 정리한 것임을 밝힌다. 외국인이주·노동운동협의회, 「한국 내 이주노동자차별 철폐운동」, 『2009 외국인이주·노동운동협의회 활동가 수련회 자료집』(2009); 외국인노동자대책협의회, 『외국인 이주노동자 인권백서』(다산글방, 2001), 2장 「한국의 외국인 이주노동자의 현황과 실태」, 3장 「외국인력 정착의 기조와 변천과정」, 부록 「외국인노동자대책협의회」; 이석우·조영광, 『이주민 인권백서』(오름, 2013), 연표.

3

이주여성인권운동의 태동

2000년대 들어 한국의 이주운동에서 여성단체가 따로 분화해 이주여성운동을 시작한다. 이주여성운동이 분화된 것은 이주 여성들의 상황과 더불어 한국 여성운동에서 형성된 '여성주의' 또는 '젠더' 개념과 밀접한 관계가 있다. 여성의 이주는 인종차별주의와 성차별주의가 서로 맞물려 있으나 한국에서 이주운동은 인종차별에만 초점을 맞추어 전개되어왔다. 이주노동자운동을 통해 이주 노동자의 인권이 개선되었지만 보편적인 이주 노동자 문제에 집중하느라 성폭력과 모성보호 등 이주 여성 노동자들이 직면하는 인권 문제에는 미처 대처하지 못했다. 종교 단체에서 일하던 여성과 이주운동에 몸담았던 여성 활동가, 그리고 성 평등을 위해 활동하던 여성단체들이 기존 이주지원운동과는 별도로 이주여성운동을 전개하게 되었다. 1980년 후반부터 1990년대에 이르러 한국에 여성주의 이론이 본격화하기 시작했는데 진보적 여성운동 바닥에 젠더라는 개념이 자리 잡게 되었고, 여성운동을 하던 이들이 이주여성운동에 뛰어들었기 때문에 젠더 개념이 이주여성운동에 접목되었다.

개신교 여성들의 이주여성인권운동 시작

　한국에서 처음 이주여성인권운동을 시작한 것은 이주노동자운동 초기와 마찬가지로 종교 여성, 특히 개신교 여성들이었다. 이들이 이주 여성 노동자 문제에 나선 것은 종교의 이웃 사랑 정신도 중요한 근거가 되었지만 이주 여성이 여성으로서 겪는 성차별에 대한 정의감이었다. 이주 여성의 인권 문제에 처음 나선 것은 '한국교회여성연합회'(이하 한교연)와 여성 교회, 그리고 기지촌 여성의 인권을 위해 활동하던 '두레방'이었다. 이들은 기독교의 성 평등뿐 아니라 한국 사회의 민주화를 위해서도 활동하던 단체로 사회적 약자에 대한 관심이 이주 여성 노동자에게 확대되었기 때문이다.

　이주 여성들의 인권 문제를 가장 먼저 가시화한 것은 한교연이었다. 이 단체는 당시 한국 사회의 민주화와 인권에 관심을 갖고 활동해온 진보적 개신교 7개 교단 여신도회 연합체였다. 한교연이 외국인 노동자 문제에 관심을 갖게 된 것은 1995년 발생한 네팔 산업연수생들이 명동성당 앞에서 몸에 쇠사슬을 묶고 "우리는 노예가 아니다"라고 항의 농성한 사건에서 비롯되었다. 한교연은 1995년 겨울, 명동성당에서 벌인 외국인 노동자들의 농성에 함께 참여했고, 이런 참여를 통해 외국인 노동자들이 '함께 살아가야 할 이웃'이라는 사명감을 갖게 되었다.

　한교연은 '나그네를 돌보라'는 성서의 말씀에 의거해 1995년 5월 총회에서 외국인 여성 노동자를 위한 사업을 하기로 결정했다. 그해 10월에는 외국인 노동자의 날 행사를 외노협과 연대해 개최했고, 1996년 5월 2일에 외국인 여성 노동자 상담소를 개소했다. 당시에는 '이주'라는 말이 한국 사회에서 통용되기 전이라 '외국인 노동자' 또는 '외국인 여성'이라는 말이 보편적으로 사용되던 때여서 자연스럽게 '외국인여성노동자상담소'라는 이름이 붙여졌다.

　외국인여성노동자상담소는 문을 연 이후 임금 체불을 비롯한 각종 상담 활동과 더불어 외국인 여성 노동자 실태를 조사했다. 실태 조사는 주로 필리핀과 중국 동포로 제한되었다. 왜냐하면 이들의 수가 절대적으로 많기도 했거니와 필리핀의 경우 일요일 미사에 대부분 참여했기 때문에 설문지를 받기가 용이했다. 중국 동포의 경우 이미 이때부터 자체 조직이 있기도 하고 중국 동포를 위한 쉼터가 있어 설문 조사가 용이했다. 언어 문제로 다양한 나라 사람들을 조사하기가 어려웠지만 인도네시아어와 베트남어로 설문지를 번역해 설문을 받았다. 이런 사실은 이미 한국에 상당한 수의 중국, 필리핀, 인도네시아, 베트남 여성이 유입되었음을 보여준다.

한교연의 설문 조사에서 드러난 것은 당시 외국인 여성 노동자가 이때부터 해투법인이나 산업연수생으로 들어온 합법 체류자보다 미등록 체류자가 두 배 이상이었다는 것이다. 월 평균 근무일이 26~28일이었으며 명절에도 휴일 없이 근무했다. 한국인 노동자 평균 근무시간이 8.4시간인 데 비해 이들의 하루 근무시간은 10시간에서 12시간, 15시간 이상 근무하는 경우도 상당했다. 이렇게 고강도의 노동을 하면서도 설문 응답자의 50% 이상이 임금을 체불당한 경험이 있었다. 20~30대 여성의 경우, 10% 이상이 성희롱을 당한 경험이 있었고 해투법인 연수생의 경우에는 20% 가까이 되었다. 성폭력 가해자는 한국인 동료나 사장과 감독이었다.

한교연의 외국인여성노동자상담소 실태 조사는 한국에서 외국인 여성 노동자를 대상으로 실시된 첫 실태 조사로서 이 실태 조사를 통해 사례로만 드러나던 외국인 여성 노동자의 인권 실태가 수치화되어 드러난 조사였다는 데 의의가 크다. 한교연은 '외국인 여성 노동자, 무엇이 문제인가?'라는 심포지엄에서 이 실태 조사 발표와 더불어 외국인 여성 노동자 문제 해결을 위한 과제를 제기했다. 과제로 생계 보장, 성적 착취와 성 상품화로부터 보호, 권리 보호, 외국인 여성 노동자를 보호하는 법 제정, 인종 편견을 없애도록 하는 시민 인식 개선 작업 등이 제기되었다.[1]

한교연이 개최한 심포지엄에서 특기할 사항 중 하나는 '외국인 여성'이라는 말 대신 '이주 여성'이라는 말이 등장했다는 것이다. "세계화와 이주 여성 노동자의 문제"[2]라는, 여성의 이주 문제를 세계화의 관점에서 발표하는 첫 발제가 행해졌다. 이 발제에서 세계화의 영향, 무역과 투자 형태, 노동력 요구 형태의 변화, 여성 이주 노동자의 증가 현상과 특징을 중심으로 여성화되어가는 국제 이주민 문제가 제기되었다. 심포지엄에서 '이주 여성'이라는 용어가 부각되었지만 한번 정해진 이름이라 쉽게 바꾸지 못하고 외국인여성상담소는 해체될 때까지 그 이름을 유지한 채 외국인 여성 노동자 문제를 교회와 사회에 부각시키는 일을 했다.[3]

이 무렵은 이미 주한 미군 기지촌에 필리핀 여성들이 들어와 있었고 러시아 여성들이 클럽과 거리 성매매업소에서 싼값으로 착취당하는 상황이었다. 2000년 즈음해서 유흥업에 유입된 여성들의 인권 문제가 심각해지자 정부가 이에 대한 관심을 갖게 되는데 여기에 근거 자료를 재공해준 것이 한교연, 두레방, 새움터였다. 한교연은 두 차례에 걸쳐 외국인 여성 성매매 실태 조사를 진행했고 두레방과 새움터는 기지촌 여성 인권에 대한 실태를 조사하고 문제를 제기했다.

두레방은 1986년에 기지촌 여성을 지원하기 위해 한국기독교장로회 여신도회에서 세운 기관이다. 1990년대 후반부터 취업 사기로 인신매매된 외국인 여성들이 기지촌으로 유입되자 두레방에서 이들의 인권을 지원하고 나섰다.

---

1   한국염, 「외국인여성노동자 선교적 과제」, 한국교회여성연합회 엮음, 『외국인여성노동자 문제, 무엇이 문제인가?』, 92~115쪽

2   이철순, 「세계화와 이주여성노동자의 문제」, 한국교회여성연합회 엮음, 『외국인여성노동자문제, 무엇이 문제인가?』(한국교회여성연합회, 1997), 116~124쪽

3   외국인여성상담소는 2006년까지 이주 여성을 위해 활동하다가 전문 이주여성단체가 생기면서 북한이탈여성들을 위한 상담소로 전환되었다.

1999년과 2002년에 한교연이 성 산업에 유입된 외국인 여성 실태 조사를, 2001년에 두레방과 새움터(새움터는 두레방에서 분화되어 만들어진 단체)에서 경기 북부 기지촌 여성 실태 조사를 실시했고, 2003년 두레방에서 경기 북부 지역 성매매 실태 조사 뒤 기지촌 여성의 89%가 한국인 여성에서 외국인 여성으로 바뀌었음을 밝혔다. 이 세 단체의 실태 조사에서 드러난 유흥업 종사 외국인 여성의 인권 착취와 학대 문제, 특히 무희로 들어온 여성들의 문제가 제기되자 법무부는 여성단체의 제안을 받아들여 성매매 유입의 고리가 되고 있는 연예인 비자 중 '무희' 비자를 중단하는 조치를 취했다. 한편 2003년 미국 국무성에서 한국 인신매매 실태를 조사한 보고서에서 한국이 인신매매 3등급 국가로 분류되자 여성부가 가톨릭단체인 전진상 복지관과 벗들의 집에 위탁해 성 산업에 유입된 외국인 여성 보호 시설을 개소했다. 또한 2004년 제정된 '성매매방지법'에 성 산업에 유입된 외국인 여성을 보호하는 조치(성매매방지법 11조)가 취해졌다.

외국인여성상담소가 문을 연 이듬해인 1997년 여성 교회에서 남양주에 이주노동자여성센터를 개소해 남양주 지역의 필리핀 여성을 비롯한 이주 여성들에 대한 지원을 시작했다. 여성 교회는 성차별적 교회를 개혁하기 위한 대안교회로 1989년 설립되었다. 당시 여성 교회의 담임목사는 정숙자 목사로, 아시아교회협의회를 통해 아시아에서 이주 문제가 심각한 이슈로 제기되는 것을 보고 이주 여성 문제에 관심하게 되었다. 여기에 정숙자 목사가 재일 교포로서 일본에서 당한 차별 경험, 한국에 유학하면서 당한 차별 경험을 살려 이주 여성 노동자 문제를 위해 나서게 된 것이다. 남양주에 필리핀 여성 노동자들이 많음을 알고 이곳에 센터를 만들어 필리핀 이주 여성 노동자들을 위한 예배와 상담 활동을 시작했다.

이주노동자여성센터는 특별히 여성 노동자 성폭력 문제에 관심을 기울여 2004년 남양주 지역에서 '이주 여성 노동자 성 의식 실태 조사'를 실시한 바 있는데 약 40%의 이주 여성 노동자들이 성폭력 피해를 입은 경험이 있다고 조사되었다. 이 성폭력 실태 조사는 남양주 지역에 한정된 것이기는 하지만 1996년 한교연의 실태 조사, 2002년 외노협 실태 조사[4]에 이은 세 번째 실태 조사였다. 앞의 두 단체 실태 조사는 외국인 여성 노동자 성폭력 피해 수치가 10~12%인 데 비해 이주노동자여성센터의 실태 조사는 40% 이상의 높은 수치를 보여 이주 여성 노동자에 대한 성폭력 피해의 경각심을 더 높여주었다.

한국이주여성인권센터 설립

실태 조사에서 드러나듯이 여성 이주 노동자들은 남성 이주 노동자보다 더 다중적인 차별을 받았다. 남성 이주 노동자에 비해 임금 차별은 물론이고, 모성보호 장치가 전무했으며 성희롱, 강간 등 성폭력 인권침해, 인신매매되어 유흥업으로 유입되는 상황 등의 사회문제도 있었다. 여성개발원 조사에 의하면 외국인 여성 이주 노동자들은 ① 여성 차별적 임금과 대우, ② 모성보호와 육아 지원의 부재, ③ 성희롱, 성폭력, 가정폭력, ④ 성 산업으로의 유인 강요, ⑤ 여성 기숙사의 부족[5]과 같은 특유한 인권 문제에 노출되어 있음이 드러났다. 이런 심각한 상황에서 한교연의 '외국인여성상담소'와 여성 교회의 '이주여성센터'가 이주 여성들을 지원하는 일을 했지만 독립체로서 전담 기구가 아니었기

---

4   2002년 외노협에서 1000명의 이주 여성 노동자 실태 조사를 했다. 이주 여성 노동자들을 위한 모성보호 정책이 전무했고, 이주 여성 노동자 12%가 한국인 고용주와 상사에 의해 성폭력 피해를 입은 경험이 있었으며, 성폭력 예방 교육은 받은 적이 없었고 성희롱이 무엇인지도 모르는 사람들이 태반이라는 사실을 알게 되었다. 이 실태 조사를 토대로 '외국인 이주 여성 노동자 인권 보호와 사회안전망 구축'이 과제로 제안'되었다.

5   김엘림·오정진, 『여성외국인노동자의 인권보장에 관한 연구』(한국여성개발원, 1997).

때문에 한계가 있었다.

2000년 필자는 첫 이주 여성 노동자 비영리 민간단체인 여성이주노동자의 집을 열었다. 여성이주노동자의 집은 2000년 10월 23일 창립 총회를 열고 2001년부터 활동을 전개했다. 설립 당시 서울외국인노동자센터 부설로 시작되었지만 이주 여성을 위한 국내 첫 비영리 민간단체였다. 당시 이주운동을 하는 활동가들이 이주 문제에는 민감했지만 젠더 관점은 약했다. 그래서 젠더 관점에서 이주 여성 문제를 접근하고 이주 여성의 인권을 위해 일하는 이주여성 단체가 필요하다고 생각했다. '여성'을 강조해 이름을 '여성이주노동자의 집'이라 짓고 비영리 민간단체 등록을 하고 본격적인 이주 여성 지원에 나서게 된다. 여성이주노동자의 집이 우선적으로 역점을 둔 것은 이주 여성을 위한 쉼터였다. 이주운동단체들이 이주 노동자 쉼터를 운영했지만 남성 이주 노동자 중심이었고, 여성 전용 공간이 없어 이주 여성들이 인권침해를 당해도 갈 곳이 없었다. 그래서 제3세계를 지원하는 독일세계기도일위원회의 지원과 민간 모금으로 2001년 7월 15일 한국 최초의 이주 여성 전용 쉼터인 '여성이주노동자의 집'이 세워졌다. 이 쉼터는 정부가 이주여성쉼터제도를 만들 때까지 미인가로 운영되다 2007년 여성가족부로부터 이주여성쉼터 인가를 받게 된다.

비영리 민간단체 '여성이주노동자의 집'은 이주 여성에게 쉼터를 제공하는 일을 기본으로 이주 여성 노동자 모성보호와 아기를 위한 분유지원사업, 모성보호 가이드 제작, 한국 여성과 남성 외국인 노동자로 이루어진 국제결혼 가정을 위한 지침서 만들기 등 다양한 지원 활동을 시작했다. 쉼터에서 여성 노동자만이 아니라 국제결혼 이주 여성, 유흥업에 유입된 이주 여성 등 다양한 이주 여성들을 만나면서 다양한 이주 여성들의 인권침해 현상을 목격했다. 2003년 서울외국인노동자센터에서 독립해 단체 이름을 '이주여성인권센터'로 바꾸고 본격적인 이주 여성 인권운동에 나서 이주 여성 노동자 모성보호와 인권침해를 받는 국제결혼 이주 여성을 상담하고 지원하는 활동에 나섰다. 김현미는 이주여성인권센터를 "여성 이주자 모성보호부터 한글 교육, 작업장에서의 차별 등의 문제에 전문적인 지원을 하는 단체"라고 소개한다.[6]

2005년 이주여성인권센터가 한국이주여성인권센터로 이름을 바꾸고 여성부로부터 사단법인 인가를 받았다. 법인격이 된 후 여성부로부터 '국제결혼 이주여성 지원사업'을 위탁받아 전국 6개 지역 네트워크를 형성해 실시했다. 이후 여성부 지원사업 네트워크에 참여한 단체를 중심으로 지부체제를 갖추었고 활동을 강화해 이주여성인권운동의 산실로 자리매김하게 되었다.[7] 2016년 12월 현재 한국이주여성인권센터는 6개 지부에 5개 쉼터를 운영하고 있으며 쉼터와 상담소 운영, 이주 여성을 위한 한국어 교육, 폭력 피해 인권 상담, 인권교육, 모성보호지원사업, 이주 여성 지도력 육성을 위한 당사자 역량 강화, 정부 정책 감시와 이주 여성 인권 향상을 위한 정책 제안 활동을 강점으로 하고 있다.

설립된 이래 지난 15년 동안 이주 여성의 체류권 보호와 사회안전망 구축을 위한 법·제도 도입, 폭력 피해 이주 여성을 위한 인프라 구축, 인권 보호를 위한 국제활동 등을 통해 한국의 이주여성인권운동을 이끌어왔다. 사실상 한국의 이주여성인권운동은 한국이주여성인권센터의 역사와 맥을 같이 해오고 있다.

---

6   김현미, 『글로벌 시대의 문화번역』(서울: 또하나의문화, 2005), 42쪽.
7   한국이주여성인권센터 지부는 6개로 경남이주여성인권센터, 대구이주여성인권센터, 부산
    이주여성인권센터, 전남이주여성인권센터, 전북이주여성인권센터, 충북이주여성인권센터
    가 있다.

이주·여성인권연대 창설

이 무렵 이주 노동자 제도 개선 투쟁의 구심적 역할을 하던 외노협이 운동 방향과 운동의 방식 등을 놓고 구성원 간에 갈등이 도출되어 2001년 부산 이주 노동자를 위한 인권모임, 가톨릭단체인 안양 전진상 복지관의 이주노동자의 집, 구미 가톨릭노동자문화센터 부설 외국인노동자상담소 세 단체의 대표가 외노협을 탈퇴해 2001년 1월 28일 '이주·여성인권연대'라는 네트워크 모임을 발족했다. 네트워크 발족식과 더불어 '한국 내 이주 여성 및 국제결혼 가정 문제와 대책'이라는 주제로 정책워크숍을 진행했다. 워크숍은 여성 이주 노동자를 중심으로 본 이주노동자의 현실(부산 외국인 노동자 인권을 위한 모임, 정귀순 대표)과 국제결혼 가정의 현실과 문제(안양 전진상 복지관, 이금연 관장)에 대한 발제와 토론으로 진행되었다. 워크숍 결과로 법무부에 공문을 보내 F-2 비자 발급 및 국제결혼 자녀 문제의 해결, '모든 이주 노동자와 그 가족의 권리보호'를 위한 유엔조약 비준 등을 촉구했다.[8] 이주 여성만을 전문으로 하는 단체들은 아니지만 이는 첫 이주 여성 연대 틀이었다.

이주·여성인권연대는 2002년 창립 1주년을 맞아 이주 여성 인권을 위한 정책 토론회를 개최했다. 발제자인 이주·여성인권연대 이금연 대표가 이주 노동자 중 특히 이주 여성들이 당하는 인권침해가 남성 이주자들에 비해 심각한 상황임을 고발했다. 발제에 의하면 이주 여성 노동자들의 상담 사례 유형은 산업재해, 임금 체불, 적립금 미반환, 임신과 출산을 포함한 의료 문제, 혼인 성립과 해소, 쉼터 부재, 성희롱 등이었다. '근로기준법'상 생리휴가, 월차휴가, 산전·산후휴가 등 모성보호 규정 또한 전혀 지켜지지 않고 있으며, 특히 미등록

---

8   이주·여성인권연대는 창립 이후 세 단체의 연대 틀에서 여섯 단체 연대 틀로 확장되었으나 2010년대 들어와 소멸되었다.

상태에 있는 여성들은 임금 체불, 성희롱, 폭력 등 인권침해를 당하고도 '체류' 와 '노동'이 불법으로 규정되어 있기 때문에 신고조차 여의치 않은 실정임이 지적되었다.[9]

이주 여성이 직면한 인권 문제를 제기하면서 이주·여성인권연대는 창립 1주년을 맞아 3월 25일 성명서를 통해 한국 정부의 불법체류 추방 정책의 전면철회와 '불법 체류자 합법화 대책' 수립을 요구했고 아울러 국제적 협약에 근거해 이주 여성들을 위한 상담소와 쉼터 마련 등 즉각적인 지원을 요구했다.

이때까지 이주 여성 노동자를 위한 상담은 이주노동자센터 등에서 임금 체불 등을 담당했을 뿐 정부 차원에서 폭력 피해 이주 여성을 지원하는 상담소는 한 곳도 없었다. 일반 선주민 여성 상담소는 한국어를 모르는 이주 여성들의 언어상의 한계 때문에 상담이 원활하지 않은 데다 이주 여성은 체류법 등 법체계가 별도의 시스템으로 가동되기 때문에 이들을 상담할 수 없는 형편이었다. 이주 여성 노동자 상담소가 별도로 필요했으나 정부는 이주 여성 노동자의 인권 개선 의지가 없었기 때문에 상담소 설치는 요원한 일이었고, 이는 이주여성단체들이 감당할 수밖에 없었다.

국제결혼 이주 여성 인권의 가시화

위에서 보듯이 이때까지 이주 여성들의 문제는 이주 여성 노동자가 핵심이었다. 그러나 결혼 이주가 증가하면서 이주여성운동은 결혼이주여성운동으로 방향이 전환되기 시작했다. 결혼이주여성들이 남편이나 시집 식구들의 학대

---

9   이주·여성인권연대, 「한국 내 이주여성 및 국제결혼 가정 문제와 대책」, 이주·여성인권연대 발족식과 정책워크숍 자료집(2001.3.29).

때문에 괴롭힘을 당한다는 소식이 들려와도 심각한 가정폭력의 사례는 부각되지 않았다.

2003년 국제결혼 이주 여성의 인권 문제가 가시화된 사건이 발생했다. 2003년 4월 남편의 폭력으로 겁에 질린 한 필리핀 여성이 10층 베란다에서 뛰어내려 숨을 거둔 것이다. 이 필리핀 출신 결혼이주여성은 결혼 생활 8년 동안 남편에게 폭행을 당하다가 죽음을 선택한 것이다. 그러나 한 남편의 가정폭력 사건으로 단순 처리된 채 언론에 의해서도 무시되었다.

이런 사실을 접하자 안양 전진상 복지관 성매매 이주여성쉼터(여성부 위탁)인 '위홈' 주최로 6월 4일 국가인권위원회 배움터에서 국제결혼 이주 여성 인권침해에 대해 널리 알리고 이의 해결을 위한 정책 토론회가 원탁 토론회 형식으로 개최되었다. 안양 전진상 복지관 이금연 대표는 발제에서 "국제결혼한 외국인 여성에 대한 폭력 문제는 매우 심각하다"라고 고발하고, 국제결혼 중개업을 허용한 정부 책임을 묻고 건전하게 혼인이 이뤄질 수 있도록 이들 업체에 대한 관리 감독을 철저하게 해야 할 것을 주장했다.

위홈이 토론회를 개최한 지 5개월이 지난 2003년 11월 이주여성인권센터는 '이주 여성 문제, 어떻게 볼 것인가?'라는 심포지엄을 열어 한국에 살고 있는 이주 여성들의 인권 문제를 제기했다. 심포지엄에서 지구화 시대 여성 이주 문제의 본질과 상담을 통해 드러난 이주 여성 노동자와 국제결혼 이주 여성의 인권 실태에 대한 문제, 이 문제 해결을 위한 과제와 대안 모색을 논의했다. 이 심포지엄에서 국제결혼 이주 여성이 겪는 가정폭력 문제가 심각한 이슈로 떠올랐다. 이렇게 국제결혼 이주 여성의 문제가 부상하자 2004년 이주여성인권센터는 '이주의 여성화와 국제결혼'이라는 주제로 심포지엄을 개최했다. 상담 창구에서 드러난 이주 여성 인권침해 사례가 유형별로 제시되었고 국제결혼 중개업체 횡포, 사기와 인신매매성에 가까운 알선 문제, 가정폭력을 당하고도 집을 나올 수 없는 이주 여성 문제들이 다루어졌다. 무엇보다도 결혼이주여성들이 한국 땅에서 안전하게 정착하기 위해서는 근본적으로 체류법 개정이 요구되었다. 당시 출입국법으로는 한국인과 국제결혼한 이주 여성은 어떤 이유로든 이혼을 하면 본국으로 돌아가야 했다. 심지어 남편이나 시집 식구에게 가정폭력을 당한 경우에도 이혼하면 강제출국 대상이 되었다. "결혼이주여성은 한국에 살기 위해서는 남편에게 맞아도 참아야 하느냐?"라는 비판과 한국 체류법의 부당성이 제기되었다.

정부의 국제결혼 이주여성 지원사업 시작

2004년 한 해 동안 결혼한 부부 아홉 쌍 중 한 쌍이 국제결혼이라는 발표에서 드러나듯이 국제결혼 이주 여성이 해마다 증가하고 인권침해 등의 문제가 제기되었다. 그러나 정부 차원에서 아무런 대책도 세우지 않아 이주단체는 정부 차원의 지원 정책을 촉구하고 나섰다. 이에 2005년 여성부가 정부 최초로 국제결혼 이주 여성 지원사업을 시작했고 이 일이 이주 여성 인권 상황을 알리는 데 물꼬가 되었다. 이 해 실시한 '국제결혼 이주여성 지원사업'은 향후 결혼이민자 지원사업의 모델이 되었으며 여성부(여성가족부)가 국제결혼 이주 여성 주무부처가 되는 계기가 되었다.

여성부의 국제결혼 이주여성 지원사업 시작과 때를 맞춰 2005년에 보건복지부가 '국제결혼 이주 여성 실태 조사'를 실시했다. 2005년 7월 14일에 실시된 실태 조사 보고 토론회를 통해 결혼이주여성이 겪는 가정폭력 피해 경험이 12%, 국제결혼 가정 52.9%가 최저 빈곤층, 본국에서 접한 정보와 한국에 와서 알게 된 실제 직업과 경제 상황이 40% 이상 달랐다는 실태가 알려졌다. 여성부의 국제결혼 이주여성 지원사업과 보건복지부의 실태 조사로 국제결혼 이주 여성에 대한 이슈가 한국 사회에 알려지기 시작했다. 주목할 것은 국제결혼 이주 여성 실태 조사에 참여한 연구자들이 국제결혼 이주 여성을 '결혼이민자'로 부를 것을 제안해 이때부터 결혼이민자가 정부의 공식 용어로 채택되었다.

2005년 한국에서 한 해 결혼한 부부 여덟 쌍 중 한 쌍이 국제결혼을 하는 추세에서 여성가족부의 국제결혼 이주여성 지원사업과 보건복지부의 국제결혼 이주 여성 실태 조사는 국제결혼 이주 여성의 존재감을 한국 사회에 드러냈다. 국제결혼 이주 여성들이 한국인 배우자로서 한국 국민이 될 자녀를 낳아주는 어머니가 된다는 점에서 이들을 지원하는 범정부적 정책의 필요성이 제기되었다.

마침내 2006년 4월 26일 대통령 국정 과제로 '여성 결혼이민자 및 혼혈인·이주자 사회통합 지원 정책'이라는 중요한 정책이 발표되었다. 이 국정 과제의 핵심은 한국인 남성과 결혼해 이주해온 여성 결혼이민자와 그 가족을 지원하는 것으로서 법·제도 마련에서부터 인프라 구축에 이르기까지 다양한 지원 정책이 마련되었다. 정부가 '열린 다문화 사회 구현'을 한국 사회의 비전으로 내걸고, 결혼이민자와 그 자녀의 사회통합 지원 대책을 발표하자 한국 사회에 '다문화 신드롬'이 불기 시작했다.

특히 결혼이민자를 지원하는 전달 체계로 여성부에 의해 '결혼이민자 가족 지원센터'가 제도화하고 정부에서 프로젝트를 통해 결혼이민자를 지원하는 프로그램을 시작하자 결혼이민자를 대상으로 하는 민간단체들이 우후죽순처럼 생겨났고 복지관 등에서 결혼이민자 적응 지원 사업을 벌이기 시작했다. 그야말로 다문화 범람 시대에 돌입했다. 그러나 결혼이민자 인권 보호를 위한 인프라 구축 외에는 국제결혼 중개업에 인신매매적 결혼 알선에 의한 결혼이민자들의 피해나 국제결혼 가족들의 가부장적이고 인종차별적 결혼관에 의한 차별, 위장 결혼 방지라는 이름으로 체류권 규제를 강화함에 따른 결혼이주여성들이 겪는 인권 문제는 별로 나아지지 않았다.

이주여성운동의 지각변동

정부가 결혼이민자 정책을 발표하기 전부터 이주여성인권운동에도 지각변동이 일어나기 시작했다. 이주 여성 노동자 문제에 관심이 있던 이주여성단체들이 운동 방향을 결혼이주여성 쪽으로 선회하기 시작했다. 가정폭력 피해를 입은 결혼이주여성들을 만나면서 이들의 인권 문제가 이주 여성 노동자보다 더 심각함을 알게 되자 국제결혼 이주 여성의 인권 문제로 무게 축을 옮기게 된 것이다.

이런 상황에서 2000년대 후반에 이르러 결혼이주여성의 인권에 관심을 갖는 이주여성단체와 기관이 잇달아 생겨났다. 원불교서울외국인센터 부설 '강서 이주여성의 집', 천주교여성공동체에서 만든 '미리암 이주여성상담소', '벗들의 집', '부산 어울림', 경기도 시흥의 '아시아의 창', 오산 이주노동자센터 부설 '이주여성센터', 아산 외국인노동자센터 부설 '이주여성쉼터'와 '안산 이주여성상담소', 인천 여성의전화 '울랄라', '모이세 이주여성상담소', 양산 이주노동자센터 부설 '이주여성쉼터' 등이 이주 여성 적응지원 프로그램과 함께 인권 보호 활동을 벌이기 시작했다.

여기에 여성의 전화, 여성단체연합 등 여성단체와 공익법인권재단 '공감'과 민주화를 위한 변호사 모임 여성위원회, 국제이주기구 등에서 이주여성단체의 요청을 받고 사안별로 이주여성인권운동에 결합하기 시작했다. 모든 운동이 그렇듯이 이주여성인권운동 역시 인권 문제와 여성 문제에 관심 있는 단체들과 연대를 통해 운동에 탄력을 받았다. 시민사회의 결집이 세상을 변화시키는 일을 하듯이 여성, 이주, 법률가 단위들이 함께 모여 사안별로 이주 여성 네트워크를 구성해 정부의 이주 여성 정책에 대응해나갔다. 연대를 통해 운동체가 확장되면서 이주여성운동의 세력화가 형성되었고 정부의 이주 정책을 모니터링하고 인권 친화적인 정책이 되도록 추동했다.

결론적으로 이주여성단체들과 네트워크가 가장 심혈을 기울여 전개한 운동은 젠더 관점에서 여성들이 안전하게 이주하고, 이주한 나라에서 안전하게 정착할 수 있도록 여건을 조성하고 시민으로 살아갈 수 있도록 당사자성을 강화하는 것이었다. 여성의 이주는 이주를 떠날 때부터 딸로서 가족을 위해 내몰려하게 되고, 이주 목적국인 한국에서는 저출산·고령화 사회의 도구로서 가부장 사회에서 규정한 성 역할을 위해 유입된다. 특히 결혼이주여성의 경우 한국 가족의 테두리에서 벗어나거나, 한국인 자녀를 낳지 못하면 한국에서 살 수 있는 권리를 보장받지 못하고, 급기야 사회에서 추방된다. 그 나라의 국민이 되지 못하고 귀환할 경우 본국 가족의 기대치를 저버렸기 때문에 본국에서도 안정된 삶을 누릴 수 없는, 이주의 시작부터 귀환에 이르기까지 여성 이주의 문제는 젠더와 결합되어 있다. 그래서 젠더 관점에서 여성의 '안전한 이주'에 관심을 둘 수밖에 없다.

제**2**부

여성들의 이주,
유입에서 귀환까지

앞에서 살펴보았듯이 여성의 이주는 여성들에게 자기 삶을 개척할 수 있는 새로운 가능성이 될 수 있다. 가능성이 되기 위해서는 여성의 이주가 이주의 시작에서 과정, 도착국에서의 안전한 삶에 이르기까지, 또는 도착국에서 삶을 떠나 본국으로 귀환할 경우 그 모든 과정이 안전해야 한다. 그러나 실상 지구촌에서 여성들의 이주는 안전한 이주와는 거리가 멀다.

4

유입 과정

여성 이주의 인신매매성 유입 고리

예술흥행 비자 이주 여성들의 불안한 이주

이주여성쉼터가 마련된 지 얼마 되지 않은 때, 젊은 외국인 여성 두 명이 공포에
질린 얼굴을 한 채 한 한국인의 도움으로 찾아왔다. 2001년 6월 19일 한국에 도
착한 이들은 애초 음식점에서 종업원으로 일한다는 약속과 달리 유흥업소 클럽
에서 접대부로 일하게 된다는 사실을 알고 곧바로 6월 21일 숙소에서 도망쳐 피
신 온 것이다. 류바(가명, 26세)는 아버지가 한국인으로 우즈베키스탄에서 대학
원을 다니며 영어학을 전공하던 중 학비를 마련하기 위해 한국에 오기로 결심했
다. 비까(가명, 22세)는 부모가 모두 고려인으로 우즈베키스탄에 진출한 한국 기
업에서 일하던 중 취업 비자로 입국시켜주겠다는 브로커 꾐에 속아 한국에 오게
되었다. 약속과는 달리 정상적인 일자리가 아닌 유흥가의 클럽으로 가게 되었다.
한국인 인솔자가 공항에서 수속하는 데 필요하다며 여권을 걷어갔다. 인솔하는
사람을 따라 한 호텔로 왔다.
숙소에는 외국 여성들이 10여 명 있었다. 그곳 관리자는 이들에게 오리엔테이션
을 한다며 앞으로 해야 할 일을 소개했다. 레스토랑에서 서빙 하는 줄 알고 왔는

데 유흥업소에서 손님을 접대하는 일이었다. 일행 중 한 명이 신문에 난 것과 다르지 않느냐고 항의했더니 말 안 들으면 어떻게 되는지를 보여주겠다고 그 여성을 개 패듯이 팼다. "앞으로 도망치면 너희들도 이렇게 된다"고 위협하고 이들이 일할 클럽을 보여주면서 "손님이 마음에 들지 않는다고 거절하면 맞는다"고 겁을 주었다. 계약서에는 첫 달 월급을 소개비로 주고 계약을 어기면 2000달러를 상환해야 한다고 되어 있었다. 그러나 계약 조건과는 다른, 음식점 종업원이 아닌 유흥업소에서는 도저히 일을 할 수가 없었고, 2000달러를 갚을 수도 없어서 이들은 탈출을 결심하게 되었다. 미용실 가는 시간을 이용해 그곳을 탈출했다. 이들은 우즈베키스탄에서 한국으로 시집온 친구를 찾아가 하룻밤을 보내고 한국 친구 도움으로 센터까지 오게 되었다.

위의 사례는 쉼터에서 만난 구소련계 출신 이주 여성들의 이야기다. 유흥업소로 유입된 두 러시아 여성이 한국에 오기까지의 과정이다. 유입 과정부터 인신매매성 이주의 과정을 거치고 있다. 두 러시아 여성의 사례는 관광협회를 통해 유흥업소로 유입되는 이주 여성들의 보편적인 사례로서 불안전한 이주 과정의 전형적 모습을 보여준다.

외국인 여성들이 예술흥행 비자로 유입되기 시작한 것은 1990년대 초반부터다. 1995년 375명이 예술흥행 비자로 입국했는데 1996년 공연예술(엔터테이너)사업이 허가제에서 신고제로 바뀌면서 5년 후에는 7000명으로 늘어났다. 이주 여성 유흥업 유입에서 문제가 되는 것은 유입 과정에서 대부분 인신매매과정을 거친다는 점이다. 외국인이주노동자상담소 상담 접수 사례에 의하면성 산업으로 유입되는 외국인 이주 여성은 생산직 공장 취업 미끼, 국제결혼빙자, 공연예술 빙자 등 전형적인 취업 사기를 통해 이루어진다. 특히 예술흥행 비자로 들어온 여성이 성매매 시장으로 유입되는 것이 가장 심각하다. 1996년 이후 미군 기지촌 성매매 업주들의 합법적인 조직인 특수 관광업협회에 의해 본격적으로 외국인 여성들이 국내 성매매 업소로 인신매매되기 시작했다. 성 산업에 유입된 이들 이주 여성은 기지촌의 클럽 및 보도방, 나이트클럽, 티켓 다방, 유흥주점, 단란주점, 심지어 사창가까지 확산되어 있으며, 이들 여성은 공연, 테이블 서비스는 물론 성적 서비스를 제공하는 것으로 파악되었다. 조사 자료에 의하면 기지촌 클럽에서 일하는 한국 여성 수는 급격히 줄어들고 그 대신 예술흥행 비자를 갖고 들어온 외국인 여성들로 대치되고 있다. 이들 성 산업으로 유입된 이주 여성들이 심각하게 인권침해를 당하고 있는 것으로 드러났다.

유입 과정의 사기성과 인신매매성 이주 과정도 문제지만 탈출하기도 쉽지 않다. 기지촌의 성매매업소에서 도망쳐 나와 '이주여성인권센터'의 쉼터에 들어왔던 우즈베키스탄 여성 잉아(가명)는 입소한 지 한 달 만에 도망쳐 나온 업소로 울면서 다시 돌아갔다. 잉아가 업소에서 도망치자 업주가 잉아를 소개했던 러시아 브로커에게 잉아가 도망간 사실을 알렸다. 이 소식을 보고받은 브로커는 우즈베키스탄 산골에 있는 잉아의 집을 찾아가 가재도구를 부수며 늙은 부모에게 딸을 돌려보내지 않으면 죽이겠다고 협박했다. 잉아 어머니가 한국에 있는 잉아 친구에게 전화를 걸어 "무서워 죽겠다. 미안하지만 다시 돌아가 달라"고 부탁했고, 친구에게 이 소식을 들은 잉아는 어머니 안위安危 때문에 하는 수 없이 도망쳐 나왔던 곳으로 다시 돌아갔다. 도망치는 것도 쉬운 일이 아니고 고향으로의 귀환은 꿈도 꿀 수 없는 신세가 되어버렸다.

우즈베키스탄 잉아의 예에서 보듯이 유흥업으로 유입된 이주 여성은 유입 과정부터 귀환하는 과정까지 인신매매성 이주와 폭력에 시달린다. 한국 '성매매방지법' 11조에 의하면 외국인 여성도 성매매 피해자로서 지원을 받을 수 있다. 성 산업으로 유입되어 피해를 입은 외국인 여성들을 위한 쉼터가 마련되어 있고, 성매매 피해자로서 조사를 받는 기간에는 출국 조치가 유예된다. 그러나 조사가 끝나면 출국하는 것으로 사건을 종결하기 때문에 성매매업소로 유입된 이주 여성들이 성매매 피해자로 신고하기를 꺼린다. 설령 도망치고 싶어도 잉아처럼 도망치는 것도 쉽지가 않다.

국제결혼 이주 여성의 매매혼적 이주

난이라는 베트남 여성이 쉼터에 왔다. 열여덟 살에 지금 남편과 결혼해서 한국에 왔다. 본디 한국 남자와 결혼하는 것이 꿈은 아니었다. 유치원 교사가 되고 싶었다. 그런데 어느 날 집에 돌아오니 난의 엄마가 한국 남자와 결혼해서 한국에서 살라고 했다. 듣고 보니 이웃에 엄마를 언니라고 부르는, 그래서 난도 그 이웃집 아주머니를 이모라고 부르는데, 그 이모가 엄마에게 난을 한국에 시집보내라고 권했다고 한다. "한국이 잘 사니까 난을 한국에 시집보내면 편하게 지낼 수 있고, 또 난 남편이 다달이 돈을 친정에 보내준다고 하니 얼마나 좋으냐, 그러니 난을 한국에 시집보내라." 엄마가 그 말을 듣고 보니 딸이 고생 안 하고 편히 살 수 있다니까 우선 마음이 동하고, 더욱이 집에 돈도 보내줄 수 있다 하니 딸 덕을 볼 수 있겠다 싶어 허락했다고 한다. 아직까지도 난의 마을에서는 부모들이 혼처를 정하는 경우가 많은 터라 엄마는 그러마고 약속하고 계약금 조로 300달러를 받았다고 한다. 그러나 그 이야기를 들은 난은 싫다고 했다. 그때 이미 결혼을 약속한 남자 친구가 있었기 때문이었다. 난이 싫다고 하자 엄마는 "그럼 계약이 파기되면 받은 돈의 세 배를 물어야 하는데, 우리 형편에 900달러가 어디 있느냐?" 하며 난감해했다. 왜 허락 없이 그런 약속을 했느냐고 울면서 항의했지만, 그건 이미 엎질러진 물이었다. 그 옆집 이모가 마담뚜 역할을 하는 베트남 측 중개인이었다는 것은 나중에 알았다. 하는 수 없이 난은 옆집 이모를 따라 호찌민으로 왔다. 호찌민 어느 집에 머무르게 되었는데, 어느 날 홀에 모이라고 해서 갔더니 난과 같은 여성이 여러 명 있었다. 한국 남자들이 들어와 여성들을 훑어보고는 각자가 마음에 드는 여성을 선택했다. 남편이 난을 선택해서 그날로 결혼식과 잔치를 하고 영사관에 혼인신고를 하는 것으로 난의 혼인 절차는 끝났다. 신혼여행이라는 이름하에 합방을 한 다음 날 남편은 한국으로 돌아갔다. 한 달 후 남편의 초청장이 도착해 그것을 갖고 영사관에 가서 비자를 받아 한국행 비행기에 올랐다. 한국에 온 지 한 달 만에 이혼했다. 부부만 사는 줄 알았는데 결혼 안 한 시동생과 시누이에 부모 등 대가족이 사는 집이었다. 한국말을 전혀 모르는 처지에 외출도 할 수 없었다. 시집 식구들과 말은 안 통하고 한 달 동안 감옥 아닌 감옥 생활을 했다. 더 이상 살 수 없으니 베트남에 보내달라고 했다. 남편이 "내가 너 데리고 오는 데 돈이 얼마인줄 아느냐"며 거절하자 절망 끝에 칼로 자해를 했다. 시집 식구들이 겁이 나서 이혼해주었다.

이 글은 이주여성쉼터에서 만난 난이라는 이주 여성의 이야기다. 쉼터에 온 난은 처음에는 밥을 무섭게 후닥닥 먹어치웠다. 여기에서는 천천히, 마음 놓고 먹어도 된다고 하니 안정이 되었는지 이틀 후부터 차분히 밥을 먹기 시작했다. 난의 목을 보니 이상해서 병원에 데리고 갔더니 갑상선에 문제가 있었다. 며칠 지나니까 필자를 보면 "엄마!"라고 불렀다. 쉼터에서 내가 들어가는 기색만 있으면 방문을 열고 나와 품에 안겼다. 강제로 시집에 팔아넘긴 엄마보다 자기를 품어주는 필자가 좋단다. 엄마에게 품은 서운한 감정을 풀어줄 필요가 있어 "엄마가 가기 싫다는 난을 억지로 한국에 시집보낸 것은 잘못이지만, 엄마는 난을 팔아넘긴 것이 아니라 잘사는 나라에 와서 행복하게 살게 하기 위해서 그런 것이다. 나쁜 것은 엄마보다 중개업자다"라고 타일렀다. 엄마에 대한 서운한 감정이 많이 줄었다. 난은 우리 쉼터에서 두 달 있다가 호찌민으로 갔다. 비행기 삯을 모금해 '나와 우리'라는 한국-베트남 평화를 위해 활동하는 단체가 프로그램을 위해 베트남에 가는 편에 동행하게 했다. 고향에는 돌아갈 수 없다고 했는데, 그 이유는 이혼한 것을 동네에서 알면 수치로 생각하기 때문이고 옆집 이모가 좋아하지 않을 것 같아서 엄마 있는 곳으로는 돌아갈 수 없다고 했다. 그래서 공장에서 일하는 오빠가 있는 호찌민으로 돌아갔다. 돌아가서 생활이 막막할 것 같고 한 달 생활비가 15만 원 정도 든다고 해서 두 달 치 생활비 30만 원과 갑상선 약 6개월 치를 사서 들려 보냈다.

난의 이야기는 결혼이주여성들이 한국에 결혼으로 이주하게 되는 과정과 한국에 와서 직면하게 된 한국살이의 어려움을 잘 드러낸다. 난의 경우처럼 개발도상국 여성과 개발국 남성 사이에 이루어지는 국제결혼은 일반적으로 돈이 개입되어 있는 것이 현실이다. 결혼이주여성들에게 어떻게 결혼하게 되었느냐고 물어보면 대부분이 '아는 사람'을 통해서라고 대답했다. 이 아는 사람이 난의 경우에서 보듯이 친이모가 아니라 자신의 부모에게 언니라고 부르는 동네 이모, 아줌마다. 이 사람들이 마을에서 국제결혼 브로커를 하고 있어 이주여성들은 아는 사람의 소개로 결혼했다고 생각하는 것이다. 여기에 또 하나 놀라운 것은 '남편을 사랑해서' 결혼했다는 대답이다. 이 말을 듣고 '보지도 못한 사람을 어떻게 사랑하는지?' 어안이 벙벙했으나 곧 이해가 되었다. 이주 여성들의 대답은 '날 선택해줘서 고마웠다'라는, 감사의 표현을 '사랑'이라고 답한 것이다. 아무튼 빈곤 때문에 떠밀려 결혼하는 경우에도 결혼이주여성들은 국제결혼 과정에서 형성되는 사기성과 매매혼적 성격을 모른 채 한국으로 오는 경우가 태반이다.

여성의 이주에서 특히 문제로 떠오른 것이 '여성의 이주와 인신매매의 경계선이 모호하다'[1]는 점이다. 이렇게 보는 이유는 여성의 이주에서 불법적 알선이 많고, 그 과정이 은밀하게 이루어지고 있다는 것, 또 알선업체가 있고 그 알선업체가 강제·협박 등의 방법을 통해 이익을 챙기고 있다는 점이다. 노동자

---

[1]   Rex Varona, "Migration and Trafficking," *Migration for Development and its Feminization Process*(Regional Conference on Migration in Asia, 2004).

들의 경우, 자신들의 이익을 목적으로 하는 알선업체를 통해 막대한 브로커 비용을 물고 은밀하게 입국이 이루어지고, 불법 입국이기 때문에 그 과정에서 자기 의사에 반한 고용주의 강제와 협박이 있기 마련이다. 연예인 비자로 입국해서 성 산업으로 유입되는 경우 이주와 인신매매의 경계선은 없는 것이나 마찬가지다. 이주를 할 자본이 없기 때문에 몸을 담보로 가족에게 선금을 주거나 타국에서 벌어 갚기로 하고 이주에 필요한 비용을 꾸어서 오는 경우도 있다. 이 계층 여성의 이주는 국제인신매매 조직이나 사설 브로커를 통해 이루어지는데, 이들 브로커들의 횡포와 사기가 엄청나다. 그 수법도 다양해서 취직시켜 준다고 여성들을 데려다가 성 산업업체로 넘겨버리기도 하고, 때로는 단속을 피해 국제결혼으로 위장시켜 이주시키기도 한다.

국제결혼을 인신매매로 분류할 수 있는가? 하는 논쟁은 오랫동안 지속되어 왔다. 물론 모든 국제결혼을 '매매혼적 결혼'이라고 볼 수 없고, 또 '매매혼적 성격'만 부각하면 모든 국제결혼이 인신매매의 피해자인 것처럼 잘못 인식될 수도 있다. 그렇지만 개발도상국 여성과 개발국 남성 사이에 행해지는 중개업 알선에 의한 국제결혼의 경우, 인신매매에 관한 국제적 정의에 의하면[2] 다분히 인신매매적 성격을 띤다. 개발도상국 여성과 개발국 남성 사이에 이루어지는 국제결혼은 특별한 경우를 빼놓고는 돈이 매개가 되어 있는 것이 현실이다. 집안 식구 생계를 위해 다달이 집에 얼마를 보낸다는 조건하에 국제결혼이 행해지며, 심지어 부모가 일시불을 받고 어린 딸을 국제결혼으로 내몰기도 한

---

2   "인신매매란 협박이나 힘, 기타 강압 조치, 납치, 사기, 거짓, 폭력 또는 폭력적 입장의 수단으로 피해자의 동의와 상관없이 국경 내외에서 이루어지는 고용, 수송, 이송 등을 의미하며, 이는 피해자를 이용하거나 착취 목적(최소한 매춘 착취나 기타 성 착취, 강제 노동이나 용역, 노예, 누역 또는 장기 제거나 매매)으로 타인을 조정하는 사람이 지불금이나 이익을 통해 만족을 위하려는 행위"를 말한다. "Trafficking in Persons"(Expert Group meeting on Prevention of International Trafficking & Promotion of Public Awareness Campaigns, 2003).

다. 또 결혼 조건에 명시되어 있지 않다 하더라도 국제결혼을 하는 여성 당사자는 빈곤한 자기 집의 경제에 도움이 될 수 있다는 기대하에 결혼한다. 형식적으로는 자율적인 선택이라도, 내용적으로 보면 '빈곤의 여성화'에 떠밀린 경우가 많다.

중개업 알선에 의한 국제결혼의 또 다른 한 면은 인신매매성 위장 결혼에 대한 것이다. 인신매매 브로커가 외국인 여성을 한국인 무직자나 신용불량자와 국제결혼으로 위장해 성 산업에 취업시키는 경우도 있다. 그런가 하면 국제결혼으로 유입된 여성을 인신매매 브로커들이 좋은 데 취업시켜준다고 속여 공장이나 성 산업으로 빼돌리는 경우도 발생한다. 이 경우 언어 소통이 가능한 자국의 이주 노동자가 한국 브로커와 결탁해 중간 브로커 역할을 하기도 한다.

5

인신매매성 결혼 중개 과정[1]

국제결혼 중개업체의 알선에 의한 결혼 과정

국제결혼 중개업 알선에 의한 국제결혼은 그 과정 자체가 매매혼적 과정을 드러낸다. 국제결혼 중개업에 의한 국제결혼 절차는 다음과 같다. ① 나라마다 약간씩 다르나 결혼정보회사에서 대행해준다. 회사에서 소개하는 절차는 대개 회사 인터넷에 오른 여성들의 사진이나 회사가 갖고 있는 사진 자료를 보고 정보회사에 의사를 밝히면 일정을 조정한다. 한국에서 출국해 다음 날 맞선을 보고 마음에 들면 정보회사의 인솔로 현지에 도착해 선을 본다. 비디오나 집단 전시를 통해 1차 선을 보고 마음에 드는 후보를 대상으로 2차 선을 보고 3차로 개인 맞선을 본다. ② 선택이 이루어지면 그다음 날 한국 영사관에 가서 서류 제출하고 결혼식과 피로연을 한다. ③ 관행적인 합방 절차나 신혼여행을 마치고 한국 남성은 귀국해 배우자를 초청한다. ③ 약 45일 전후로 여성이 한국에

---

[1]   이 결혼 과정은 한국 정부의 빈부차별시정위원회에서 조사한 베트남·필리핀 국제결혼 중개업 실태 조사에 의거, 그 과정을 압축해 정리한 것이다.

입국해 가정을 이루게 된다.

이 결혼 과정에서 문제가 되는 것은 두 가지다. 하나는 개발도상국 현지의 문제요, 다른 하나는 한국의 문제다. 개발도상국 현지에서의 문제는 다음과 같다. 첫째, 현지에서의 불법적 결혼 알선 행위의 문제다. 일부 국가는 결혼알선 업체의 중개에 의한 결혼을 법으로 금하지만, 지하에서 버젓이 행해지고 있다. 한국 중개업 파트너 형식으로 현지의 결혼 브로커들이 현지에서 결혼 희망자를 모아 대도시 한 곳에 집단으로 거주하게 한다. 모집 과정에서 현지 가족에게 계약금 조로 돈을 지급하기도 하고 혹은 결혼 성립 후 일정 금액을 약속하기도 한다. 둘째, 결혼 선택권의 문제다. 국제결혼에서 배우자를 선택하는 결정권은 전적으로 한국 남성에게 있다. 선택되기를 기다리던 여성은 기다리는 기간이 길면 길수록 초조해지고 비용이 들기 때문에 결혼 상대를 자세히 알아보지도 않고 웬만하면 결혼에 응하게 된다. 셋째, 결혼 후 출국하기 전까지 도망치는 것을 방지하기 위해 한국어 교육과 한국 문화 교육이라는 명목으로 집단 숙식을 시키는데 이 과정에서 빚어지는 인권침해 문제가 있다.

한국에서의 문제는 두 가지인데 첫째, 결혼 중개업체는 결혼을 성사시켜야 이득이 남기 때문에 허위 정보를 제공하기도 한다. 농촌 남성의 경우 "한국에서는 농부가 제일 대접받는 직업이다, 농사지을 때, 다 기계로 하기 때문에 힘들지 않고 여자가 일할 필요가 없다. 시부모가 있지만, 따로 분가해서 살 것이다." 등등 허위에 가까운 말을 해서 여자는 농촌 남자와 결혼해도 편하게 살 줄 알고 결혼을 결심한다. 또한 고정적인 일자리 없이 막노동을 하면서 건설업에서 일한다고 직업을 속이는 경우도 있다. 이주여성인권센터에서 만난 한 베트남 출신 이주 여성 K는 남편에게 사기를 당했다며 울었다. 베트남에서 남편과 맞선을 보는데 남편이 말을 한마디도 안 하더란다. 그래서 왜 말이 없느냐고 했더니 통역원이 수줍어서 그런다고 답했단다. 그런 줄 알고 한국에 와보니 말을 잘 못하는 사람이었다. 왜 속였느냐고 했더니 중개업체에서 사실대로 말하면 장가 못 가니 시키는 대로 하라고 해서 속였다고 대답하더란다. 둘째, 결혼하려는 한국인 남성은 결혼이 빨리 성사되어야 비용이 적게 들기 때문에 빚을 내서라도 현지 가족이나 배우자 될 사람에게 돈을 잘 쓰고 선물을 해주거나 한다. 결혼이주여성들이 한국에 들어와 보면 그것이 빚인 경우가 많다. 그 결과 이주 여성은 속았다, 사기당했다는 생각을 하게 된다.

성·인종차별적 국제결혼 광고

결혼 중개를 돈벌이의 수단으로만 삼는 국제결혼 중개업의 성차별적이고 인종차별적인 중개 행태는 이들이 내건 국제결혼 광고에서 더욱 잘 드러난다.

≪조선일보≫ 2006년 4월 21일 자는 "베트남 처녀들 '희망의 땅, 코리아로"라는 제목으로 한국 예비신랑이 베트남 예비신부들을 고르고 들여오는 과정을 게재했다. 모니터를 통해 가슴에 번호표를 단 여성들을 보고 신붓감을 점찍는 과정, 여성 얼굴을 여과 없이 보여주며 "나의 왕자님은 어디에?"라는 소제목을 달아낸 기사는 마치 국제결혼 중개업 광고를 보는 듯했다. 이 기사는 디지털 ≪조선일보≫를 통해 전 세계로 퍼져 파급효과가 더 컸다. 한국 거대 일간지가 중개업 알선에 의한 국제결혼을 장려하는 듯한 기사를 쓰고 베트남 여성 사진을 상품처럼 공개했다는 사실에 베트남 유학생과 함께 베트남평화캠프를 운영하는 단체인 '나와 우리'가 분개해 ≪조선일보≫ 사옥 앞에서 "베트남 여성을 상품화한 ≪조선일보≫는 사과하라!"라는 기자회견과 시위를 했다. 베트남에서 큰 영향력이 있는 베트남 신문 ≪뚜오이째Tuoi Tre≫는 "≪조선일보≫에 실린 여성들에게 일일이 사과하고 편집인은 베트남 여성과 베트남 사람들의 명예를 훼손한 데 대해 사과하라"고 요구했다. ≪뚜오이째≫가 신문사 차원에서 사과를 요구한 것은 베트남 언론사상 처음 있는 일이라고 했다. 중앙당 위원이

자 베트남여성연맹 주석 하티끼엣 여사는 이 기사를 보고 분노해서 다른 회의 참석도 접고 4월 26일 베트남 여성 지도자들과 모여 긴급 대책 회의를 하고 한국 국무총리와 여성가족부에 항의 서한을 보내기도 했다.

국내 최대 일간지가 국제결혼 중개업체에 의해 행해지는 아시아 여성의 상품화와 성·인종차별적인 중개업체의 결혼 행태를 아무런 비판 없이 게재했다는 것은 당시 한국 사회의 가치관을 단적으로 드러낸 것이기도 하다. 한국인들이 한국에 결혼 이주해오는 아시아 여성들을 이렇게 보게 된 데는 국제결혼 중개업체의 성차별적이고 인종차별적인 현수막 광고가 큰 역할을 했다. 베트남의 경우 2000년 초기에는 '베트남 여성과 아름다운 인연 맺기'라는 낭만적인 문구로 시작하더니 해가 바뀌면서 '초·재혼 상관없음'이 추가되었고, '나이 상관없음'이 붙더니 '장애자도 가능', '노인 가능'이 첨부되다가 마침내는 '후불제, 염가 제공', '베트남 처녀, 절대 도망가지 않습니다'라는 기막힌 문구까지 붙었다. 이런 현수막을 보노라면 두 가지 걱정이 생긴다. 하나는 '이런 문구들을 보면서 결혼하는 한국인 당사자나 가족들이 아시아에서 오는 외국인 배우자를 어떤 생각을 갖고 대할 것인가?'와 다른 하나는 '국민들이 아침저녁으로 이런 현수막을 보면서 국제결혼한 이주 여성들에게 어떤 인식을 가지게 될 것인가?'이다.

국제결혼 중개업체는 한국 남성에게 국제결혼을 홍보하기 위해 이런 인신매매적 현수막 광고와 더불어 아시아 여성을 가부장적으로 상업화한다. 이 현상은 국제결혼 정보회사 홈페이지에서 여실히 드러난다.

- 베트남 여성 순종적이며 모성애가 강하고 나이 차이에 구애받지 않고 순결하다.
- 몽골 여성 모성애가 강하고 부모님 모시는 것을 좋아한다.
- 필리핀 여성 영어권이므로 2세 교육에 유리하고 일부종사하며 절대 이혼하지 않는다.

겉보기에 이 광고는 사실인 듯 보이나 내용은 전혀 다르다. 몽골에서는 어른을 공경하는 문화가 있고, 부모를 모시기 좋아한다. 그런데 그 부모가 한국처럼 남편의 부모가 아니고, 양가 부모를 뜻한다. 때로는 남자가 여자 집에 데릴사위로 들어가 살아도 아무런 문제가 되지 않는다. 이런 사실은 숨겨두고 부모님 모시기 좋아한다고 광고를 하면 보통 시부모를 모시는 한국인들은 당연히 남편 부모를 모신다고 생각한다.

베트남 여성들의 경우 유교 영향으로 어른을 공경하는 문화가 있어 부모에게 순종적이다. 시부모에게만 순종적인 것이 아니며, 기본적으로 남자나 여자나 다 일을 하는 구조로서 한국처럼 가정에서 여자의 역할, 남자의 역할이 구분되어 있지 않다. 맞벌이 부부는 집에서 식사를 준비하지 않고 식당에서 사먹는 경우가 많다. 그런데 이런 사실은 숨기고 순종적인 면만 강조하고 있다.

필리핀의 경우 영어를 할 줄 아는 사람이 많긴 하나 고학력자들에 한해서다. 한국에 결혼해 오는 필리핀 이주 여성의 경우 영어를 할 줄 모르는 사람이 더 많다. 그런데 영어권이라고 소개해 한국인 남편들은 한국어를 전혀 몰라도 영어 단어를 통해 의사소통이 될 것이라거나 엄마가 자녀에게 영어를 가르칠 수 있다는 기대를 가지고 필리핀 여성과의 결혼을 꿈꾼다. 더 어이없는 것은 필리핀 여성이 일부종사한다는 광고다. 필리핀은 종교가 가톨릭 국가라 이혼이 허락되지 않을 뿐이다. 설령 이혼을 한다 해도 재판을 통해 이혼해야 하기 때문에 그 비용을 감당할 수 없어 법적으로는 이혼하지 않고 별거한 상태에서 사는 사람들이 있다. 이런 사실을 왜곡해 일부종사한다고 광고한다.

결혼 중개업체의 광고는 한국보다 성 평등 문화를 갖고 있는 아시아의 여성들을 한국 남성의 구미에 맞게 가부장적으로 미화시킨다. 중개업체의 알선을 통해 한국으로 결혼 이주하는 여성의 90% 정도가 사회주의권 출신이다. 사회주의권 국가는 제도와 문화적으로 성 평등적인데 이에 대한 고려 없이 이주 여성을 가부장적으로 채색한다. 그 결과 한국인 배우자는 이주 여성이 기대에 어긋난다고 괴롭히고, 이주 여성은 가부장적 가족 문화에 직면하면서 문화 충돌로 이어질 수밖에 없는 상황이 된다. 아시아 여성을 상품화하고 가부장적으로 왜곡한 국제결혼 중개업체의 광고는 결과적으로 아시아 여성뿐 아니라 국제결혼을 선택하는 한국인 양쪽에 피해를 입힌다.

6

불안한 정착 과정

한국은 희망의 땅인가?

혼인의 진정성을 볼모로 한 체류 정책

체류 문제가 큰 것 같습니다. 가장 많은 상담이 체류 문제에 대한 것입니다. 그만큼 체류 문제 때문에 불안해하며 살아가는 이주 여성들이 많습니다. 남편의 신원보증이 없으면 한국에 거주하는 것이 힘들어지기 때문에 이주 여성은 일상생활에서 자신의 목소리를 제대로 내지 못하고 참고 사는 경우가 많습니다. 문제가생길 때 뿌리를 뽑아야 하는데 그러지 못해 시간이 지나면서 갈등이 심해질 수밖에 없습니다."[1]

이 글은 결혼이주여성 당사자로서 이주 여성들을 상담하고 있는 '레티마이투'의 말이다. 투의 말처럼 한국에 거주하는 이주 여성에게 가장 중요한 기본권은 체류권이다. 결혼이주여성에게 발급되는 비자는 결혼이민 비자F6다. 전

---

1   레티마이투, 「나는 이주여성 당사자 활동가」, 『국경을 넘어서: 이주와 이산의 역사』(제54회 전국역사학대회 자료집)』(전국역사학대회조직위원회, 2011).

에는 가족방문 비자F-1를 받고 입국해 3개월 안에 외국인 등록을 하면 가족동거 비자F2로 바뀌었으나 2011년부터 결혼 이민 비자F6로 별도 관리한다.

이 비자를 받고 입국해서 해마다 체류 연장을 해야 하는데, 결혼이주여성의 체류 연장, 영주, 귀화는 모두 남편의 신원보증이 있어야 가능했다. 2005년 이전까지는 외국인 배우자가 한국인 배우자와 이혼하면 한국에 체류하지 못하고 무조건 본국으로 귀환해야 했다. 2005년 이후 혼인 파탄의 책임, 즉 이혼의 귀책사유가 이주 여성 본인에게 없음을 입증하면 체류를 허용받게 되었는데 날이 갈수록 결혼이주여성 체류권 규제가 강화되고 있다. 웬만한 사유로는 혼인 파탄의 귀책사유를 입증하기 어려워 이혼하기도 어렵다. 결혼이주여성이 한국에 살 권리나 한국 국적을 취득할 권리는 본인에게 있는 것이 아니라 남편에게 달려 있다. 그래서 남편에게 괴롭힘을 당해도 참고 살 수밖에 없고 그러다가 죽임을 당하기도 한다. 물론 혼인 파탄의 귀책사유가 본인에게 있지 않다는 것을 입증하면 한국에 체류할 수 있지만 귀책사유를 입증하는 게 쉽지 않다. 상담하러 오는 이주 여성 사연을 들으면 '차라리 어디 다쳐서 오지!' 하는 생각이 들 때도 있다. 웬만한 사연으로는 귀책사유가 인정되지 않기 때문이다.

한국인과 결혼한 이주 여성의 경우, 한국인 남편과 살고 있으나 국적취득을 하지 못하면 외국인 신분이기 때문에 복지 대상에서 배제되고, 어떤 사유든 혼인 상태가 해소되면 불법체류자의 신세로 전락하는 등 법적으로 매우 불안정한 상태에 놓여 있다. 심지어 어떤 남편은 다른 여자를 얻겠다며 나가라고 내쫓아놓고 가출 신고를 해서 불법체류자로 만드는 경우도 있다. 1년마다 비자를 갱신하도록 되어 있는데, 그 신청권이 남편에게 있기 때문에 남편이 비자 문제를 전가의 보도처럼 휘두르며 이주 여성을 억압한다. 2년 후 취득할 수 있는 국적도 남편이 보증을 서야 가능하도록 되어 있기 때문에 국적법 역시 이주 여성을 위협하는 무기다. 남편들이 국적취득 신원보증을 해주지 않는 이유는 세 가지다. 하나는 국적취득 후 도망갈까 봐서다. 두 번째는 국적취득 신청을 배우자 학대하는 무기로 삼는 경우다. 직장에 다니는 한 여성은 상담소를 찾아와 '남편이 국적취득을 허락할 테니 500만 원을 내라'고 했다며 어떻게 하면 좋을지 하소연했다. 세 번째는 국적을 취득하기 위해서는 신원보증인이 3000만 원 상당의 자산이 있어야 했는데 남편이 경제력이 없기 때문에 국적 신청을 해주고 싶어도 못 해주는 경우가 발생했다. 부부 사이에 낳은 자녀가 학교에 가야 할 나이가 되었는데도 보증금 낼 돈이 없어 국적취득을 하지 못하는 경우를 본 적이 있다. 더 딱한 것은 남편의 귀책사유로 이혼한 여성이 국적취득 신청을 하려고 해도 이 비용을 마련하지 못해 국적취득을 못하는 경우가 있다. 사정이 이러니만큼 이혼할 때 양육권과 면접권을 얻어내는 것은 하늘의 별따기다. 남편의 폭력으로 이혼하거나 남편은 수입이 없고 결혼이주여성만 수입이 있을 경우에나 결혼이주여성에게 자녀 양육권이 주어진다.

상담실에서 만난 이주 여성들의 경우 대부분 국적을 취득하기 전에 인권 문제가 발생하기 때문에 미처 경제권을 확보하지 못해 양육권을 얻기가 매우 힘들다. 이혼한 다문화 가정의 경우 혼인 동거 기간이 5년 미만(0~4년)인 부부가 72.7%(2013년)로 양육권은 그야말로 하늘의 별따기다. 결혼이주여성이 이혼할 경우 양육권을 받지 못해도 자녀 면접권은 받을 수 있다. 면접권이 있으면 법적으로는 한국에 체류할 수 있도록 되어 있다. 그러나 출입국관리소에서 면접권으로 체류권을 잘 부여하지 않으려 하기 때문에 결혼이주여성에게 자녀 양육권은 한국에 체류할 수 있기 위해서도 꼭 받아야 하는 권리다.

결혼이주여성들이 직면하는 가정폭력

국제결혼한 모든 이주 여성이 인권침해를 당하는 것은 아니다. 한국인 남편들 중에는 자신의 일생에서 아내와 결혼한 지금이 가장 행복하다는 사람이 있는가 하면, 아들이 장가를 못 가 애태웠는데 좋은 며느리를 만나 토끼 같은 자식도 낳고 알콩달콩 사는 걸 보니 여한이 없다는 시어머니도 있다. 그러나 이주 여성을 상담하다 보면 어이가 없는 인권침해도 상당했다. 해마다 한국인 남성과 결혼해 입국하는 결혼이주여성이 증가하고 있는데 그 비율만큼 이혼율도 높다. 국민 이혼율의 10%가 국제결혼 가정에서 발생한다. 국제결혼의 이혼 비율이 높은 이유로 대법원은 '신랑이 모든 비용을 대고 한국보다 어려운 나라에서 신부를 데리고 오는 결혼 방식, 문화적 갈등, 언어로 인한 의사소통 부재'[2]를 원인으로 든다. 이런 요인이 복합되어 가정폭력으로 이어진다는 것이다.

결혼이주여성들이 겪는 가정폭력의 유형은 선주민 여성의 경우처럼 다양하다. 그러나 선주민 여성들과는 다른 특이한 폭력 유형이 있다. 가령 구타를 비롯한 신체적 폭력 외에 전처와의 사이에 자녀가 있는데 이주 여성이 임신하면 강제 유산을 시키는 경우다.

언어와 정서 폭력의 경우는 '가난한 나라'를 들먹이거나 무시와 욕설, 툭하면 본국으로 돌아가라고 하거나 이혼을 요구하기도 한다.[3] 거꾸로 이주 여성이 이혼을 요구하면 "너 때문에 내가 들인 돈이 얼만데 안 된다"고 한다. 이런 신체적·정서적 폭력 외에 사회권적 폭력도 있다. 거처할 집도 없이 자신은 친척이나 친구 집에서 숙식을 해결하고 한국에 연고도 없는 외국인 아내를 방기하는 경우도 있다. 남편 본인은 직업이 없고 아내를 취업시켜 월급을 착취하거나 알코올 중독에 경계성 정신 장애, 정신 질환으로 결혼 생활을 유지할 수 없

---

2   대법원 등기호적국, "국제혼인 및 국제이혼 건수 현황" 보도자료 2007년 4월 13일 자.

3   2007년 발표된 여성가족부의 조사에 의하면, 다문화 가정에서 발생된 가정폭력 발생률은 47.3%로 한국인 가정 가정폭력 발생률 40.3%보다 높게 나타났으며, 한국인 가정과는 다른 특징을 보인다. 유형을 보면 다문화 가정에서는 신체폭력이 39.1%로 가장 높게 나타나는 반면 한국인 가정에서는 정서적 폭력이 33.1%로 가장 높게 나타난다. 둘째, 다문화 가정에서 신체적 폭력 정도는 한국인 가정보다 세 배 정도 높았다. 국가인권위원회, 「이주인권가이드라인 구축 실태조사」(국가인권위원회, 2011), 154쪽.

는 경우도 있다. 남편이 사망한 경우, 한국인 가족이 유산을 가로채기도 한다. 심지어 임신을 할 수 없는 부부가 위장 이혼 후에 국제결혼을 해서 아이를 출산한 다음, 아이를 빼앗고 외국인 아내를 속여 이혼합의서에 사인하게 하는 경우도 있다.

문제는 이런저런 사유로 이혼하고 싶어도 신체폭력만 귀책사유로 인정되기 때문에 이혼하면 한국에 체류할 수가 없어 이혼도 어렵다. 자식이 있어도 폭력인 경우를 제외하곤 거의 한국인 남편에게 양육권을 주기 때문에 자식 때문에 참고 견디는 경우도 많았다. 2005년에 발표한 보건복지부 실태 조사에 의하면 결혼이주여성의 가정폭력 경험이 12.6%,[4] 2007년 여성가족부가 조사한 결혼이민자 여성의 가정폭력 경험은 17.5%[5]였다. 2009년 11월 4일에 발표된 이주여성 긴급전화의 상담 결과에 의하면 가정폭력을 포함한 부부 갈등이 28.1%, 이혼 등 법률 문제가 14.8%로 사실상 가정폭력 관련 문제가 44%를 차지한다. 2010년 여성가족부의 통계에 의하면 결혼이주여성 69.1%가 가정폭력을 당한 경험이 있는 것으로 보고되고 있다. 결혼이주여성이 직면하는 가정폭력의 양상은 가부장적 가치관과 인종차별적 가치관이 중첩되어 나타난다.

다음은 결혼이주여성이 직면한, 한국인의 무참함을 보여주는 가정폭력 사례다.

보험금 갈취 사건

인천공항에서 있었던 일이다. 한 동남아 여성이 하도 서럽게 우는 모습을 보고 의아하게 생각한 공항 출입국관리사무소 직원이 이유를 물었다. 캄보디아 사람이라고 하는데 한국말을 잘하지 못했다. 통역을 통해 사연을 들으니 기가 막혔

4   보건복지부, 「국제결혼 이주여성 실태조사 보고서」 (보건복지부, 2005).
5   여성가족부, 「결혼이민자 가족 실태조사」 (여성가족부, 2007).

다. 캄보디아 여성 푸첸(가명)의 남편은 농협에 근무하는 사람이었다. 남편은 노후를 대비해서 보험과 증권에 투자했다. 그런데 교통사고로 사망했다. 사망 후 1억 원이 넘는 돈을 외국인 아내가 수령하게 되었다. 그러자 시어머니와 시누이들이 서류 작성에 필요하다며 이 여성에게 설명도 안 해주고 강제로 상속권과 자녀양육을 포기하는 각서에 서명하도록 한 후 재산을 갈취했다. 외국인 며느리에게 본국 가는 비행기 표를 사주고 공항에 데려다 놓았다. 출입국관리사무소 직원이 사연을 알고 조치를 취해 천안에 있는 쉼터로 가게 되었다. 쉼터에서는 이 여성의 재산권을 위해 법률 지원을 했다. 이처럼 가끔 영문도 모른 채 홀로 공항에 버려진 이주 여성의 전화를 받을 때가 있는데, 그 여성이 살던 지역 쉼터나 도움처를 안내해주곤 했다. 어차피 법률적인 것은 살던 곳에서 해결해야 하기 때문이다.

베트남 출신 결혼이주여성 하람(가명)은 한국인 남편과 국제결혼해 부산에서 살고 있었다. 결혼한 지는 2년이 채 되지 않았고 남편과의 사이에 돌이 안 된 딸아이가 하나 있다. 남편과 나이 차이는 20살 이상 나지만 남편은 하람에게 잘해주었고 큰 소리 한 번 치지 않는 좋은 사람이었기 때문에 하람은 남편을 사랑한다고 말한다. 그 남편이 일하던 공장에서 쓰러져 병원에 입원했으나 사망했다. 하람 남편은 생전에 보험을 들었는데, 남편이 죽자 이 보험금이 문제가 되었다. 보험 수령자는 법적으로 아내이므로 당연히 아내인 베트남 여성 하람이 보험금을 받아야만 했다. 그런데 시누이가 베트남 아내가 받아야 할 보험금을 갈취해버렸다. 시누이 말로는 자기가 동생네 생활비를 댔으니 자기가 타는 것은 극히 당연한 것이고, 베트남으로 돌아갈 하람에게 보험금을 줄 수 없다는 것이다.
하람과 함께 공장에서 일하던 직장 동료는 그건 하람 남편이 10년 이상 누나네 공장에서 일한 월급으로 부은 것이라고 항변했다. 하람이 남편과 살던 집 보증금도 이미 가로채간 상태다. 베트남 아내 하람 입장에서는 졸지에 남편을 잃어 너무 당황스럽고 앞이 캄캄하다. 남편이 없는 외국 땅에서 아이를 데리고 살아갈 일도 막막한 터에 시누이 식구에게 보험금까지 강탈당하니 이 땅에서 산다는 것 자체가 절망스러울 뿐이다. 그래도 하람은 다행히 남편의 형이 도와 시누이를 상대로 보험금 반환을 위한 소송을 시작했다. 하람은 보험금을 돌려받아 남편 닮은 딸을 한국에서 잘 키우고 싶다고 했다.

하람의 경우처럼 결혼이주여성은 남편이 사망한 뒤 보험 문제나 재산 문제로 갈등을 겪는 경우가 종종 발생한다. 결혼한 지 5년 된 여성 마이(가명)는 남편 보험금 수령 후에 시어머니와 시누들이 와서 아이들을 자기들이 키울 테니 본국으로 돌아가라고 괴롭히며 반‡협박으로 보험금을 가져갔다. 마이는 나이가 30세 이상 차이 나는 남편과 결혼했는데 결혼 1년 만에 남편이 죽었다. 장례를 치른 후 한 번도 본 일이 없는 남편 전처 자식이 와서 보험금을 받기 위해 필요하다며 서류에 서명을 요구해 해주었다. 나중에 알고 보니 보험금 수령인을 마이에서 시집 식구로 변경하는 것이었다. 중간에서 보험금을 가로챈 전처 아들은 마이에게 400만 원만 주며 본국으로 돌아가라고 했다.

결혼이주여성의 경우 보험금을 강탈당하는 것만이 아니라 재산권의 침해도 종종 일어난다. 중국 여성 동화는 결혼한 지 3년 만에 남편이 익사 사고로 죽었는데, 시집 식구들이 남편과 동화가 살고 있던 전셋집의 전세금 7000만 원을 뺏으려고 했다. 결혼이주여성이 한국어를 모르는 것을 이용해 재산이나 양육권을 포기하는 각서에 서명하게 하거나 강압적으로 위협해 수령한 보험금을 내놓도록 한다. 물론 소송해서 이를 되돌릴 수 있긴 하지만 이미 써버린 돈에는 속수무책으로 당할 수밖에 없다. 낯선 땅에서 남편이 죽었다는 사실만으로도 막막한데, 시집 식구로부터 재산과 자녀에 대한 권리를 박탈당하고 내몰리다 보면 그 정신적 충격은 이루 말할 수 없다.

한국인 가족들은 아들, 오빠, 형제였던 남편이 죽으면 그 배우자인 이주 여성을 가족으로 인정하지 않으려는 경향이 있다. 특히 재산이 얼마라도 남겨질 경우 그 재산을 영원한 식구가 되지 않을 외국인에게 줄 수 없다는 분위기가 형성되는 듯하다. 문제를 삼는 가족들이 흔히 하는 말이 "우리와 같이 살 것도 아닌데, 왜 우리 아들 돈을 주느냐?"는 것이다. 아이가 있을 경우 아이는 당연히 어머니에게 양육권이 있는데 아들의 자식이라는 이유로 결혼이주여성에게서 양육권을 빼앗는 경우도 있고, 때로는 아이 양육에 대한 배려 없이 유산만 갈취하는 경우도 발생한다. 한국인 배우자가 재산 없이 사망할 경우 혼자 남은 결혼이주여성의 생활을 그 가족이 책임지지도 않는다. 홀로 살아가야 할 여인에 대한 측은지심도 있으련만, 한국인 배우자가 죽으면 그 아내는 사면초가에 놓이게 되는 경우가 허다하다.

이런 경우를 접하고 다문화가족지원센터에서 결혼이민자들이 자신의 재산권을 잘 지켜나갈 수 있게 자신이 모르는 서류에는 일절 서명하지 않도록 교육해야 하고, 문제가 발생할 경우 도움을 받을 수 있는 센터에 대한 정보를 제공하는 등 사전 교육이 필요하다고 여성가족부 담당자에게 제언했지만 별로 효과를 보지 못했다.

이렇게 보험금을 갈취당하는 경우도 있지만 아예 보험금 때문에 아내를 죽이는 경우도 있다. 2010년 캄보디아 출신 결혼이주여성 체첸다가 보험금을 노린 남편에 의해 입국 1년 만에 살해되었다. 남편은 보험 여섯 개를 가입하고서 아내가 실화로 인해 죽은 것으로 위장했다.

2014년 8월 23일 새벽 이 아무개(45세)씨는 25세의 캄보디아 국적 아내를 수면유도제를 먹여 재운 뒤 차에 태워 고의로 화물차를 들이받아 숨지게 했다. 숨진 여성은 2008년 결혼해 다섯 살 난 딸을 두고 있으며 사망 당시 임신 7개월이었다. 남편 이 씨는 사고를 내기 전 11개 보험사, 26개의 생명보험에 모두 95억 원의 보험을 아내 명의로 가입하고 자신을 수령인으로 지정했다. 이 씨가 돈을 위해 임신 7개월의 아내를 살해할 만큼 비인간적인 행동을 한 배후에는 현재 한국에서 행해지고 있는 인종차별적 국제결혼의 불평등성과, 한국 사회의 뿌리 깊은 가부장 문화, 생명보다 돈을 중시하는 가치관이 존재한다.

씨받이로 이용당한 사건

불임인 한국인 부부가 위장 이혼을 하고 남편이 19세의 베트남 여성과 재혼했다. 3개월 후 한국에 입국한 베트남 아내 '투하'(가명)는 곧 첫아이를 임신했고, 아이가 출생하자마자 전 부인에게 보내져 양육되었다. 첫아이가 어디로 갔는지 알 수 없었던 투하는 둘째 아이 임신 사실을 알게 되어 어쩔 수 없이 결혼 생활을 유지했다. 둘째를 임신한 지 8개월이 될 무렵부터 남편이 투하에게 이혼을 강요하기 시작했다. 자신의 재산권은 전부 전 부인에게 있으므로 전 부인에게 돌아가지 않으면 모든 재산을 잃게 된다고 말하며 투하에게 이혼을 종용했다. 둘째를 출산하고 나서부터는 더욱 집요하게 이혼을 요구했다. 투하는 첫째 아이는 물론 갓 출생한 둘째 아이마저 어디에 있는지 알 수 없었던 상태에서 산후 우울증과 아이들을 볼 수 없는 데서 오는 상실감과 박탈감, 믿고 의지했던 남편의 냉담한 태도로 더 이상 한국에서 살 이유를 찾을 수 없었고 결국 2007년 남편의 이혼 요구에 응했다. 이혼 직후 남편은 전 부인과 재혼인 신고를 했다. 주소를 가르쳐주지 않아 투하는 아이들을 만나볼 수 없었다.

우리보다 가난한 나라 출신이라고 씨받이로 이용할 생각으로 위장 이혼과 위장 결혼을 실행한 한국인 부부 사례는 드라마 〈사랑과 전쟁〉으로도 재구성되어 방영되었는데 야만의 극치를 보인 사건임에 틀림없다. 이 사건이 발생하자 성동 외국인근로자센터에서 공익인권법재단 공감의 변호사와 협의해 이 사건의 본질을 '현대판 씨받이 사건'으로 규정하고 불법행위에 의한 손해배상청구와 아이 양육권을 베트남 여성으로 변경해달라는 가사 소송을 제기했다. 이에 대해 서울중앙지법은 베트남 아내 투하(26세)가 전 남편 ㅂ 씨(53세)를 상대로 낸 손해배상청구 소송에서 "모 씨는 전 부인에게 2500만 원을 지급하라"며 원고 일부 승소 판결을 했다. 재판부는 판결문을 통해 "ㅂ 씨는 전 부인이 낳은 아이를 떼어내 따로 키우면서 전 부인의 친권 및 양육권을 침해했을 뿐만 아니라, 인격권 등을 침해해 정신적 손해를 입혔다"고 밝혔다. 재판부는 또 "모 씨는 전 부인에게 대리모 약정을 맺었다고 하지만 증거가 없고, 설사 그런 약정이 있었다 해도 생모로부터 자녀 양육권을 배제하는 약정은 민법에 위반해 효력이 없다"고 설명했다.

서울가정법원은 투하가 ㅂ 씨를 상대로 낸 양육자 변경 심판 청구권에 대해서는 이를 기각하고 면접교섭권만 인정했다. 양육권자 변경 청구를 기각한 이유는 아이들이 현재 부모를 친부모로 인식하고 있기 때문에 변경 시 야기될 아이 혼란을 우려해서라고 한다.

이런 재판 결과에 대해 이주여성단체에서는 이 판결이 인종차별적이며, 결과적으로 이주 여성에 대한 무시와 폭력 불감증을 조장시킬 것이라며 우려를 표하고 진정서를 내고 항의했지만 수정되지 않았다.

이후에 우연히 이 사건을 확인하는 일이 생겼다. 베트남 출신 이주 여성 가족 100여 명과 베트남에서 프로그램을 한 일이 있었다. 참가자 중 한 여성의 고향 방문에 동행하게 되었고 그곳에서 투하 사건을 다시 듣게 되었다. 그 여성의 친척이 투하의 결혼을 중개했었다는데 투하가 보내준 돈으로 부모님이 집을 잘 지어서 동네에서 부러워하고 있다고 했다. 그 돈 출처는 알려지지 않은 채로! 그 이야기를 들으며 '그 돈이 어떤 돈인데…' 싶은 생각에 엄청 속이 상했지만, 그 앞에서 사실을 밝힐 수는 없었다.

한국인의 야만성을 고발한 후인마이 사건

당신과 저는 매우 슬픕니다. 저는 당신과 많은 이야기를 나누고 싶은데, 당신은 왜 제가 한국말을 공부하러 못 가게 하는지 이해할 수가 없어요. 저도 다른 사람들과 같이 대화하고 싶어요. 저는 당신이 일을 나가서 무슨 일이 있었는지, 어떤 것을 먹었는지, 건강은 어떤지, 또는 잠은 잘 잤는지 물어보고 싶어요. 제가 당신을 기쁘게 할 수 있도록, 당신이 저에게 많은 것들을 가르쳐주기를 바랐지만, 당신은 오히려 제가 당신을 고민하게 만들었다고 하네요. 저는 한국에 와서 당신과 저의 따뜻하고 행복한 삶, 행복한 대화, 삶 속에서 어려운 일들을 만났을 때 서로 믿고 의지하는 것을 희망해왔지만, 당신은 사소한 일에도 만족하지 못하고 화를 내며 견딜 수 없어 하고, 그럴 때 마다 이혼을 말하고…. 당신처럼 행동하면 어느 누가 서로 편하게 속마음을 말할 수 있겠어요. 당신은 가정을 만든다는 것이 얼마나 큰일이고 한 여성의 삶에 얼마나 중요한 일인지 모르고 있어요. 좋으면 결혼하고 안 좋으면 이혼을 말하고 그러는 것이 아니에요. 그렇게 하는 것은 한 사람의 진실한 남편으로서 부족한 모습이라고 생각해요.

물론 제가 당신보다 나이가 많이 어리지만, 결혼에 대한 감정과 생각에 대해서는 이해하고 있어요. 한 사람이 가정을 이루었을 때 누구든지 완벽하지 않다는 것에 대해서는 반드시 이해해야 돼요. 물론 부부가 서로 이해하지 못하고 상처를 주어 결국 이혼하는 사람들도 있어요. 한 사람의 감정을 존중하고 이해하는 사람에게는 마음을 닫아버리게 하는 상황과 원망하게 하는 상황이 무심히 지나가게 돼요. 모든 사람에게 각자의 자존심이 있고 자신이 '정답'의 편에 서는 것은 알아요. 하지만 부부가 행복할 수 없고 위험하게 만드는 일을 계속한다면 아무도 이해할 수 없을 거예요. (중략)

당신은 저와 결혼했지만, 저는 당신이 좋으면 고르고, 싫으면 고르지 않을 많은 여자 중에 함께 서 있었던 사람이었으니까요. 하지만 제가 베트남에 돌아가게 되더라도 당신을 원망하지 않을 거예요. 저는 당신이 저 말고 당신을 잘 이해해주고 사랑해주는 여자를 만날 기회가 오기를 바라고 당신이 잘 살고 당신이 꿈꾸는 아름다운 일들이 이루어지길 바랍니다.

저는 베트남에 돌아가 저를 잘 길러주신 부모님을 위해 다시 처음처럼 일을 시작하려고 해요. 저의 희망은 이제 이것뿐이에요. 당신과 저는 서로 다른 나라 사람이어서 제가 한국에 왔을 때 대화를 할 사람이 당신뿐이었는데…. 누가 이렇게 될 것이라 생각할 수 있었겠어요. 정말로 하느님이 저에게 장난을 치는 것 같아요. 정말 더 이상 무엇을 적을 것이 있고 말할 것이 있겠어요. 당신은 이 글이 무엇인지도 모르고 이해하지도 못할 것인데요.[6]

이 글은 한국인 남편에 의해 살해당한 '후인마이'라는 베트남 여성이 죽기 전 남편에게 남긴 편지다. 국제결혼이 증가하기 시작하면서 국제결혼 중개업체에 의한 인신매매성 결혼 증가와 함께 문제가 된 것은 한국인 배우자가 외국인 배우자를 대하는 인식과 태도에 대한 문제였다. 특히 아시아 여성과 결혼한 한국인 가정에서 이주 여성들에게 가하는 차별과 무시, 폭력 등 인권침해가 심각했다.

2007년 '후인마이'라는 베트남 여성이 국제결혼으로 한국에 온 지 두 달 만에 남편 폭력에 의해 갈빗대 18개가 부러져 죽는 사건이 천안에서 발생했다. 후인마이는 열아홉 어린 나이에 스물다섯 살이 더 많은 한국 사람과 국제결혼 중개업 알선에 의한 집단 맞선 자리에서 남편의 선택을 받아 결혼했다. 정작 한국에 와보니 베트남에서 듣던 것과는 달리 남편이 직장도, 제대로 된 집도 없었다. 남편은 일용직 노동자였다. 일이 없는 날은 술을 먹고 들어와 아내를 괴롭히며 툭하면 "이혼하고 너희 나라로 돌아가라"고 했다. 그는 남편과 서로

---

6 후인마이 사건은 2011년 국내 작가 16명과 베트남 작가 1명 총 17명이 홍대 입구 전시장 상상마당에서 "후인마이의 편지: 다문화 사회의 한국인을 위한 그림 소설"로 전시되었다. "시나브로 대한민국은 다문화 사회가 되었다. 하지만 아직도 우리는 다문화에 적응하지 못했다. 그런 연유로 이주자들 그중에서도 이주 여성들에 대한 편견과 폭력은 사라질 줄 모른다. 행사 취지는 편견의 희생자가 되어 생명을 잃은 '후인마이'라는 여성의 삶을 돌이켜보면서, 반성과 성찰의 계기를 갖도록 하는 데 그 의의가 있다"라고 밝혔다.

이해하고 위해주는 애틋한 부부 관계를 원했으나 남편의 배려 부족, 경제적 형편 및 의사소통의 어려움으로 인해 원만한 결혼 생활을 하지 못했다. 최소한의 인간다운 삶도 누리지 못하겠다고 생각했던 그는 남편과의 결혼 생활을 청산하고 베트남으로 돌아가려고 했다. 후인마이가 베트남으로 돌려보내달라고 하자 너 때문에 들어간 돈이 얼만데 그러느냐고 안 된다고 했다.

이러지도 저러지도 못하고 있던 어느 날 후인마이는 어머니가 아프다는 소식을 듣게 되었다. 이렇게 사느니 차라리 고향에 돌아가 아픈 어머니 병구완이라도 하는 것이 났겠다고 생각한 후인마이는 고향에 돌아가기로 결심했다. 남편에게 보내는 편지를 베트남어로 써놓고 짐을 싸는데 술에 취한 남편이 들어왔다. 남편은 아내가 도망간다고 생각해 갈빗대 18대가 부러질 정도로 아내를 구타해 죽이고 말았다. 남편 장 씨는 짐을 싸고 있는 아내의 행동을 보고 사기 결혼을 당했다고 오해해 범행에 이르게 되었다고 말했다. 남편은 일정한 주거지도 없는 사람으로 아내를 살해하고 잠적했다가 체포되었다.[7]

이 사건을 담당한 대전 고등법원 김상준 재판관은 남편에게 징역 12년을 선고하면서(제1심 판결 대전지방법원 천안지원 2007.10.9. 선고, 2007고합118, 2008년 1월 23일 고법 선고) 판결 평가문에서 사건과 비극이 발생한 책임을 가해자 남편에게만 묻지 않고 그 근본적인 책임을 한국 사회에 물었다. 김 판사는 후인마이가 쓴 편지를 소개하면서 한국 사회에 반성을 촉구했다. 다음은 김 판사가

---

7   후인마이 죽음 후 '천안 외국인이주노동자센터'를 주축으로 외노협 등 100여 개 인권단체들이 참가한 '후인마이 사망사건 후속 대책위원회'가 구성되었고 2007년 4월 19일 천안역 동부 광장에서 추모제를 갖고 후인마이 편지를 공개했다. 추모제에서 무분별한 국제결혼 지원사업을 규탄하는 캠페인과 국제결혼 중개업 규제 캠페인도 함께 진행되었다. 이 추모제에서 천안시 '모이세 이주여성의 집' 여경순 소장은 "후인의 죽음은 이주 여성이 가족과 사회에서 약자 위치에 있음을 보여준 단적인 예"라며 "근본적인 문제 해결을 위해 다문화 정책 등 제도적인 장치가 마련돼야 한다"고 말했다. 이준호, "남편에게 살해당한 열아홉 살 베트남 신부 추모행사 열려", ≪한국일보≫, 2007년 8월 20일 자.

재판정에서 한 말이다.

한편 시각을 바꾸어 이 사건과 같은 비극이 발생한 근본 원인을 돌아보고 싶다. 특히 농촌 지역을 중심으로 하여 한국 남성과 제3세계 여성 사이의 국제결혼이 급격히 늘어가고 있는 이 시점에서, 이 사건은 우리로 하여금 이런 국제결혼의 명암을 재조명해보도록 하고 있다. 배우자감을 국내에서 찾을 처지가 되지 못 했던 피고인이 결혼정보회사를 통하여 베트남 현지에 가서 졸속으로 피해자를 만나게 된 전 과정을 보면서 스스로 깊은 자괴감을 느끼지 않을 수 없다. 피고인은 그저 피해자가 한국인과 비슷하게 생겼다는 이유로 단 몇 분 만에 피해자를 배우자감으로 선택하게 된다. 그 과정에서 피해자가 누구인지, 누구 집 자식인지, 무엇을 원하는지 아무도 알려준 바 없어 이를 전혀 알 수 없었을 뿐더러, 또한 스스로 알고자 하지도 아니하였다. 목표는 단 한 가지 여자와 결혼을 한다는 것일 뿐, 그 이후의 뒷감당에 대해 진지한 고민이 없었다.

그러나 그러한 지탄을 피고인에게만 집중할 수 없을 것 같다. 그것은 우리 사회 총체적인 미숙함의 발로일 뿐이다. 노총각 결혼 대책으로 우리보다 경제적 여건이 높지 않을 수도 있는 타국 여성들을 마치 물건 수입하듯이 취급하고 있는 인성의 메마름. 언어 문제로 의사소통도 원활하지 못한 남녀를 그저 한 집에 같이 살게 하는 것으로 결혼의 모든 과제가 완성되었다고 생각하는 무모함. 이러한 우리의 어리석음은 이 사건과 같은 비정한 파국의 씨앗을 필연적으로 품고 있는 것이다. 이 자리에서 우리는 21세기 경제대국, 문명국이란 허울 속에 갇혀 있는 우리 내면에 있는 야만성을 가슴 아프게 고백해야 한다. 혼인은 사랑의 결실로 소중히 보호되어야 한다. 그러나 그 가치를 온전히 지켜낼 능력이 우리에게 있는 것일까. 코리안 드림을 꿈꾸며 아내가 되고자 한국을 찾아온 피해자 후인마이. 그의 예쁜 소망을 지켜줄 수 있는 역량이 우리에게는 없었던 것일까. 19세 후인마이의 편지는 오히려 더 어른스럽고 그래서 우리를 더욱 부끄럽게 한다. 이 사건이 피고인에 대한 징벌만으로 끝나서는 아니 되리라는 소망을 해보는 것도 이러한 자기반성적 이유 때문이다.

이렇게 후인마이의 죽음 앞에서 한국의 야만성을 고발당했지만 남편에 의해 결혼이주여성이 살해당하는 사건은 줄지 않았다. 2010년 7월 9일 새벽 미명에 탓티황옥Thach Thi Hong Ngoc이라는 한 베트남 여성이 정신질환을 앓던 남편에 의해 살해되었다. 한국말이라곤 '오빠'라는 말밖에 모르는 상태에서 한국에 온 지 겨우 일주일 만에 일어난 일이었다. 탓티황옥이 죽은 지 불과 2개월 후인, 같은 해 9월에 나주에서 강체책이라는 몽골 여성이 살해당했다. 강체책은 남편의 가정폭력에 시달리던 고향 후배를 보호하고 있었는데, 그 후배의 남편이 강체책을 찾아와 아내를 내놓으라고 행패를 부리다가 강체책을 살해한 것이다. 이 충격이 채 가시기도 전, 이틀 후에 베트남 출신 황티남이 청도에서 살해당한 사건이 발생했다. 황티남은 2011년 5월 24일 새벽에 스물세 살 젊은 나이로, 한국에 온 지 9개월 만에 도박을 일삼는 남편을 말리다 남편이 휘두른 칼에 53군데나 난자를 당해 주검이 되었다. 2년 후에는 중국 동포 출신 결혼이주여성 김영희(가명)와 이정희(가명)가 남편에게 살해당했다. 2014년 한 해에 결혼이주여성 여섯 명이 죽임을 당했다. 2014년 1월 14일에는 강원도 홍천에서, 1월 23일에는 경남 양산에서 베트남 출신 결혼이주여성 두 명이 남편에 의해 살해당해 짧은 생을 마감했다. 7월 24일에는 남편이 베트남 출신 아내를 교통사고로 위장해 죽였다. 8월 23일에는 아내 이름으로 몇 억대의 보험을 든 다음 보험금을 타낼 목적으로 임신 7개월인 25세의 캄보디아 출신 아내를 교통사고로 위장해서 죽였다. 12월에는 22세의 베트남 출신 결혼이주여성이 남편과 이혼 후 부평초처럼 떠돌다가 음식점에서 만난 한국 남성에게 살해되었다. 이 여성들 모두 희망을 안고 한국에 왔다가 어처구니없이 죽임을 당한 이주 여성들이다. 이 중 다섯 명은 남편에 의해 죽임을 당했고, 한 명은 남편에게 버림

받아 생존을 위해 들풀처럼 떠돌다가 다른 한국 남성에 살해되었다.

안전 이혼은 없다. 소유물로서의 여성

2015년 폭력을 일삼는 남편과 이혼하고 아이를 키우며 살던 베트남 출신 이주 여성이 살해된 사건은 우리 사회에 또 하나의 과제를 던져주었다. 신고를 받고도 늦게 대응한 경찰의 안이함과 폭력 가해자에게 면접권을 주는 잘못된 면접교섭권 행사 때문에 세 명이 목숨을 잃었다. 베트남 출신 '투이'(가명)는 아이 면접교섭권을 행사하러 온 전 남편에게 납치되어 딸아이, 배 속의 아이와 함께 목 졸려 죽었다. 가해자는 유서를 써놓고 자살했다. 살해당한 투이는 폭력 피해 이주여성쉼터에 여러 번 입소했었고, 전 남편에게 접근금지 명령이 내려질 정도로 지속적이고 심각한 폭력을 경험했다. 2013년에 이혼한 이 여성에게 이혼은 자신의 안전을 지키고자 하는 최소한의 자기 보호 조치였으나 이혼한 뒤에도 전 남편의 폭력으로부터 안전하지 못했다. 한국인의 경우 아버지가 폭력적이어서 아이의 안전이 위협받는다고 판단될 경우 아이 아버지에게 면접권을 주지 않는다. 그러나 베트남 여성 투이에게는 이 법이 적용되지 않았으며, 아이 아버지의 면접교섭권을 보장해야 했기 때문에 전 남편의 폭력적인 성향과 위험을 무릅쓰면서 면접교섭권을 이행했다. 결과는 그와 아이의 죽음이다. 가정폭력으로 이혼에 이르렀거나 별거 중인 경우, 안전이 보장되지 않는 면접교섭권을 거부할 권리를 어머니인 이주 여성들에게 보장해야 하는데도 말이다.

결혼이주여성 살해 사건에서 가장 난감한 것은 남편이 아내를 죽이고 자살해버리는 경우다. 2012년 3월 강원도 정선에서 베트남 출신 아내를 동거 이틀 만에 살해하고 남편이 자살한 사건이 발생했다. 2013년 1월 14일에는 강원도 홍천에서, 2014년 1월 23일에는 경남 양산에서 결혼이주여성 아내를 살해하고, 가해 남편 역시 자살한 사건이 연달아 발생했다. 2014년 12월 아내와 자식을 죽이고 자신도 목매어 죽은 경우도 마찬가지다. 홍천과 양산의 경우 두 여성 모두 20대 초반 나이로 각각 어린 자녀를 두고 있었다. 진주의 경우는 아내만이 아니라 딸도 함께 죽였다. 이럴 경우 "오죽했으면 아내를 죽이고 자신도 죽었겠느냐?"라며 남편에 대한 동정론으로 외국인 아내의 죽음은 묻혀버린다. 이주 여성 빈소조차 차려지기 어렵고 차려진다 한들 쓸쓸하기 짝이 없다. 정선에서 죽은 여성의 빈소를 찾았을 때는 영정 사진조차 제대로 없어 외국인등록증에 있는 증명사진을 그린 초상화가 빈소에 놓여 있었다.

남편들이 아내와 자식을 죽이고 자신도 죽은 것은 아내와 자식을 자신의 소유물로 생각하기 때문이다. 자신이 속상해서 죽는데 아내를 살려둘 수 없다는 비정함이 작용하고, 아내의 목숨이 자기에게 속한 것이라는 착각에서 비롯된다. 이런 경우 비단 죽음의 경우뿐 아니라 살아생전에도 아내와 자식을 자기 소유라고 생각해서 함부로 대했을 것은 뻔하다. 아내에게 폭력을 일삼다 살해하고 자신도 죽은 진주 사건이 이를 잘 대변해준다.

결혼이주여성들의 성폭력 피해

2006년 결혼해 남편 이 씨(43세)와 함께 입국한 필리핀 여성 달리(25세)는 남편의 폭력을 견디다 못해 4개월 만에 집을 나갔지만 불법체류자로 붙들려 다시 남편을 만나게 됐다. 2008년 7월 남편 이 씨는 자기 집에서 아내 달리에게 성관계를 요구했다. 아내가 생리 중이라는 이유로 성관계 요구를 거절하자 이 씨는 가스 분사기와 과도를 들고 달리를 죽이겠다고 협박했다. 신체 특정 부위를 잘라 버리겠다고도 했다. 결국 달리는 남편 성관계 요구에 응한 후 남편을 성폭력으로 고소했다.

결혼이주여성들이 겪는 성폭력 역시 다양하다. 결혼이주여성들이 직면하는 성폭력 피해는 크게 두 가지 형태로 나타난다. 남편들에 의한 아내 강간과 포르노성 성 학대, 시댁 가족에 의한 성폭력이다. 시집 식구에 의한 성폭력은 시아버지에서부터 시삼촌, 전 부인 자식에 의한 성폭력 등 다양하다. 명백한 성폭력의 경우 가해자가 처벌받지만 성희롱 예방 교육을 받은 적이 없는 대부분의 결혼이주여성들은 증거를 입증하지 못해 가해자를 처벌하지 못하는 경우가 다반사다. 설령 증거를 입증해서 가해자를 처벌할 수 있을 경우에도 이혼이 전제되어 생존의 어려움을 겪게 된다. 심지어 결혼이주여성인 아내를 방문하러 온 처형이나 여동생 등 사돈을 성폭행하는 경우도 있고, 시아버지가 자신의 친구에게 안사돈을 성폭행하도록 주선한 경우도 있다.

결혼이주여성들과 상담하다 보면 아내 입장을 전혀 고려하지 않는 남편의 일방적인 성관계 요구 때문에 힘들다고 하소연하는 경우가 있다. 남편이 힘을 이용해서 폭력적으로 성관계를 강요하는 경우도 있고, 이상한 포르노를 보고 그대로 재현해줄 것을 요구해서 성에 대한 혐오감이나 왜곡된 성 의식을 갖게 되는 경우도 있다. 성관계가 고통스러워 남편 요구를 거절하면 바로 폭력으로 이어지거나 "너 왜 결혼했냐? 성관계를 거절하려면 이혼하고 네 나라로 돌아가라!"고 하기 때문에 한국에 머물기 위해 고통스러워도 참고 견딘다고 했다.[8] 부부 강간이 인정되지 않아 이혼하면 한국에 체류할 수 없기 때문이었다. 그래서 아내 의사를 무시한 강제 성관계는 가정폭력 범주에 넣어야 한다고 요구했지만 귀책사유로 인정되지 않았다.

2009년 1월 16일 달리 고소에 대해 부부 관계에서 강간 혐의를 인정한 법원

---

8   2005년 보건복지부 국제결혼 이주 여성 실태 조사에 의하면 국제결혼 이주 여성이 당하는 성폭력 중 성행위 강요가 14%인데 기혼 6.9%, 별거 63.2%, 이혼 47.4%로 조사되었다. 설동훈 외, 「국제결혼 이주여성실태조사」(보건복지부, 2005).

의 첫 판결이 나왔다. 혼인 관계에 있는 사람은 민법상 동거 의무, 즉 성관계 요구에 응할 의무가 있는 점을 감안해서 부부간에 강간죄는 적용되지 않는다는 게 판례였다. 하지만 부산지법 제5형사부(재판장 고종주 부장판사)는 필리핀 여성인 아내를 흉기로 위협해 성폭력을 가한 혐의로 기소된 한국인 남편에 대해 징역 2년 6개월에 집행유예 3년을 선고했다. 재판부는 이 재판에서 먼저 형법상 '부녀'에 '혼인 중 부녀'가 제외된다고 볼 아무런 근거가 없다며 현행법으로도 부부 강간을 처벌할 수 있다고 전제했다. 또 강간죄 보호 법익은 여성 '정조'가 아니라 '성적 자기결정권'이며 아내 또한 이 권리가 있다고 판시했다. 재판부는 이번 필리핀 아내에 대한 남편 성폭력에 대해 부인 강간죄를 적용하면서 "잘못된 방법으로 아내를 강간하는 것은 상대를 인격체로 대우하는 것이 아니라 욕구 충족과 의사 관철 도구로 전락시키는 행위며 사람을 물화하는 것"이고, "부부간 강간죄를 묻지 않는 것은 개인과 양성평등이라는 헌법 취지와도 맞지 않으며 권리 의식이 보편화한 문명 시대에 통용될 수 없다"라고 그 이유를 밝혔다. 이 판결은 2004년 서울중앙지법이 아내를 성폭행한 남편에 대해 강제추행 혐의를 적용한 이래, 부부 관계에서 아내의 성적 자기결정권을 근거로 아내 강간을 인정한 첫 사례로서, 향후 아내 강간에 대한 중요한 변수가 되는 사건이다. 하지만 남편 이 씨는 재판 직후 달리에 대한 성폭행 사실은 인정하면서도, "아내를 폭행한 사실이 없고, 오히려 아내가 결혼 생활에 충실하지 않아, 내가 국제결혼으로 피해를 본 피해자"라고 주장하며 즉각 항소장을 제출했다. 그동안 사실혼 관계, 즉 동거 관계의 부부에 대해서는 강간죄가 인정되었으나 법적인 부부간 강간죄에 대해서는 지난 1970년 대법원이 이를 부정한 이래 단 한 번도 인정되지 않았다. 따라서 항소심에서 논란이 예상되었으나 항소심을 앞두고 남편이 자살해버려 판례로 남지 못했다.

아내 강간 사건은 2013년 다시 이슈로 부각되는데 바로 부산출입국사무소에 의해서다. 남편이 죽은 후 달리는 해마다 체류 연장을 해가며 한국에서 살았다. 그런데 2013년 부산출입국에서 이 여성에게 남편이 죽은 데 대한 책임을 물으며 체류 연장을 불허했다. 이 사건을 접하고 부산 여성단체와 연대해서 언론에 문제를 부각시키고 법무부에 항의해 간신히 체류 연장이 되었다. 귀책 사유가 이주 여성에게 있지 않을 경우 체류권을 부여하도록 되어 있는 이주 여성 체류권에 대해 출입국관리사무소 직원이 함부로 재량권을 남용한 탓이다.[9]

필리핀 여성 달리 사건 이후 2013년 대법원에서 흉기로 아내를 위협하고 성관계한 남편에게 전원합의체 판결을 통해 징역 3년 6개월을 선고한 원심을 확정해서 '부부 강간죄'를 처음으로 인정했다. 이후 법원이 유죄로 인정한 '부부 강간' 사건은 가해자인 남편이 흉기를 들고 아내를 위협하거나 다치게 하고 성관계를 맺은 경우에 한했다.

그러나 2015년 1월 20일 외국인 아내를 성적으로 괴롭히고 나체 사진을 찍은 혐의로 기소된 아리 남편에 대해 "흉기 없이도 강제 성관계는 부부 강간"이라는 판결이 나왔다. 베트남 출신 아리는 2012년 국제결혼 중개업체를 통해 스무 살 이상 나이가 많은 B씨를 만나 결혼했다. 이듬해 한국에 오자 남편의 성적 괴롭힘이 시작되었다. 아내가 몸을 웅크리는 등 거부 의사를 밝혔음에도 남편은 2개월 동안 10여 차례 강제로 성관계를 했으며, 집에서 옷을 입지 못하게 했고 휴대전화 카메라로 몸 사진을 찍었다. 텔레비전을 보다 잠이 들었다거나 아파서 병원에 가고 싶다고 말했다는 이유로 주먹으로 아리 머리를 때리기도 했다. 결혼 생활 두 달 만에 아리는 가출했고 이주여성쉼터 도움을 얻어 남편을 고소했다.

2014년 9월 제주지법 제2형사부(김양호 부장판사)가 진행한 1심 재판에서 재

---

9   출입국관리사무소 재량권 남용은 지속적으로 문제가 되고 있다. 대한변호사협회는 2014년 10월 22일 출입국 관리업무 재량권 개선을 위한 토론회를 실시하고 문제를 제기했다. 대한변호사협회, 「출입국 관리업무 재량권 개선을 위한 토론회 자료집」(대한변호사협회, 2014).

판부는 남편에게 징역 5년의 실형을 선고하고 법정 구속했다. 재판부는 "피해자는 국제결혼을 해 혼자 한국에 와 남편 외에는 의지할 사람이 없었고 피고인은 피해자를 폭행하기도 했다"며 "거부 의사를 표시하는 것 말고는 사력을 다해 반항하는 등 적극적 항거를 시도하기 어려움을 인정할 수 있다"고 밝혔다. 재판부는 "부부간에 정상적 성관계를 맺은 것일 뿐 아내를 폭행하거나 협박한 사실이 없다"는 남편의 주장을 받아들이지 않았다. 재판부는 "피고인이 범행 당시 피해자를 폭행·협박해 피해자의 항거를 불가능하게 한 다음 강간한 사실을 충분히 인정할 수 있다"고 덧붙였다. 아리 남편은 항소했고, 항소심 재판이 진행되는 동안 아리는 남편이 항소를 포기하는 조건으로 남편과 합의했다. 이에 따라 광주고법 제주형사부(재판장 김창보 제주지법원장)는 남편에게 징역 3년형에 집행유예 4년을 선고했고, 남편이 상고를 포기함에 따라 이 판결은 확정되었다.

흉기 없이도 부부 강간죄가 적용된 것은 베트남 여성 아리가 첫 사례다. 흉기 없는 강제 성관계도 부부 강간으로 인정한 판례는 결혼이주여성들에게 매우 고무적인 판결이었다. 베트남 여성 아리 사례로 강제 성관계도 혼인 파탄의 귀책사유로 인정받을 수 있게 되었기 때문이다.

결혼이주여성 역시 인권침해를 당할 경우 한국 여성처럼 참고 견디거나 이혼한다. 한국 여성은 국민이라 이혼한 뒤에도 당연히 한국에서 살 수 있지만 결혼이주여성들은 신체폭력 등 출입국관리국이 인정하는 귀책사유가 아니면 한국에 체류할 수 없게 되어 있다. 법무부에서 주로 신체폭력만을 가정폭력으로 인정하고 정서적 폭력이나 언어적·경제적 착취는 귀책사유로 인정하지 않아 체류권을 주지 않기 때문에 이혼하는 것도 어렵다.

'동화'라는 함정

15여 년 전 이주여성쉼터를 연 어느 날, 한 몽골 출신 이주 여성이 쉼터를 찾았다. 통역을 통해 사연을 알아보니 시어머니와의 의견 충돌로 쫓겨났다고 한다. 서로 다른 음식문화 때문이었다. 우리가 아는 대로 몽골은 유목민의 전통이 있고 바다가 없는 곳이라 생선을 먹지 않고 고기를 즐겨 먹는다. 최소한 하루에 한 번 이상은 고기를 먹는 식생활 습관을 갖고 있다. 그런데 한국에 와보니 고기는 주지 않고 김을 비롯해서 생선이나 채소로 된 음식을 주로 주니까 먹을 수가 없었다. 김이나 생선에서 비린내가 나서 먹기 힘들었다. 한 달을 참다가 시어머니에게 고기 음식을 달라고 했더니 "가난한 나라에서 온 주제에 고기 타령을 한다"고 구박하며 계속 비린 것만 주더란다. 이러다가는 굶어죽겠다고 싶어 울었더니 그러려면 나가라고 내쫓았다.

몽골에서 온 지 한 달밖에 안 된 터이고 시집 주소도, 남편 이름도 제대로 모르는 터라 가까스로 수소문을 해서 남편과 연결이 되어 시어머니와 남편을 만났다. 그리고 몽골의 음식문화와 한국 음식문화 차이를 설명하면서 국제결혼을 한 경우에 아내의 음식문화도 존중해주어야 하지 않겠느냐, 안 먹던 것을 하루아침에 어떻게 먹느냐? 아내가, 며느리가 한국의 음식문화에 적응하려면 시간이 필요하다고 설득했다. 음식문화의 차이에 대한 이해를 위해 필자가 독일에 살던 때 독일 사람들이 냄새난다고 마늘을 싫어해서 안 먹다 보니 마늘 먹는 교포들을 만나면 냄새나서 괴롭던 이야기부터 생강 씹히는 맛이 싫어 김치를 안 먹던 식생활 습관까지 이야기하면서 남편과 시어머니를 납득시키느라 애썼다. 그러나 시어머니는 막무가내로 며느리를 받아들일 수 없다고 했다. 시어머니에게 내쫓김을 당했음에도 불구하고 당시 법에 의하면 이혼할 경우 이유 여하를 불문하고 본국으로 돌아가야 했다. 결혼하기도 쉽지 않지만 돌아가는 것도 쉬운 일이 아니라 그 몽골 여성은 결국 집으로 돌아가지 못하고 미등록 체류자가 되었다.

문화는 상대적인데!

결혼이주여성들을 상담하면서 느낀 것은 문화에 대한 차별이다. 보통 한국인들은 결혼이주여성만 한국어와 한국 문화를 배우면 된다고 생각한다. 남편이나 가족은 외국인 배우자의 말이나 문화를 배울 생각을 하지 않는다. 외국인 배우자의 나라 풍습이나 문화, 사회제도에 대한 이해 없이 한국인의 관점에서 결혼이주여성들을 오해해서 그들을 힘들게 한다. 예를 들어 하노이 등 북부 지역에 사는 사람들은 중국 문화의 영향으로 다른 사람과 이야기 할 때 눈을 직접 마주 보는 것을 피한다. 그러면 한국인들은 말을 제대로 듣지 않는다고 타박한다. 반대로 호찌민 같은 남부 지역에서는 프랑스의 영향을 받아 상대의 눈을 똑바로 보고 이야기 한다. 그러면 "어디 어른 앞에서 눈을 똑바로 뜨느냐?"고 꾸짖는다. 캄보디아나 베트남의 경우 더운 나라라 낮잠 자는 게 생활화되어 있다. 한국에 와서 20년 동안 본국에서 생활하던 습관대로 낮잠을 자면 "젊은 게 게을러터졌다"고 뭐라 한다. 문화에 대한 이해가 조금만 있으면 갈등을 피할 수 있는데, 한국 가족들은 결혼이주여성만 빨리 한국 문화에 적응해 좋은 아내가, 며느리가 되기를 바란다.

비록 결혼이라는 형식으로 한국에 왔어도 그 결혼이주여성들의 경우 대부분 20대 안팎이다. 한국의 10~20대 여성들의 모습은 어떤가? 자신의 딸이나 동생에게는 살림에 대한 기대를 하지 않으면서 결혼이주여성에게는 아내라는 이름으로, 며느리라는 이름으로 당연히 살림을 알아야 한다고 생각해서 배울 시간도 주지 않고 "게으르다, 일 못한다. 할 줄 아는 게 없다"고 잔소리한다. 이런 잔소리에 덧붙여 "가난한 나라에서 와서 그렇다"고 못을 박는다. 결혼이주여성들은 아내로, 며느리로 살아본 경험이 없는 사람들이다. 살림할 줄 모르는게 당연하다. 또 문화 자체가 우리처럼 쓸고 닦는 문화가 아니다. 그런 걸 게으르다고 하면 그것 자체가 편견이다. "빨리 빨리!"라는 한국 문화 때문에 '느린 언어'로 낯선 사회에 적응하느라 힘든 결혼이주여성들이 한국 생활에 익숙해질 때까지 기다려주는 인내심, 이주 여성들의 문화를 이해하려는 노력이 없는 한국 사회에서 이주 여성은 힘들다.

이런 경우는 안타까운 경우이고 잘 풀린 경우도 있다. 어느 날 캄보디아 여성이 울면서 찾아왔다. 남편이 이혼하자고 한단다. 남편에게 왜 그런 말을 했느냐고 물었더니 자기 아내가 자기를 죽이려고 한다는 것이다. 만나자고 해서 사연을 들어보니 문화에 대한 오해에서 비롯된 것이었다. 캄보디아 출신 이주 여성이 집안의 액을 방지하기 위해 캄보디아 방식으로 작은 칼을 베갯잇 속에 숨겨놓았다. 하루는 남편이 이불을 치우다가 베개가 뒹굴게 되었는데 베개에서 칼이 떨어져 나왔다. 이걸 본 남편이 아내가 자기를 죽이려 한다고 오해한 것이다. 그래서 남편에게 캄보디아 문화를 소개하고 부인이 칼을 숨겨놓은 것은 부인이 당신을 보호하기 위해서 그런 것이니 부인을 좋게 생각하라고 설명하고 돌려보냈다. 그 부부는 아이도 낳고 잘 살고 있다.

한국의 가부장적 가족 문화와 결혼이주여성의 성 평등 문화 갈등

위의 경우에서 보듯이 이런 생활상의 문화 차이는 시간이 지나면 줄일 수 있다. 가장 큰 갈등과 인권침해를 불러 오는 것이 한국의 가부장적 가족 문화다. 최근 비교적 젊은 세대 사이에서는 '성 평등'이라는 사회적 담론의 영향을 받아 가부장적인 가족 구조에 변화가 있지만 국제결혼의 주요 대상인 40대에서 50대에 이르는 남성과 그 가족의 연령대는 여전히 가부장적인 관습과 의식을 가지고 있다. 한국 여성에게는 적용하기 어려운 전통적인 아내 역할, 며느리 역할을 강조하는 것을 넘어서 일상사를 다 통제하면서 무시하는 경우도 있다.

국제결혼으로 한국에 들어오는 이주 여성 대부분은 구舊사회주의권 국가 출신으로 모권제 유습을 갖고 있는 경우가 많다. 한국에 국제결혼으로 오는 이주 여성 중 중국 출신이 가장 많고 그다음이 베트남으로 이 두 나라를 합치면 전체 결혼의 85% 가까이 된다. 여기에 러시아, 몽골, 우즈베키스탄, 키르키스탄 등을 합치면 90% 이상이 사회주의권 출신이다. 사회주의권은 한국보다 제도적·문화적으로 성 평등 문화를 갖고 있고, 가족 구조와 가족 문화에서도 한국보다 양성평등적이다. 필리핀이나 태국의 경우 공교롭게도 모권제 유습이 많이 남아 있어 한국보다 성 평등적이다. 이렇게 양성평등 문화에서 온 결혼이주여성들이 "시집왔으면 시집 문화를 따라야 한다"며 한국의 가부장적 문화의 일방적인 수용을 강요당하고 있다. 가부장 의식과 문화가 팽배한 가족일수록 정작 본인들은 이주 여성에게 '너무 너무 잘 해주었다'고 생각하며, 이주 여성이 철이 없고 게으르고 고집이 세서 자신들의 사랑과 정성을 몰라준다고 목소리 높이는 경우가 많다. 한국인 부인이나 며느리에게는 요구하지 못하는 시집살이를 결혼이주여성에게는 스스럼없이 요구한다. 그들은 이것이 인종차별인 줄도 모른다. 이로 인해 문화적 갈등이 일어나고 이 갈등이 혼인 파탄의 주요 원인이 되기도 한다. 시민 인식 개선 교육을 할 때 "남성 중심의 가부장 문화와 성 평등 문화가 한집안이나 하나의 사회에 혼재해 있다면 어떤 문화를 고쳐야 하는가?" 하고 물으면 "당연히 가부장 문화를 양성평등 문화로 고쳐야 한다"고 이구동성으로 답한다. 그러나 결혼이주여성의 경우는 결혼이주여성이 한국 가부장 문화에 적응해야 하는 것을 당연시한다. 한국에 시집왔으니 한국 문화를 따라야 한다는 한국화의 강요로 국제결혼가족 사이에 갈등이 일어나고 때로는 가정폭력으로 이어진다.

다문화 가족? 글로벌 가족?

몽골계 결혼이주여성 B에게서 들은 말이다. 그녀는 정부 기관에서 통역상담원으로 일하고 있었다. 어느 날 과장이 한국인 몇 명을 데리고 와서 "아, 여기 다문화, 여기도 다문화, 여기도" 하고 한 명 한 명 손으로 짚어가면서 소개했다. "엄연히 B라는 이름이 있고, 다른 사람도 그러한데, 이름 대신 '다문화'가 뭡니까?" 그녀는 어이없었다고 말했다.

또 다른 이야기는 중국 동포 결혼이주여성이 들려준 것으로 다문화 가정 자녀에 대한 이야기다. 어느 날 학교에서 선생님이 "다문화 가정 자녀는 손들어"라고 말했다. 아이가 손을 들지 않았더니 선생님이 "너 엄마가 외국인인데 왜 손 안 들어?" 하고 꾸짖었다. 집에 와서 아이가 엄마에게 물었다. "엄마, 나 성이 오씨인데 왜 다문화야?" 그 아이는 자신의 엄마가 한국말을 잘해서 외국인이라는 생각을 해본 일이 없는데 선생님 때문에 자신이 국제결혼 가정의 아이인 것을 알게 되었고, 반 친구들까지 알게 되었다. 그날 이후 왕따가 시작되었다고 한다.

2006년 4월 26일 정부가 대통령 국정 과제로 '결혼이민자와 그 자녀에 대한 사회통합 지원 정책'을 발표하고 '열린 다문화 사회'를 한국 사회의 비전으로 제시하면서 한국 사회에 '다문화 사회'라는 신조어가 생겨났고 더불어 다문화 열풍이 불기 시작했다. 그러나 정작 그렇게 강조하는 '다문화'와 '다문화 사회'라는 단어가 어떤 것인지 규정하지 않은 채 용어를 사용했기 때문에 한국 사회에 다문화 담론이 쏟아져 나오는 가운데 '외국인이 증가하는 한국 사회에서 여러 종족·인종·민족이 갖고 있는 문화의 다양성을 존중해야 한다'는 정도의 합의가 이루어진 듯했다. 그래서 '다양성의 존중', '공존' 등의 추상적인 용어들이 한국 사회의 가치로 등장했다.

그러나 2008년 결혼이민자와 그 가족 지원법을 '다문화가족지원법'으로 개정한 후 국제결혼 가정을 '다문화 가족'으로, '혼혈인'이라고 불리던 국제결혼 가정의 자녀를 '다문화 가족 자녀'로 호칭하면서 '다문화'란 '다문화 가정'이라는 말로 불리는 국제결혼 이주 여성이나 그 자녀를 뜻하는 말로 혼동되고 있다. '다문화'는 사회적 현상임에도 불구하고 한국 사회에서는 '사람'을 지칭하는 말이 되어버렸다.

본디 국제결혼 가정을 다문화 가정이라고 부르기 시작한 것은 한국의 시민단체에서 비롯되었다. 1990년대 한교연이 국제결혼 가정을 이중 문화 가정이라 부르고 이 이름하에 심포지엄을 개최해 '혼혈아'라고 불리던 국제결혼 가정의 자녀를 '이중 문화 자녀'라고 부르기 시작했다. 이후 한국 남성과 아시아 여성 간의 국제결혼이 증가하고 그 가정에서 태어나는 아이들이 혼혈아라고 차별받자 이주운동 단체에서 한국과 아시아를 합성한 '코시안'이라 부르고 그 가정을 다문화 가정으로 지칭하기 시작했다. 반차별운동에서 비롯된 이 용어도 '구별 짓는' 용어라 하여 결혼이주여성들의 반발에 부닥쳤다.

이런 배경에서 시작된 '다문화 가정'이라는 용어를 정부가 차용하면서 왜곡된 다문화 사회를 초래하고 있다. 정부가 국제결혼 가정을 다문화 가정이라고 부른 이면에는 지금 한국에서 증가하고 있는 국제결혼이, 남성 주한미군과 한국 여성이 결합해 이루어진 국제결혼 가정과는 달리 한국 남성과 아시아 여성 간의 결혼이라는 부계혈통 중심적 사고가 기저에 깔려 있다. 그러나 국제결혼 가족을 '다문화 가족'이라고 부름으로써 정부의 의도와는 다르게 다문화 가족을 특별한 존재로 규정해 오히려 차별을 더 부각시키고 있다. 현재 한국 사회에서 다문화 가정은 2차 가정으로 간주된다. '다문화 가정'이라는 말이 정상적인 가정이 아니라 무엇인가 열등한 가족으로 낙인이 찍혀 있다는 것이다. '다문화가족지원법'을 통해 결혼이주여성과 그 자녀를 지원하다 보니 다문화 가족은 당당한 가족이 아니라 지원을 받아야 하는 존재로 낙인이 찍혀졌다. 이런 사실을 인지한 다문화 가정 구성원인 결혼이주여성들은 이구동성으로 오히려 자신들을 '다문화 가정'이라고 부르지 말아달라고, 자신들의 자녀도 다문화 가정 자녀로 부르지 말 것을 부탁한다.

지금 한국은 '다문화 가족'과 '글로벌 가족'이 서로 계급화되어 충돌하는 현상이 나타나고 있다. 한국 사회에서 다문화 가족은 아시아 여성과 한국 남성 간에 이루어진 국제결혼 가정을 뜻하고, '글로벌 가족'이란 이른바 선진국 사람과 한국인의 결혼으로 이루어진 가정을 뜻하는 말로 사용된다. 국제결혼 사이에 계급화가 형성된 것이다. 이를 보여주는 것이 〈러브 인 아시아〉와 〈미녀들의 수다〉 방송이다. 〈미녀들의 수다〉에 출연한 결혼이주여성은 주로 서구 사람으로, 자신을 글로벌 패밀리로 지칭하면서 스스로에게 자신감이 있다. 〈러브 인 아시아〉의 결혼이주여성들은 본국 가정들의 어려운 모습이 부각되고 한국에서도 힘들게 사는 모습으로 나왔다. 결혼이주여성의 이미지를 왜곡한다고 방송의 방향을 당당하게 사는 모습으로 바꿀 것을 요구했지만 여전히 그대로 진행되고 있다. 결과적으로 결혼이민자는 본국 경제가 어려워 계속 지원해야 하고, 한국에서도 힘들게 살아가므로 국가의 지원을 받아야 하며, 때로는 가정폭력의 피해자 이미지로 언론에서 부각되고 있다. 이런 이미지는 결혼이주여성과 그 자녀가 긍정적인 자긍심을 갖는 데 장애가 되고 있다.

한국화가 정답?

한국 정부는 '외국인 기본 정책'이나 '결혼이민자와 그 자녀에 대한 사회통합 지원 정책'을 발표하면서 '열린 다문화 사회'를 한국 사회의 비전으로 표방하고 다문화가 공존하는 사회를 강조했다. 그러나 말과는 달리 관이 다문화 담론을 주도하면서 다문화 사회에 대한 사회적 합의 없이 일방적인 정책을 추진하고 있다. 한국 사회가 열린 다문화 사회를 표방하기 위해서는 다양한 문화만 인정하는 것이 아니라 한국인의 정체성도 다문화주의적으로 바뀌어야 함을 전제로 한다. 그러나 정체성 변화는 결혼이주여성이 해야 하는 것으로 인식되고 결혼이주여성의 인권보다는 가족 유지가 우선이다. '혼인의 진정성'이라는 이름하에 결혼이주여성의 체류권과 국적취득 권리를 제한하고 결혼이주여성의 사회복지 지원도 한국인 배우자 사이에서 출생한 자녀, 즉 국민이 될 아이를 양육할 때 만 가능하다. 자녀 여부에 따라 한국에서 살 권리가 제한적으로 부여된다. 무엇보다 강조되는 것이 결혼이주여성이 한국 사회에 잘 통합되는 것인데 그 통합의 실체가 결혼이주여성이 한국어와 한국 사회를 배워 한국의 문화, 한국의 제도에 빨리 동화되는 것이다.

이런 동화의 바탕에서 마련된 정책이 '결혼이민자 사회통합이수제'이다. 2008년 4월 법무부가 '사회통합이수제'라는 정책을 발표했다. 귀화를 원하는 자에게 2009년 1월부터 '한국어와 한국 사회 이해' 교육을 의무화해, '한국어' 220시간과 '한국 사회 이해'라는 과목을 40시간 이수하면 국적을 주겠다는 것이다. 법무부에 의하면 "이 프로그램을 통해 이민자 및 그 가족이 안정적으로 우리 사회에 적응하도록 돕고자 하는 것"이라고 밝혔다. 한마디로 한국 사회에 동화된 이주자를 만드는 것이 사회통합이수제의 목적이었다.

이러한 분위기에서 주로 연출되는 것은 한국화된 결혼이주여성들의 모습이다. 명절이면 한복 입은 결혼이주여성의 모습을 비추면서 '한국 사람 다 됐다'고 한다. 이주 여성들이 한국 젊은이들의 문화를 즐기면서 밝게 사는 모습은 연출하지 않는다. '한국 문화 배우기'라는 이름하에 결혼이주여성이 한국 사회에서 살아가기 위해 필요한 생활문화보다는 한국인도 잘 모르거나 하지 않는 '다도 익히기와 같은 전통교육을 실시하면서 결혼이주여성들에게 한국 문화의 짐을 지도록 하고 있다. 결혼이주여성의 문화 향유에 대한 배려가 없다.

결혼이주여성들은 빠르면 18세에서 20세 전후로 한국에 이주해온다. 그러기에 한국의 젊은이들처럼 케이팝K-pop을 즐기고, 옷에서부터 화장에 이르기까지 젊은 여성들의 문화를 즐기고 싶어 한다. 그런데 결혼이주여성이 한국 사람답게 살기를 원한다고 하면서도 한국 젊은이들의 삶을 따라하려 하면 한국

가족이나 지역사회는 "철이 없다. 모양내기만 좋아한다"라며 비난한다. 이들에게 요구하는 '한국 사람 되기'는 한국 사람들이 싫어하는 가부장 문화, 옛 문화 전승이다.

이런 방식으로 한국 사회에 동화될 것을 강요받다 보니 이주여성들은 자신들의 고유문화를 누릴 권리를 포기당한다. 유엔인권선언이나 유엔 사회권조약에서는 문화 향유을 하나의 권리로 선언하고 있다. 그러나 결혼이주여성이 자기 문화를 향유하기는 너무 어렵다. 결혼이주여성들에게 자국 정체성을 포기하고 한국 사람 되기를 강요하는 사회에서 정체성의 그릇인 본국 문화의 향유는 그림의 떡이다. "자신의 문화권을 누리지 못한다는 것은 이주 여성의 능력, 역량, 잠재성을 죽이고 이들에게 걸맞은 대우를 받을 수 있는 가능성을 없앰으로써 다른 권리들도 제한한다"[10]는 점을 고려해야 할 것이다.

결혼이주여성들이 다문화 교실이나 축제 등 특별 프로그램을 통해 자국 문화를 선보일 때가 있다. 취지는 결혼이주여성의 문화를 이해하기 위한 문화 공유이지만 실제로는 한국인에게 보여주기에 가깝다. 결혼이주여성이 진정 자신의 고유문화를 즐길 수 있는 풍토가 조성되어야 한다. 한국의 젊은이들이 그렇듯이 아시아 이주 여성들도 자신들의 세대에 맞는 삶의 문화가 있다. 이러한 삶의 문화를 포기시키기보다는 그녀들의 고유문화를 수용해 한국 문화를 좀 더 폭넓게 키우는 기회로 삼아야 한다.

이중 언어와 이중 문화

어느 날 필리핀 출신 결혼이주여성이 울면서 하소연했다. 아이가 초등학교에 입학했는데 학교 갔다 와서 하는 말이 "엄마 바보야!"라고 했다는 것이다. 왜냐고

---

10   김현미, 「다문화 사회의 문화적 쟁점과 정책방향」, 『다문화포럼 자료집(2008.2.27)』(문화체육관광부, 2008), 52쪽.

물었더니 "엄마가 한국말도 제대로 못하니까 창피하니 학교에 오지 말라"고 하더란다. 그래서 그 아이를 만나서 이야기했다. "엄마는 바보가 아니야. 엄마는 한국어는 서툴지만 엄마 나라 말인 필리핀어는 잘하지? 엄마는 필리핀 말과 한국말 두 나라 말을 할 줄 알잖니? 네 친구 영호 엄마는 한국말밖에 못하는데, 두 나라 말을 할 줄 아는 엄마가 왜 바보야?" 이 말을 듣고 간 아이는 그다음부터 자기 엄마를 바보라고 하지 않았다.

이런 경험을 통해 이중 언어의 중요성을 알게 되었고, 여성가족부에 이중 언어와 이중 문화 지원 프로그램을 만들도록 제안해 정부 정책으로 추진되기에 이르렀다.

결혼이주여성들의 모국어와 문화를 향유하는 것은 다문화 가정 자녀의 미래를 위해서도 매우 중요하다. 결혼이주여성의 모국어와 문화를 긍정적으로 인정하는 분위기를 조성하면 아이는 자기 부모에 대해 자부심을 갖게 되고 그것이 자아 형성과 소통 증진, 정서 함양에 긍정적인 영향을 미치게 된다. 이중 언어와 이중 문화를 통해 자녀가 자긍심을 갖고 자라게 할 수 있다. 따라서 다문화 가족 자녀들과 결혼이주여성의 미래를 위해 자녀들이 어릴 때부터 이중 언어와 이중 문화를 향유할 수 있는 기회를 제공해야 한다. 다문화 가정 자녀들의 이중 언어와 이중 문화를 살린다면 이들이 성인이 되었을 때 한국 사회에 문화와 언어의 폭이 그만큼 넓어질 수 있다. 다문화 가족 자녀의 이중 언어와 이중 문화는 그 자녀의 발전적인 미래와도 관계가 있다. 이들이 성인이 되었을 때 취업이나 진로 선택에서 많은 장애가 있을 수 있다. 이들이 이중 언어 능력과 이중 문화에 대한 이해가 있다면 이것을 특성화해서 진로를 발전적으로 모색할 수 있다. 그뿐 아니라 이들이 부모 나라와 한국의 관계 발전에도 기여하게 될 것이다.

엄마가 외국인이라서?

결혼이주여성들에게 한국살이에서 제일 어려운 것이 무엇이냐고 물었다. 여러 가지 답을 했는데 정리하면 한국어를 모르는 데서 오는 의사소통의 어려움, 남편의 폭력과 시집 식구들의 무시, 한국 문화 익히기, 경제적 어려움 그리고 자녀 양육, 이렇게 다섯 가지로 요약할 수 있다. 자녀 양육 부문에서는 친정이 없기 때문에 육아 문제로 도움을 받기 어렵다는 것과 시어머니가 도와줄 경우 이주 여성들이 고향에서 보고 들은 대로 양육하면 거부당하고 시어머니 방식대로 고집하기 때문에 힘들다고 했다. 자녀를 어린이집에 보낼 경우 육아에 대한 많은 짐을 덜게 되는데 결혼이주여성들이 특히 힘들어 하는 것은 자녀가 학교에 입학하면서부터다. 아이들이 엄마가 외국인이라고 학교 방문을 기피하는 것도 가슴 아프지만 학습 지도가 힘들다고 했다. 엄마도 한국어가 서툰데 자녀의 숙제를 지도하는 게 여간 힘든 일이 아니다. 숙제 지도를 제대로 못하니 아이 앞에서 주눅이 들고 자긍심이 손상당한다. 아이는 그런 엄마를 보며 엄마를 무시하게 되는데 자녀가 부모에 대한 자긍심이 없으면 아이도 자긍심 없이 자랄 수밖에 없다.

앞의 '책을 내면서'에도 언급한 바 있듯이 필자는 독일에서 유학한 경험이 있다. 두 아이를 데리고 유학했는데 독일에서 아이 때문에 어려움을 겪지 않았다. 내 공부 때문에 아이 학습을 돌볼 겨를도 없었지만 독일어가 안 되니 아이 학습을 지원할 수가 없었다. 이런 어려움을 해결해준 것은 독일 학교의 공교육 시스템이다. 작은 아이는 어린이집에 보내고, 초등학생인 큰 아이는 학교에서 담임 선생님이 잘 돌봐주었다. 학교 공부가 끝나면 담임 선생님이 아이를 특별히 지도했다. 독일어 그림사전으로 독일 말을 알도록 해주었다. 그 결과 1년 후에 아이는 무사히 중학교에 갈 수 있었다.

우리 아이들 누구도 엄마가 외국인이라서 아이의 학업이 부진하다는 말을 듣지 못했다. 독일에서 그런 말을 하면 인종차별로 문제가 된다. 그런데 한국에서는 학자들이 언론에 나와 "엄마가 외국인이라서 다문화 가족 자녀의 학업이 부진하다"고 거침없이 말한다. 공교육을 회복할 생각은 하지 않고 다문화 가족 자녀의 학습 부진을 '엄마가 외국인이라서!'라는 말로 결혼이주여성에게 책임을 전가한다. 자신 때문에 아이가 학업이 부진하다는 말을 들어야 하는 결혼이주여성들의 입장을 헤아려본 적이 있는지 묻고 싶다. '엄마가 외국인이라서!'라는 말은 결혼이주여성의 가슴에 못을 박는, 언어폭력이며 정서적 폭력이다.

'엄마 때문에…'라는 말은 비단 결혼이주여성에게만 해당되는 말이 아니라 한국의 엄마에게도 해당되는 말이다. 왜 한국은 자녀 교육의 책임을 엄마에게만 지우는가? 성차별적인 교육 시스템이 다문화 가족 자녀와 결혼이주여성들을 멍들게 한다.

7

돌아갈 집이 없다

귀환의 어려움

앞의 건천의 이야기에서 보듯이 이주 여성들은 귀환의 어려움을 겪고 있다. 귀환했다가 또다시 가정의 생계를 위해 이주하는, 이주의 악순환을 되풀이한다.

이주 여성 노동자가 겪는 귀환의 어려움과 이주의 악순환

아시아의 여성들이 다른 나라로 이주노동을 떠나는 것은 나라가 가난하고, 가정이 빈곤해서다. 때로는 새로운 삶에 대한 욕구에서 이주노동을 선택하기도 하지만 대부분은 자기 나라에 일자리가 없기 때문에 가족의 생계를 위해 다른 나라로 일자리를 찾아 나선 것이다. 처음에 떠날 때는 길게 잡아 5년을 예상한다. 그동안 열심히 일하고 저축해서 돈을 모으면 고향으로 돌아가 가게를 얻어 장사를 하든지, 조그만 사업을 하나 할 수 있으리라는 기대를 하기 마련이다.

그러나 막상 한국에 와보면 처음 생각처럼 돈이 모아지지 않는다. 한국에 나오기 위한 브로커 비용을 갚아야 하고, 또 고향의 식구들이 먹고살 것이 없으니까 생활비를 보내고, 자기 용돈으로 조금 쓰다 보면 돈을 모으기가 쉽지 않다. 브로커 비용을 갚고 이제는 저축해야지 하는데, "집에서 아이가 아프다", "어머니가 아프다"며 돈을 보내라 재촉한다. 고향 집에서는 그 돈으로 집을 짓고 가전제품을 사고 생활비로 쓴다. 대부분의 아시아 나라들은 여전히 대가족을 이루며 사는 데다 친정 식구와 시집 식구까지 이렇게 이주 여성이 보내주는 돈만 기다린다.

"돈이 손바닥의 모래알처럼 빠져나갔어요." 건천이 자신의 사정을 들려주며 이런 말을 하는데 그 표정이 그렇게 공허할 수가 없었다. 그래서 이들이 귀국하는 건 쉽지 않다. 큰마음 먹고 귀국을 할 경우, 처음 한두 달은 환영을 받지만 돌아갈 때 가져간 돈이 다 떨어지면 가족들은 딸이나 부인이 다시 외국에 나가서 돈을 벌어오기를 바라며 무언의 압력을 넣는다. 결국 이들은 다시 이주노동을 떠날 수밖에 없다. 이주의 악순환이 시작되고, 여성의 끝없는 이주가 계속된다.

또 다른 심각한 과제는 가정 해체의 문제다. 이주노동을 떠나는 여성들은 대부분 한국에 올 때 어린 자식을 두고 오는 경우가 많다. 그런데 3년, 5년 아이들이 엄마를 떨어져 있다 보니, 엄마 얼굴도 잊어버리고 아예 엄마의 존재 자체도 기억 못하는 경우가 생긴다. 거리가 멀면 정도 멀어진다던가? 남편과 장기간 떨어져 있다 보니 남편의 애정도 식고, 아내에 대한 그리움보다는 돈을 기다리게 되고, 부인이 돌아갈 의사를 밝혀도 반가워질 않는다. 아내가 돌아오면 부치는 돈이 없어 편한 생활을 할 수 없기 때문이다. 일부다처제 문화의 경우에는 심지어 아내가 뼈 빠지게 벌어 부치는 돈으로 다른 아내를 얻는 경우도 생겨난다. 집안의 가난을 구하기 위해 이주노동을 떠났는데, 가족 해체 위기에 부딪힌다.

결혼이주여성들이 겪는 귀환의 어려움

2014년 12월, 22세의 베트남 출신 결혼이주여성이 이혼한 후 생존을 위해 들풀처럼 떠돌다가 음식점에서 만난 한국 남성에 의해 살해되었다. 응언은 결혼 중개업체의 알선을 통해 제주로 시집왔다가 6개월 만에 이혼했다. 이혼 사유는 알려지지 않았다. 앞서 이주 여성 귀환의 어려움에서 보듯이 결혼이주여성이 귀환하는 것이 쉬운 일이 아니다. 응언은 이혼 후 체류 기간이 만료되었지만 본국 가정의 어려운 형편 때문에 고향에 돌아갈 수 없었다. 미등록 체류 상태로 생존을 위해, 집에 보낼 돈을 위해 식당, 공장, 주점 등에서 악착같이 일했다. 2014년 12월 30일, 주점에서 만난 관광버스 운전사 김 모 씨(37)의 성적 요구를 거절하다 목이 졸려 살해당했다. 제주에 사는 베트남 동료들과 제주이주민센터의 도움으로 간신히 장례를 치르고 시신은 화장해 베트남에서 온 오빠에 의해 고향에 묻혔다. 연락을 받고 온 오빠는 2년 동안 고향 집에 이혼한 소식을 전하지 않았기 때문에 본국의 가족들은 응언이 한국에서 잘 살고 있는 줄 알았는데, 이렇게 고생하는 줄 몰랐다며 울음을 삼켰다.

장례를 주선한 제주이주민센터 사무국장은 그해 대한문 앞에서 열린 추도식에서 "우리나라 다문화 가정 지원 정책은 혼인 유지 가정에게만 집중돼 있고 사별하거나 이혼한 이주 여성은 사실상 방치돼 있다. 이혼 후 이주 여성들이 살아갈 수 있는 대책을 마련해야 한다"고 말했다.

응언이 이혼하고도 한국에서 합법적으로 체류할 수 있었다면 살해의 위험에서 벗어났을 것이다. 응언처럼 이런저런 사정으로 본국에 돌아갈 수 없는 결혼이주여성들이 오늘도 부평초처럼 한국의 거리를 헤매고 있다. 응언의 사례가 보여주듯 귀환의 어려움과 이주의 악순환은 이주 여성 노동자들에게만 국한된 것이 아니다. 결혼이주여성들도 같은 문제에 봉착한다. 결혼이주여성 역시 본국으로 돌아가기가 쉽지 않다. 자신을 국제결혼으로 떠민 부모의 입장도 있고, 돌아온 여성은 품행이 단정하지 않아 쫓겨났다고 색안경을 쓰고 보는 마을도 있기 때문에, 또 고향으로 돌아가도 뾰족한 대안이 없기 때문이다. 게다가 여성이 결혼 생활 1년을 채우지 못할 경우 부모가 손해배상을 하는 것으로 계약서에 서명했을 경우 절박감은 극에 달한다. 한국에 머물 수도, 돌아갈 수도 없는 사면초가에 처했다는 막막함과 절망감으로 자살에 이르기도 한다.

결혼이주여성이 귀환하는 경우는 한국 생활에 적응을 못하거나 인권침해를 당한 경우다. 현재까지 귀환한 결혼이주여성들에 대한 정확한 통계는 나오지 않고 있는데 국제결혼의 증가 추세만큼 이혼도 증가했고, 이혼한 결혼이주여성의 상당수가 귀환한 것으로 추측된다. 가끔 본국에 귀환한 결혼이주여성으로부터 법적으로 이혼이 성립되지 않은 상태에서 귀국했는데 이혼 절차를 도와달라든가, 아이를 데리고 귀환했는데 아이 양육비를 지원받을 수 있는지에 대해 전화 상담을 받곤 한다.

이들의 딱한 처지를 듣고 베트남과 필리핀을 방문해 귀환이주여성들을 만나보았다. 귀환이주여성 대부분은 한국에서 폭력이나 인격 모독 등의 사유로 혼인이 파탄에 이르러 귀국했다. 개중에는 '혼인 파탄 귀책사유 입증제도' 시행 전이라 당시 출입국법에 따라 이혼 후 무조건 귀국한 사람도 있었고, 혼인 생활이 힘들어 가출해 본국으로 돌아가거나 남편이나 시집 식구들에게 쫓겨난 사람, 남편의 가정폭력을 입증하지 못해 할 수 없이 귀국한 사람, 시아버지가 예쁘다며 몸을 만져서 집을 나온 사람 등 귀환 사유도 다양했다.

귀국 후 그녀들의 생활은 매우 어려웠다. 빈곤을 타개하기 위해 결혼 이주했는데 다시 고향에 와서 이전 생활로 돌아가게 된 것이다. 이전과 다른 것이 있다면 이미 결혼했었다는 낙인과 다시 돈을 벌어야 한다는 것이었다. 한국에서 비인간적인 대접을 받은 터라 한국에 대한 원망과 증오심이 많을 것으로 생각했는데 예상보다는 증오심을 보이지 않았다. 남편과는 사이가 좋았으나 시댁과의 갈등 때문에 이혼한 경우 다시 한국에 오길 원했다. 만나본 사람 대부분이 다시 한국인과 결혼하는 것은 원치 않았지만 기회가 주어진다면 한국으로 오고 싶어 했다. 어차피 경제적인 이유로 다른 나라로 이주해야 하는데 이왕이면 익숙한 나라인 한국으로 이주하고 싶다고 했다. 법적으로 이혼이 안 된 상태에서 귀국한 여성들의 경우 법적 정리를 도와달라고 했다. 모두 후속 조치가 필요한 상황이라 한국의 가족을 찾아 이혼 수속을 밟는 일 등을 주선했다. 한국 가족의 거주지를 찾지 못하거나, 찾았다고 하더라도 그쪽에서 만남을 원치 않아 못 만난 경우도 있다. 결론적으로 귀환한 결혼이주여성들의 삶은 본국에서 겪는 경제적 어려움과 '네가 잘못해서 왔지?'라는 이혼녀에 대한 편견으로 요약될 수 있다.[1]

---

1   한국이주여성인권센터, 「필리핀 결혼이주여성의 결혼과정 및 이혼 후 귀환과정에 대한 현지조사」(한국이주여성인권센터, 2010).

제3부

이주 여성들의
안전한 삶을 위한
법과 제도 마련

후인마이 사건 재판 법정에서 재판관이 "우리 안에 있
는 야만성과 미성숙성을 가슴 깊이 고백해야 한다"고
말한 것이 한국 사회에 경각을 주면서 한국인 배우자에
의한 이주 여성 폭력이 국내외적으로 이슈화되었다. 이
주여성단체들은 결혼이주여성이 당하는 가정폭력 현
장을 보면서 국제결혼하는 한국 남성들의 인식 개선
교육과 한국에 입국하기 전 결혼이주여성의 사전교육
을 2000년대 초부터 정부에 제안했다. 하나는 국제결혼
희망자 사전교육 프로그램이요, 다른 하나는 현지 예비
결혼이민자 사전교육 프로그램이다.

어느 결혼이주여성의 한숨

코리안 드림 안고 국제결혼 했네요.
국제결혼 중개소 통해 찾아온 한국 남자,
돈 잘 벌고 착하고 여자 아껴준다기에
결혼하면 잘 살 수 있을 것 같아 따라왔지요.

한국 땅에 와보니 듣던 것과 다르네요.
직업 튼튼하단 남편, 일자리 없어 반은 놀고요.
농사일은 기계가 다 한다더니, 내가 기계네요.
착하다던 남자는 허구한 날 때려요.
비싼 돈 주고 데려왔으니 시키는 대로 해야 한다며,
남편은 몸종 취급, 시어머니는 가정부 취급,
툭하면 '너희 나라', '너희 백성' 들먹이며 모욕을 주네요.

자기는 우리말 한마디도 못하면서,
한국말 못한다고 날더러 돌대가리라네요.
넌 한국에 시집왔으니, 너희 나라 사람 만나지도 말라 하니,
벙어리로 살아야 하나요?

구타 싫고 구박 싫어 이혼하고 싶지만,
이혼하면 불법체류자가 되어 돌아가야 한다는데,
한국인과 결혼해도 외국인 신분,
1년마다 갱신하는 동거 비자, 2년 후에 가능한 국적 신청,
이 모두가 남편 보증 없으면 안 되니,
넌 나한테 묶인 몸이라며 기세등등하지요.

맞는 건 참을 수 있지만, 아파도 병원 갈 돈 안 주네요.
참는 것도 한두 번, 집을 나오니,
남편이 가출 신고해 불법체류자 신세가 되었네요.
억울하게 이혼하면 귀화 자격 있다는데,
남편 잘못 증명하기가 그리 쉬운 일인가요?

팔 하나 부러지면 모를까, 있어도 못 먹는 그림의 떡이지요.
양육권, 면접권, 하늘에 별이지요.

집을 나와도 갈 곳이 없네요.
외국인이라 복지 대상 안 된다니,
이혼 수속 중에는 일해서는 안 된다니,
도대체 무얼 먹고 어떻게 살아야 하나요?
네 나라 돌아가라 하지만,
부모님 아시면 속상할까 전전긍긍.
한국에 살러왔는데, 이혼해 돌아간다면
누가 나를 받아줄까요?
참고 견디는 친구 모습에 가슴이 미어집니다.
"우리 민족 제일이다."
예, 당신 민족 제일입니다.

이 글은 이주여성쉼터에 온 결혼이주여성의 이야기를 듣고 그의 한숨을 필
자가 시어로 구성한 것이다.[1]

---

1   이주여성인권센터, 『꿈의 나라에서』(이주여성인권센터, 2004).

8

정부에 이주여성지원사업을 촉구하다

이주 여성 노동자의 모성보호와 인권 문제 등이 발생하고 결혼이주여성이 해마다 증가하고 있으나 정부 차원에서 이들을 위한 아무런 지원 대책도 마련되어 있지 않았다. 간혹 문화관광부 예산으로 외국인을 위한 한글교실을 지원하는 프로젝트 사업은 있었지만 그 외 정부 지원 사업은 하나도 없었다. 이주 여성 노동자를 비롯해 결혼이주여성들의 심각한 상황을 접하고 "이주 여성 문제는 여성 문제이므로 여성부가 관심을 가져야 하지 않느냐?"고 여성운동을 통해 알게 된 '지은희' 당시 여성부 장관에게 2003년부터 2년 동안 기회가 있을 때마다 이주여성지원사업에 나설 것을 촉구했다. 외면할 수 없는 문제라는 생각이 든 지은희 장관이 나서서 태평양화학으로부터 이주여성사업을 위해 연 2억씩 10억의 기금을 약속받았다. 처음에는 이 기금을 태평양화학과 이주여성인권센터, 여성부가 삼자협약을 맺고 이주 여성 노동자와 결혼이주여성 모두를 포괄하는 사업을 하려고 했다. 그러나 이 기금이 여성부의 여성발전기금에 포함되었고 "이주 여성 노동자는 노동부 소관인데 왜 여성부가 손을 대느냐?"는 노동부의 이의 제기로 결혼이주여성을 위한 사업으로 결정되었다. 법인이어야 정부용역사업이 가능하기 때문에 이주여성단체로서 유일하게 사단법인이 된 한국이주여성인권센터가 여성부 '국제결혼 이주여성 지원사업'을 용역으로 위탁받았다. 지원 사업은 시범 사업으로 한국어 교육과 모성보호 지원을 전국적으로 확대하는 일이었다. 한국이주여성인권센터는 전국 여섯 개 여성 단체와 네트워크를 형성해 결혼이주여성을 대상으로 사업을 진행했다. 이 사업은 단순히 결혼이주여성에게 한국어 교육만을 하는 것이 아니라 이들을 교육할 수 있는 한국어 교재 개발과 더불어 당시 국제결혼으로 가장 많이 유입된 나라의 언어(베트남어, 중국어)로 번역하여 출간했다. 이렇게 시작된 한국어 교육은 이후 여성 결혼이민자 한국어 교육 지원 사업의 모체가 되었고, 이 프로젝트에서 개발한 '국제결혼 이주 여성을 위한 한국어 교재'는 결혼이주여성을 위한 최초 한국어 교재로서 이후 국어연구원이 발행하는 결혼이민자 한국어 교재의 밑판이 되기도 했다.

'모성보호지원사업'을 시작하게 된 데에는 방글라데시 이주 여성 노동자 '타리스마'의 사례가 동기가 되었다.

어느 날 한밤중에 전화가 걸려왔다. "아기가 밤새 울어요." 방글라데시 이주 여성 노동자 타스리마였다. 외국인 노동자를 무료 진료하는 경동교회 선한이웃클리닉에서 그녀를 만났다. 품에 안고 있는 아기를 보고 깜짝 놀랐다. 백일이 되어 가는 아기가 병원에서 퇴원할 때 신생아 몸집 그대로인 것이다. 놀라서 아기를 보니 아기가 젖병을 물고 있는데 젖병이 아니라 이유식으로 주스를 먹일 때 담는 병이었다. 거기에 우유가 들어 있었다. '여기에 우유를 넣어 아기에게 먹였느냐'고 물었더니 그렇다고 대답했다. 퇴원할 때 간호사가 세 시간마다 한 번씩 하루 여섯 번 우유를 먹이라고 한 것을 한 번에 60cc씩 하루 세 번 먹이라는 것으로 들은 것이다. 백일이 될 때까지 그렇게 우유를 먹였으니 아이가 배가 고파 운 것이다. 의사들 말이 아이가 굶어죽지 않은 것이 다행이라고 했다. 그날로 젖병 두 세트를 사고 집에 함께 가서 젖병 삶는 것부터 시작해서 우유 타는 것까지 방글라데시 말로 설명서를 붙여 사용법을 알려주었다.

2003년 타스리마 사건을 경험하고 나서 이주 여성들의 모성을 보호하는 일 뿐만 아니라 육아 양육 지원까지 겸하게 되었다. 당시 많은 이주 여성 노동자 가 공장에서 일했는데 이들의 거처는 주로 컨테이너 박스였다. 결혼한 이주 여 성 노동자의 경우 공기가 잘 통하지 않는 곳에서 아기를 낳아 기르니 아기와 산모 건강이 매우 나빠졌다. 이들을 위해 모성보호 팀을 마련해서 출산과 산후 조리, 육아를 지원하기 시작했다. 이를 위해 파독 간호사 출신들이 주축이 된 '모성보호 팀'을 구성했다. 이들은 각 가정을 방문해 자녀 양육법을 가르쳐주 고 병원을 알선해주었다. 이들도 독일에서 이주자로 살았던 경험이 있었기에 이주 여성들을 헌신적으로 돌보았다. 이들은 자신들이 독일에서 차별받고 살 았다고 생각했는데 한국의 외국인 노동자들을 보니 독일 사회가 그들에게 얼 마나 잘해주었는지를 알겠다고 하면서 빚을 갚는 마음으로 열심히 하게 된다 고 말했다.

전문 간호사들이 주축을 이룬 모성보호 팀의 제안으로 '모성보호 가이드'를 만들게 되었다. 워크숍 팀을 만들어 현장 체험을 기반으로 태교에서부터 산 전·산후 건강 돌보기, 육아에 필요한 기본적인 사항, 민간요법을 덧붙여 한국 어, 중국어, 베트남어로 발간했다. 이 소책자는 이후 여성부의 '국제결혼 이주 여성 지원사업' 중 '이주여성 모성보호지원사업'의 기반이 되었을 뿐만 아니라 본격적인 '모성보호 가이드북'을 만드는 데 중요한 틀이 되었다.

모성보호 팀은 여성부가 실시하는 결혼이주여성 모성보호지원사업의 원동 력이 되었다. 이들이 주축이 되어 전국 여섯 개 지역 활동가들에게 결혼이주여 성이 임신과 출산 시 필요한 교육을 진행하고 이미 펴낸 '모성보호 가이드'를 전문적으로 확장해 모성보호 교재를 발간했다. 이 외에 중국어, 베트남어, 러 시아어, 몽골어 등 4개 국어로 발간되었다.

이렇게 정부가 결혼이주여성 지원사업을 시작한 즈음에 보건복지부가 실시한 '국제결혼 이주여성 실태 조사'에서 결혼이주여성들의 가정폭력 피해 경험, 국제결혼 중개업체들의 사기 알선 행태, 국제결혼 가정의 취약한 경제 실태 등이 알려졌다. 여기에 여성부 국제결혼지원사업의 주관 단체인 한국이주여성인권센터의 상담 창구를 통해 결혼이주여성 인권침해 문제가 가시화되자 언론이 결혼이주여성 인권 문제를 다루기 시작했다. 민간단체에서 결혼이주여성 문제를 말해도 별 관심을 표하지 않다가 정부가 사업을 시작하니 언론의 태도가 달라졌다. 언론이 결혼이주여성 인권 문제를 다루자 한국 사회와 정부가 이들의 인권 문제에 관심하게 되었고, 그것이 정책으로 이어졌다. 여성부의 이주여성지원사업이 결혼이주여성의 인권에 사다리가 된 셈이다.

9

안정적 체류를 위한 법·제도운동

결혼이민자 간이귀화제도 포섭과 결혼이주여성 체류권 부여

2004년 무렵에는 한 해에 결혼한 아홉 쌍 중 한 쌍이 국제결혼일 정도로 국제결혼이 증가했다. 국제결혼 증가와 더불어 결혼이주여성이 당하는 가정폭력을 비롯한 인권 문제가 이주여성단체들에 의해 제기되고 언론에 노출되기 시작하자 국무총리 조정실에서 외국인 문제를 주제로 간담회를 실시했다. 이 회의에 민간단체 대표들이 참여해 이주 여성이 직면한 전반적인 폭력 상황과 결혼이주여성 체류와 국적취득에 관한 문제, 폭력 피해 이주여성쉼터, 핫라인 등 인프라 구축과 한국어 교육, 상담 같은 국제결혼 이주 여성을 위한 종합지원 대책의 수립을 제안했다.

국적과 체류권을 문제 삼은 것은 결혼이주여성 인권에 체류권과 국적 문제가 밀접한 관계가 있었기 때문이다. 1997년까지는 한국인 남자와 결혼한 외국인 여성은 바로 귀화가 가능했으나 한국인 여자와 결혼한 외국인 남자는 귀화가 허용되지 않았다. 이것이 성차별로 헌법에 위배되어 1998년 한국인과 결혼한 외국인 배우자의 귀화가 가능해졌다. 그러나 위장 결혼을 방지한다는 이유로 2년 이상 한국에 거주하면서 혼인 상태를 유지할 경우에만 한국인 배우자의 동의하에 한국 국적을 취득할 수 있었다. 국적을 취득하지 못한 상태에서 혼인 관계가 깨지면 한국에 체류할 수 없었다. 본국으로 돌아가거나 돌아갈 상황이 안 되는 경우 베트남 여성 응언처럼 미등록 체류자로 살아가는 길밖에 없었다.

결혼이주여성이 안심하고 살아갈 수 있도록 국적취득을 비롯해 안정적 체류를 위한 법제도를 마련할 것을 법무부 관계자를 포함해 여러 통로로 정부에 의견을 개진했다. 간담회와 이주 여성의 인권 개선을 요구하는 이주여성인권단체들의 영향으로 2004년 6월 14일 국적법 간이귀화제도에 혼인귀화가 포함되는 것으로 법이 개정되었다(국적법 제6조 2항 3·4호 신설). 간이귀화란 한국과 특별한 혈연·지연 관계에 있는 사람이 일반 외국인보다 쉽게 귀화할 수 있도록 하는 제도다. 결혼이민자도 간이귀화제도에 포섭되어 한국에 2년 이상 거주할 경우 귀화를 신청할 수 있는 자격을 부여받게 되었다. 결혼이민자 간이귀화는 ① 배우자 사망이나 실종, ② 한국인 배우자 사이에서 출생한 미성년 자녀를 양육할 경우, ③ 한국인 배우자와 혼인 관계가 중단된 결혼이민자가 본인에게 혼인 파탄 귀책사유가 없음을 입증한 경우 가능하다.

그러나 간이귀화제도에 포섭되었음에도 체류법은 바뀌지 않아 국제결혼 이주 여성이 이혼하면 여전히 한국에 체류할 수 없었다. 이주여성단체들이 억울하게 혼인 파탄에 이른 결혼이주여성들의 인권 문제를 제기하고 언론에서 이를 기사화하자 2005년 8월 16일 열린 사회문화장관회의에서 체류 자격 불안정 문제 해소를 중심으로 '국제결혼 이주여성을 위한 1차 지원 대책 마련'이 논의되었다. 그 결과 2005년 9월 25일 '간이귀화'제도에 따른 출입국관리법 시행령이 개정되어 결혼이주여성도 혼인 파탄 귀책사유 없음을 입증하면 한국에 체류할 수 있게 되었다. 배우자의 사망이나 실종, 한국인 배우자의 귀책사유로 혼인 관계가 중단된 경우 외국인 배우자 본인의 책임이 아니라는 입증 서류를 구비하거나, 한국인 배우자와의 사이에서 출생한 미성년자녀를 양육할 경우 거주 자격으로 체류를 허가하는 제도가 마련되었다. 이 제도를 통해 그나마 폭력 피해 이주 여성의 안정적인 체류권이 허용된 셈이다.

공인된 여성단체확인서제도 도입

간이귀화 대상에 결혼이민자를 포함하고 이에 맞추어 체류법을 개정한 것은 이주 여성 인권을 위해 매우 중요한 일이었다. 그러나 결혼이주여성들이 자신에게 귀책사유가 없음을 증명하는 데 여러 가지 어려움이 많았다. 한국말이 능숙하지 않아 의사소통이 쉽지 않았고, 가정폭력을 당했을 때 경찰서에 신고하거나 병원에서 진단서를 발급받을 때 절차를 잘 모르거나 폭행 후 감금되어 이미 폭력의 흔적이 지워진 경우 등이었다. 그래서 법무부에 여성 결혼이민자의 상황을 알리고 이주여성단체가 이주 여성을 상담하고 결혼이민자에게 혼인파탄 귀책사유가 없다는 상담확인서를 제출할 경우 입증 자료로 인정해줄 것을 요청했다. 그 결과 2006년 5월 9일 '여성단체확인서' 제도가 도입되었다. 이는 법무부가 공인한 단체에서 발행한 상담확인서를 출입국관리사무소에서 가정폭력 입증 자료로 인정하는 것이다. 여성단체확인서제도를 제안했을 때 법무부가 수용하지 않을 수 있다는 우려가 많았지만 채택되었다.

초창기 '공인된 여성단체 확인 제도' 대상은 여성부에 등록된 가정폭력상담소와 성폭력상담소, 가정법률상담소와 한국이주여성인권센터를 비롯한 정부가 인정하는 이주단체들 중 일부였다. 그러나 대부분의 여성단체는 이런 제도가 있는지도 몰랐고 이주 여성 상담을 별로 하지 않았기 때문에 이 제도는 이주단체와 가정법률상담소에서 유용했다. 그런데 일부 단체에서 이주 여성의 말만 듣고 이 제도가 남용되는 경우가 발생해 법무부에서 '여성단체확인서'제도를 강화하고 있다. 한국이주여성인권센터의 경우 여성단체확인서제도를 보전하기 위해 발급에 매우 신중을 기한다. 이주 여성의 말만 듣는 것이 아니라 주변 정황을 확인해서 입증 자료는 없어도 가정폭력 피해자라는 정황과 진술의 일관성이 있을 때 상담확인서를 발급한다. 그나마 입증 자료로 인증되는 '공인된 여성단체확인서' 제도를 유지하기 위해서다.

신원보증제도 폐지와 '안전하게 살 권리' 요구

이주 여성의 결혼 과정에서 살펴본 바와 마찬가지로 결혼이주여성은 남편의 초청을 받고 한국에 오면 3개월 이내에 외국인으로 등록해 외국인등록증을 발급받도록 되어 있다. 국적을 취득해 법적으로 한국 국민이 되기 전까지는 여권과 더불어 외국인등록증이 이들의 신분증이다. 외국인 등록 후 국적취득 시까지 법무부 출입국관리사무소에서 매년 체류 연장을 받아야 한다. 체류 연장, 영주권 신청, 국적 신청에 이르기까지 한국인 배우자 '신원보증'이 필요하다. 한국인 배우자가 신원보증을 해주지 않으면 결혼이주여성은 체류 연장을 할 수 없기 때문에 신원보증제도가 결혼이주여성들을 억압하는 도구로 이용되곤 한다. 여러 차례 남편의 신원보증제도를 개선해줄 것을 요구했지만 정부는 이주여성단체의 의견을 들어주지 않았다. 이주 여성 관련 단체들은 한국인 배우자의 신원보증제도가 결혼이주여성들의 인권에 미치는 영향을 국제기구에 알리고 한국 정부에 시정을 권고하도록 요청했다. 유엔인종차별철폐위원회와 유엔 여성차별철폐위원회, 유엔사회권위원회가 결혼이주여성이 남편에게 종속되는 신원보증제를 철폐하도록 한국 정부에 권고했다. 2011년 한국 정부는 국제기구의 권고를 받아들여 남편 신원보증제도를 폐지했다. 법적으로는 폐지되었으나 실질적으로는 체류 연장이나 영주, 귀화 시 남편이나 시부모 동의가 있어야 가능하다.

이주 관련 단체들은 2012년 '이주 여성이 죽지 않을 권리'라는 구호로 열린 이주 여성 추모제 이후 이주 여성에게 안전한 체류권 확보를 위해 다각적인 노력을 기울였다. '이주 여성이 죽지 않을 권리'란 역으로 '살 권리'를 뜻한다. 이주 여성에게 법률 지원을 하고 있는 변호사 의견에 따르면 "결혼이주여성이 한국 사회에서 안전하게 살 권리를 보장받는 길은 두 가지다. 첫 번째는 귀화 신청을 해서 한국 국적을 취득하는 방법과 두 번째는 영주 체류 자격F-5을 취득하는 길이다."[1] 그러나 그것이 쉽지 않다. 남편 동의하에 국적을 신청한 이주 여성이 출근한 사이에 국적심사관이 가정을 방문했고 시어머니가 며느리의 국적취득을 반대한다고 해서 귀화를 허용하지 않은 경우도 있다. '이주 여성이 안전하게 살 권리 연대(이하 권리 연대)'는 "결혼이주여성이 당하는 모든 고통을 귀책사유로 인정해 체류권을 주고, 국제기구 권고를 수용해서 이혼해도 한국에서 살아갈 수 있는 정책을 마련하라"고 정부에 요구했다. 간이귀화제도와 여성단체확인서제도가 있어도 출입국관리사무소 직원의 재량권이 남용되는 경우가 많아 이들과 싸우는 것도 이주단체가 하는 일 중의 하나다.

체류권 규제는 점점 강화되고 '여성단체 확인서'도 이 제도가 제정된 초기에 비해 갈수록 조건이 까다로워지고 있다. 또 귀책사유를 입증받아 이혼을 한다 해도 자녀 양육권을 받기가 힘들기 때문에 쉽게 집을 나오기도 힘들다. 생존권이 보장되지 않기 때문이다. 결혼이주여성들이 죽임을 당하지 않도록 하는 것 중의 하나가 이주 여성들이 남편에 의해서가 아니라 본인 힘으로 안전하게 한국에 살 수 있는 정책을 마련하는 것이다. 그래서 '이주 여성이 안전하게 살 권리 연대'를 결성[2]하고 법무부의 체류권 정책에 대응하는 활동을 했다.[3]

---

1   소라미, 「합법과 불법의 경계에선 이주여성」, 이주여성인권포럼 엮음, 『우리 모두 조금 낯선 사람들』(서울: 오월의봄, 2013), 236쪽.

2   권리 연대는 한국이주여성인권센터, 서울중국인교회, 서울조선족교회, 공익인권법재단 '공감', 대구이주여성인권센터, 이주여성 긴급지원센터, 서울이주여성쉼터, 인천여성의전화, '울랄라' 이주여성쉼터, 한국여성단체연합, 아시아의 창 등 10개 단체로 구성되었다.

권리연대는 1차 활동으로 2012년 11월 28일 국회 입법조사처 대회의실에서 김춘진 의원과 함께 '결혼이주민의 체류권 보장을 위한 토론회'를 실시했다. 토론회는 한국이주여성인권센터를 비롯해 이주민 상담을 받는 단체에서 제기한 문제들, 즉 최근 들어 결혼이주민 체류와 관련해서 법무부가 내세우는 기준이 지역마다 다르고, 비슷한 사례인데도 다르게 적용되는 문제를 비롯해 결혼이주여성 체류권과 관련한 부당한 사례와 그 쟁점에 대해 공동으로 대응하기 위함이었다. 이 토론회에 혼인이 파탄된 남편들로 구성된 국제결혼피해센터, 다문화반대위원회 등에서 온 사람들이 고함을 지르며 훼방을 놓는 바람에 토론회가 파행되었다. 이들의 횡포가 얼마나 심했던지 "한국염 대표가 참석할 경우 무슨 일이 일어날지 모르니 오지 않는 게 좋겠다"는 연락을 받고 가던 길을 되돌아갔을 정도였다.

몇 년 전부터 국제결혼피해센터, 다문화반대위원회, 외국인범죄추방시민연대에 속한 남성들이 이주 여성의 권익 보호를 위한 활동에 반대하고 훼방하는 수위도 점점 높아졌다. 이주단체의 모임은 물론 정부가 주최하는 각종 모임에서도 소동을 일으키고 이주민 관련 기사에 온갖 인종차별적이고 외국인 혐오적인 댓글을 달고 있다. 국제결혼피해자센터는 국제결혼으로 피해를 본 사람

---

3   이주 여성 체류규제 강화 문제는 기본적으로 법무부 외국인 출입국관리에 대한 문제이기도 하다. 서울지방변호사회는 외국인에 대한 법무부의 출입국관리 규제가 강화되어 인권 문제로 부각되자 2012년 6월 4일 외국인의 출입국관리 문제에 대한 세미나를 실시했다. 이 세미나에서 "난민 보호의 법적 고찰"(채현영 유엔난민기구 한국대표부 난민보호팀 법무관), "외국인의 입국과 체류관리에 관한 제도 및 현황"(구본준 법무부 서울출입국관리소 국적·난민과장), "외국인 체류관리에 관한 법률적 검토"(차규근 법무법인 공존 대표)가 각 주제로 발표되었다. 이 세미나에서 필자는 "다문화 사회? 이주민의 체류권 현주소와 과제"라는 제목으로 "다문화 사회는 이주민의 인권이 보장되는 사회여야 한다"고 주장하고, 이주민의 인권 상황과 체류권에 대한 문제 해결을 위해 유엔협약을 이행할 것을 과제로 제시했다.

들이 구성한 단체다. 국제결혼 피해는 결혼이주여성뿐만 아니라 한국인 배우자와 그 가족도 입는다. 원초적인 이유는 국제결혼 중개업체의 잘못된 알선 때문이다. 이들이 말하는 피해의 내용은 외국인 아내가 도망가거나 이혼을 해서 피해를 입었다고 하는 경우가 많다. 외국인 아내가 도망간 이유나 이혼한 원인에 대해서는 생각하지 않는다. 가정폭력이나 혼인 생활을 영위할 수 없는 한국인 배우자의 정신질환, 알코올중독 등으로 아내와 이혼한 경우가 많은데 본인 잘못 때문인데 외국인 아내에게서 피해를 입었다고 생각하는 한국인 배우자들이 많다. 국제결혼피해자단체 사람 중에는 아내를 폭행해 징역 2년형을 선고받고 감옥에서 출소한 사람도 있었다. 어느 날 이주여성쉼터에 중국 출신 결혼이주여성이 가정폭력으로 입소했다. 두 팔과 두 다리를 깁스하고 휠체어에 실려 병원에서 쉼터로 왔다. 어찌 사람을 이 지경으로 만들었나 싶었는데 재판 과정에서 남편은 "아내가 바람을 피우는 것 같아 쇠 파이프로 때렸다"고 말했다. 결국 이혼했는데, "이주여성센터가 이혼하게 만들었다"며 감옥에서 여러 곳으로 진정서를 넣는 바람에 관계자들이 학을 뗀 적도 있다. 이 사람이 출소해 국제결혼피해자센터 사람들과 같이 모임마다 나타나 소란을 떨곤 했다. 이런 사람들이 나타나면 분위기가 험악해진다.

현재 한국인들이 국제결혼으로 피해를 입을 경우 보건복지부 '소비자보호원'에 신고하게 되어 있는데, 결혼이주여성들이 물건도 아닌데 신고를 한다고 해서 뾰족한 수가 생기지 않는다. 단지 중개업체에 의해 피해를 입을 경우 피해보상을 받을 수도 있다. 국제결혼피해를 소비자보호원에서 구제한다는 정부의 발상 자체가 사람을 상품화하는 잘못된 정책이다.

영주 자격 전치주의 대응활동

한국에서 영주권을 신청하기 위해서는 일반 외국인은 5년 이상 한국에 거주해야 한다. 결혼이주여성의 경우 간이귀화 정책에 따라 2년 동안 한국인 배우자와 거주하면 영주권 또는 귀화를 신청할 수 있다. 영주권을 획득했다고 해서 국민처럼 사회복지 혜택을 받거나 국민과 같은 권리를 갖는 것은 아니다. 단지 영주권 획득 후 3년이 지나면 지방자치단체장을 뽑는 선거권이 생긴다. 영주 자격을 얻기 위해서는 범법자가 아니어야 함은 물론 6000만 원 이상의 자산 (2015년 3000만 원에서 인상)과 한국인 신원보증이 있어야 한다. 외국인이 영주권을 신청하는 것은 안정적으로 한국에 체류할 수 있기 때문이다.

결혼이주여성의 경우 영주권보다는 국적 신청을 하는 이들이 많다. 영주권을 얻은 다음에 귀화를 하는 이들도 있으나 영주권이 귀화의 전제 조건은 아니다. 결혼이주여성들이 귀화를 원하는 것은 국적을 취득해야 법적으로 외국인 신분이 아니고 국민이 되기 때문이며, 자녀들을 위해서도 한국 국적인 것이 다방면에서 유리하기 때문이다. 사회복지 혜택을 받을 수 있고 자녀 양육권을 얻는데도 유리하며 무엇보다 체류에 대한 걱정 없이 살 수 있다.

2012년 6월 20일 법무부는 '영주 자격 전치주의' 도입을 위한 공청회를 열었다. 영주 자격 전치주의란 외국인에게 먼저 영주권을 준 다음에 국적을 부여하는 제도다. 공청회에 제안된 법안 요지는 귀화를 하려는 외국인에게 먼저 영주자격을 주고 국적을 부여하겠다는 것과 영주 자격 부여를 받았다고 하더라도 7년마다 갱신하도록 한다는 것이다. 법무부가 법안 취지에서 밝힌 것처럼 결혼이주여성의 불안정한 체류 문제를 해결하기 위해 먼저 영주권을 부여하고 본인의 선택에 따라 귀화를 하게 하는 것이 합리적일 수도 있다. 그러나 법무부가 영주 자격 전치주의를 주장하는 이면에는 '이주민의 체류 안정이 아니라 쉽게 국적을 부여하지 않겠다'는 의도가 깔려 있다. 공청회에 참여한 토론자

대부분이 "영주 자격 전치주의 도입에 따른 혜택이 마련되지 않는다면 이주민 체류를 안정화시키기보다 영주 자격 취득을 제한하고, 귀화를 더욱 어렵게 한다"는 비판을 제기하며 법무부안에 대해 우려를 표명했다. 영주 자격자에게 국민에 준하는 사회복지 혜택을 마련하지 않고 귀화만 어렵게 하는 것은 인권적인 제도가 아니라고 지적했다. 이 토론회에도 역시 국제결혼피해자지원센터, 외국인범죄추방대책위원회 등이 참석해 이주민 친화적인 발제를 하는 이들에게 공격하는 바람에 종합 토의가 이루어지지 못했다.

토론회 개최 후 법무부는 2012년 10월 5일 '영주 자격 전치주의 도입을 위한 국적법 및 출입국관리법 일부 개정 법률'을 법무부 홈페이지에 게재하고 의견을 물은 바 있다. 이에 전국 74개 단체의 연명으로 이 제도에 반대하는 의견서를 제출했으며, 2012년 10월 8일에는 국회 기자회견장(정론관)에서 '권리 연대' 이름으로 영주 자격 전치주의에 대해 반대하는 기자회견을 했다. 주요 논점은 이번 입법개정안이 결혼이주여성의 국적취득 기간을 2년에서 3년으로 늘리고, 국적을 취득하기까지 이중 심사를 한다는 점, 난민과 이주 노동자를 원천적으로 배제하고 경제적 취약계층은 영주권 취득이 불가능하다는 점이었다. 한 달 후인 11월 30일에 국회 귀빈실에서 국회 다문화사회포럼 '다정다감', 이주민의 안전한 삶을 위한 연대회의, 전국이주여성쉼터협의회가 공동으로 "영주 자격 전치주의 도입, 이대로 좋은가?"란 토론회를 개최했다. 약 3시간 동안 진행된 토론회에서는 이주민 관련 단체 활동가들이 참여해 영주 자격 전치주의 도입으로 이주민 체류 안정에 미칠 부정적 영향에 대해 열띤 토론을 벌였다.[4]

2016년 4월 4일 총리주재 외국인정책위원회에서 의결한 '2016년 외국인정책 과제 시행계획'에 의하면 일반귀화의 경우 귀화 전에 영주 자격을 먼저 취

---

4   이 토론회는 국제결혼피해자 남편 모임에서 횡포를 부릴까 봐 미리 사전등록을 받아 참가
     자를 제한하여 진행했다.

득하도록 하되, 인도적인 차원에서 결혼이민자 등 간이귀화 경우에는 현행과 같이 곧바로 국적취득 신청이 가능하도록 할 예정이라고 했다.[5] 또한 영주권을 취득하려는 외국인들에게는 신원보증금을 3000만 원에서 6000만 원으로 올리는 정책을 도입했다. 이주단체들이 반대 의사를 전달했으나 "법무부 국정에 관심을 가져주서서 고맙다. 그러나 개정된 정책대로 하겠다"라는 요지의 답변만 돌아왔다. 신원보증금 인상은 이혼한 결혼이주여성이나 여타 일반귀화 절차를 준비하는 이주민에게는 큰 장애 요인이 될 것이다.

결혼이민자 사증 강화 정책 대응활동

법무부는 국제결혼에서 파생되는 문제를 줄여보고자 국제결혼 중개업관리법 강화, 국제결혼 안내 프로그램, 해피스타트 프로그램 등을 실시했지만 여전히 많은 문제점이 노출되자 2013년 혼인 비자 강화 정책을 도입했다. 2013년 5월 30일 정부과천청사에서 전국 출입국기관장과 해외주재관 회의를 열고 "결혼 이민 사증(비자) 발급 기준을 강화한 내용이 담긴 출입국관리법 시행규칙을 추진하겠다"고 밝혔다. 법무부가 제시한 비자 발급요건 규제 내용은 다음과 같다.

첫째, 결혼이민자가 기초 수준 한국어를 구사할 수 있음을 입증할 수 있어야 한다(단, 부부가 함께 구사할 수 있는 언어 — 결혼이민자 모국어 또는 영어 등 — 가 있음을 입증하는 경우 심사 면제).

둘째, 초청자는 결혼이민자와 동거할 수 있는 정상적인 주거 공간을 확보해

---

5   2016년 4월 4일 총리 주재 외국인정책위원회에서 의결한 "2016년 외국인정책 과제 시행계획" 보도자료.

야 한다(고시원·모텔 등 지속적인 주거가 없는 경우 초청 제한).

셋째, 초청자 연간 소득(근로, 금융, 부동산 등 모든 소득)이 기초생활수급자 기준인 최저생계비를 감안해 법무부장관이 매년 고시하는 소득액을 초과함을 입증해야 한다(요건을 충족하지 못하는 경우 원칙적으로 초청 제한).

넷째, 결혼이민자의 재정 상태가 요건을 충족하거나 기타 인도적인 사유가 있는 경우 심사를 면제한다.

다섯째, 결혼이민자 초청 횟수 제한을 강화한다(첫 번째 결혼이민자를 초청하고 5년이 경과하지 않은 경우 두 번째 결혼이민자 초청 제한, 기간에 관계없이 과거 결혼이민자를 두 명 초청한 경우 세 번째 결혼이민자에 대해서는 초청 제한).

여섯째, 국적·영주 자격을 취득한 결혼이민자의 타 국가 배우자 초청을 제한한다(결혼이민자가 국적·영주 자격을 취득한 날로부터 3년 이내에 다른 외국인을 결혼이민자로 초청하는 경우 초청 제한). 단, 결혼이민자가 혼인피해자 요건으로 국적·영주 자격을 취득한 경우 예외로 한다.

이 단서 조항은 법무부 보도자료에서 밝혔듯이 한국이주여성인권센터의 의견을 반영한 것이다.

법무부는 2013년 6월 28일 출입국관리법 일부 개정안(9조 5)을 입법예고했다. 이 법안 개정의 목적으로 "국제결혼 중개업체 등을 이용한 속성 결혼을 방지하고, 의사소통 불능에 따른 부부 갈등 해소, 가정폭력, 결혼사기 등 피해 예방, 가족부양 능력이 부족한 국민의 결혼이민자를 초청과 이들의 국내 정착을 국가 예산으로 지원함으로써 다문화 가정 빈곤층화 및 국민 역차별 논란과 같은 사회 갈등 유발 방지, 결혼이민자가 국내 사회에 안정적으로 정착할 수 있도록 최소한의 초청자 부양 능력 심사, 중개료만 부담하면 횟수에 제한 없이 외국 여성과 결혼해 초청할 수 있다고 인식되는 우리나라의 왜곡된 국제결혼 풍토 개선, 한국인과의 국제결혼을 이용해 국적·영주 자격 취득 후 곧바로 이혼하고 다른 외국인과 결혼해 초청하는 등 제도 악용 사례 방지"를 들었다.

이런 법무부 정책에 대해 이주 관련 단체들은 간담회와 제안서, 토론회 등을 통해 이 제도의 취지는 이해하나 이미 혼인하고 법적 혼인신고와 합방 절차까지 마친 결혼이민 예정자들이 입국하지 못하는 데서 오는 인권 문제, 현지에서 중개업체들이 한국어 교육기관 등을 만들면 그 비용은 고스란히 한국인 배우자에게 부담될 것이므로 결국 국제결혼업체에 건네야 하는 비용이 늘게 될 것 등을 비롯해 다음과 같은 문제 제기를 했다.

첫째, 사증발급단계에서 한국어 능력 입증 요구가 가져올 결혼이민자의 피해를 최소화할 수 있는 방안이 마련되어 있는가?

둘째, 만약 사회통합 프로그램 제도를 수강할 것을 전제로 입국했으나 개인적인 사정 의해 이수하지 못했을 경우 불이익은 무엇인지, 이주 여성 개인 사정이 아닌 다른 이유로 프로그램을 이수하지 못한 경우 국적취득이나 영주 자격 취득 시 입을 수 있는 제도적 불이익에 대한 방안이 있는가?

셋째, 혼인신고 후 사증 발급이 거부되거나, 초청을 받지 못해 한국에 입국하지 못하는 피해자들을 위해 한국 정부 차원에서 준비 중인 정책이 있는가?

넷째, 혼인신고 전에 사증 발급 심사를 가늠하는 대안적인 제도를 도입할 계획은 없는가?

다섯째, 간이귀화자와 영주 자격자가 이혼 후 3년 내에 외국인 배우자를 초청할 경우, 사증 발급을 제한하는 규정이 국제기구의 인권 기준에 부합하다고 보는가? 이에 대한 다른 대안은 없는가?

법무부는 이에 대한 대안을 마련하지 않고 곧바로 시행에 들어갔다. 법무부에 의하면 결혼이민자 바자 강화 정책 시행 이후 무분별한 국제결혼이 줄고 있다고 한다. 그러나 권리 연대가 예상한 대로 이미 자국에서 결혼식을 하고 법적 혼인 절차까지 마친 결혼이민 예정자들이 한국인 배우자 자격 문제나 본인의 한국어 구사 능력 때문에 비자를 받지 못해 한국에 입국하지 못하는 사례가 발생하고 있다. 비자강화제도가 시행된 후에 외국인 아내가 입국하지 못하자 남편이 국제결혼 중개업체에 불을 지르거나 자살한 경우도 발생했다. 또한 결혼이민 예정자들이 한국어 때문에 비자를 받지 못하자 현지에서 한국어 교육 기관을 만들고 이익을 취하는 중개업자들이 늘고 있다.

결혼이주여성의 취업권 확보

나 같은 여성 결혼이민자가 미처 생각하지 못한 일이 하나 있다. 그것은 한국 물가와 돈 가치를 너무 몰랐다는 것이다. 남편이 처음 150만 원을 번다고 했을 때, 나는 우리 베트남 돈으로 계산해보고 매우 많이 버는 줄 알았다. 한국 물가와 비교해서 그 돈이 적다는 것을 알게 된 것은 한바탕 부부싸움을 하고 나서였다. 왜 약속대로 친정에 돈을 안 보내주느냐고 했더니 남편이 보낼 돈이 없다고 했다. 그래서 150만 원씩이나 벌면서 왜 약속을 안 지키느냐고 싸웠다. 말은 안 통하지 설명할 길이 없는 남편은 답답한 나머지 결혼이주여성 문제를 상담하는 센터에 도움을 청했다. 베트남 통역을 통해 상담 선생님 말을 듣고 나서야 남편이 경제적으로 여유가 없다는 것을 알게 되었다.

상담 선생님이 들려주는 이야기로는 많은 이주 여성이 친정에 돈을 부치는 문제로 남편 또는 시집 식구와 갈등이 있다고 한다. 남편의 직업이 안정적이지 못하고 돈을 적게 버는데 돈 가치와 경제 상황을 몰라 싸우고, 사실을 알고 나면 남편이 거짓말을 한 셈이 되니 남편이 미워 싸운다고 한다. 나는 그들의 입장을 충분히 이해할 수 있다. 우리 베트남도 그렇지만 아시아의 많은 나라에서는 한국과 달리 딸도 부모를 돌볼 책임이 있다. 결혼했다고 해서 그 책임이 면해지는 것이 아니다. 딸 입장에서 친정에 경제적으로 도움을 줄 것을 기대하고 결혼한 경우도 많은데 막상 한국 남편의 실정은 친정을 도울 형편이 못 되니 얼마나 답답할 것인가? 그런데 더욱 화가 나는 것은 남편이 마음만 먹으면 친정을 도와줄 수 있는

데 나 몰라라 하는 경우도 있기 때문이다. 물론 오로지 돈 때문에 결혼한 것은 아니지만 솔직히 어느 정도 기대는 한다. 경제력이 되면서도 친정을 배려해주지 않는 남편을 보면 얼마나 속상할까? 아무튼 상담 선생님 설명을 통해 집안 경제 사정을 알고 나니 남편의 입장이 이해되기는 하는데 속은 더 답답해졌다. 사정도 모르고 딸이 돈 보내기만을 기다릴 엄마에게 어떻게 해야 할까? 결국 내가 돈을 버는 수밖에 없다고 생각한다.[6]

위 사례는 상담실을 찾은 결혼이주여성 이야기를 재구성한 것이다. 결혼이주여성 체류권과 더불어 시급한 것은 결혼이주여성에게 취업할 수 있는 권리를 확보해주는 일이다. 당시 결혼으로 입국한 사람은 취업을 할 수 없었다. 결혼이주여성은 '전업주부'라는 전제하에서 정책을 입안했기 때문이다. 한 중국 동포 이주 여성은 "한국에 와서 제일 이상한 게 무엇이냐"고 물었더니 "전업주부제도"라고 답했다. 사회주의권에서는 "사람은 태어나면 모두 국가를 위해서 일을 해야 한다는 게 가치관인데 한국에서는 결혼이주여성은 취업해서는 안 된다니 어이가 없다"고 했다. 이미 보건복지부의 국제결혼 이주 여성 실태 조사에서 국제결혼 가정의 52.9%가 최저 빈곤계층임이 밝혀졌다. 결혼이주여성들의 심각한 상황을 알고 법무부와 여성부 관계자를 만나 이런 현실을 알리고 국제결혼 이주 여성에게 취업권을 줄 것을 요청했다. "일을 해서 자기가 번 돈으로 떳떳하게 고향에 보낼 수 있으면 이주 여성들이 얼마나 행복하겠냐? 또 이들이 돈을 벌면 다 보내지 않고 자기 가정을 위해서도 쓸 텐데 그러면 한국 가정에도 도움이 되지 않겠느냐? 결혼 이주자라고 전업주부만 하라는 게 차별 아니냐?" 등의 이유로 설득했다. 그 결과 2005년 9월 간이귀화제도에 맞추

---

6   한국염, 「힘들어요, 그러나 새 꿈을 꾸어야지요」, 유네스코아시아태평양국제이해교육원 엮음, 『다문화이해의 다섯 빛깔: 아시아 이해를 위한 국제이해교육』(파주: 한울, 2009).

어 체류법이 개정됨과 동시에 결혼이주여성에게도 취업할 수 있는 권리가 생겼다.

베트남이나 캄보디아의 농어촌을 방문해보면 마을에서 간혹 좋은 집들이 보이는데 대부분 대만이나 한국에 결혼 이주한 딸들이 보낸 돈으로 지은 것이라 한다. "딸이 국제결혼 해 다른 나라로 시집갔음에도 돈을 보내지 않아 집을 크게 짓지 못하면 마을에서 외국에 시집간 딸의 이미지가 좋지 않다"고 베트남을 방문했을 때 마을을 안내하던 베트남 출신 이주 활동가가 들려줬다.

결혼이주여성은 본국 가정 지원 의지가 매우 강하다. 허오영숙은 본국 가족 지원을 둘러 싼 갈등 요인으로 국제결혼 가정이 직면한 경제적 어려움을 든다.[7] 여성정책연구원이 조사한 바에 의하면 피면접자 아시아 여성 12명 중 9명이 한국에 이주한 후 본국의 부양 가족에게 송금하고 있다.[8]

국제결혼희망자 인식 개선 교육과 현지 결혼이민자 사전교육제도

후인마이 사건 재판 법정에서 재판관이 "우리 안에 있는 야만성과 미성숙성을 가슴 깊이 고백해야 한다"고 말한 것이 한국 사회에 경각을 주면서 한국인 배우자에 의한 이주 여성 폭력이 국내외적으로 이슈화되었다. 이주여성단체들은 결혼이주여성이 당하는 가정폭력 현장을 보면서 국제결혼하는 한국 남성들의 인식 개선 교육과 한국에 입국하기 전 결혼이주여성의 사전교육을 2000년대 초부터 정부에 제안했다. 하나는 국제결혼희망자 사전교육 프로그램이

---

7   허오영숙, 『결혼이주여성의 본국 가족 지원』(파주: 한울, 2013), 169쪽.
8   이선주·김영혜·최정숙, 『세계화와 아시아에서의 여성 이주에 관한 연구』(한국여성개발원, 2005), 113쪽.

요, 다른 하나는 현지 예비결혼이민자 사전교육 프로그램이다.

국제결혼 희망자 사전교육 프로그램은 처음에 여성부와 법무부에 의해 추진되었다. 2008년 3월 외국인 여성과 결혼하는 한국인 배우자를 대상으로 국제결혼에 대한 인식 교육 '국제결혼 안내 프로그램'을 실시하기로 했다. 연구용역으로 한국이주여성인권센터에 위탁해 '국제결혼 전, 이것만은 꼭 알아두세요'라는 프로그램을 만들고 국제결혼 정보제공 프로그램 자료집을 펴냈다.[9] 그리고 그해 8월, 교육 매뉴얼에 근거해 이주 여성 긴급전화 1577-1366이 한국인 결혼희망자를 대상으로 1박 2일 시범교육을 실시했다. 시범교육은 네 곳에서 실시되었으며 교육과정은 '세계화와 국제결혼-선택과 도전', '다문화 사회와 양성평등', '관계와 소통', '국제결혼 준비와 비전', '국제결혼을 위한 법과 제도의 올바른 이해', '아시아 국가 문화 가이드'와 국제결혼 경험자 사례 발표로 이루어졌다.

그러나 이 교육과정이 너무 이주 여성의 입장만을 고려한 것이라는 비판과 한국인 배우자들이 1박 2일 교육과정에 참여하기 힘들다는 현실론 때문에 한나절 과정으로 줄어들었다. 물리적인 시간만으로 비교하기는 어렵지만 노동부가 실시하는 고용허가제로 입국하는 외국인 근로자에게는 2박 3일의 교육이 이루어지는데 다문화 가족의 배우자가 될 국제결혼 희망자 교육은 한나절 교육이며, 민간단체가 만든 교재가 너무 성 평등적이라 문제가 되었다는 것은 한국 정부의 가부장적 한계를 보여주는 것이기도 하다.

국제결혼 희망자 교육은 법무부에 의해 2010년 10월 6일부터 전국 출입국관리사무소에서 '국제결혼 안내 프로그램'이라는 이름으로 자발적 참여자를 대상으로 실시하다 2011년 3월 7일부터 의무제로 변했다. 프로그램 과정은 총

---

9   여성부, 「국제결혼 전, 이것만은 꼭 알아두세요(국제결혼 정보제공 프로그램 자료집)」(여성부, 2008).

3시간으로 국제결혼 관련 현지 국가의 제도·문화·예절 등 소개, 결혼 사증 발급 절차 및 심사 기준 등 정부 정책 소개, 시민단체의 결혼이민자 상담·피해 사례 및 국제결혼이민자나 한국인 배우자 경험담 소개 등으로 구성되어 있다. 법무부는 이 프로그램을 의무제로 실시하는 이유로 "최근 연이어 발생하고 있는 결혼이민자 문제는 한 가정 문제로 끝나는 것이 아니라 우리 사회 전체의 문제로서 이러한 문제를 해결하기 위해 국제결혼에 대한 올바른 인식을 제고하고 국제결혼의 부작용을 최소화하며, 바람직한 다문화 가정을 형성할 수 있도록 지원하기 위해"라고 밝혔다. 이게 과연 4시간 교육으로 가능할까?

한편 법무부의 '국제결혼 안내 프로그램'은 유엔인종차별철폐 보고관의 보고서를 통해 "대상 국가를 제한하고 있다"는 이유로 폐지 권고를 받고 있다. 법무부가 국제결혼 안내 프로그램 이수 대상자를 국제결혼자 중 상대적으로 이혼율이 높거나 한국 국적을 다수 취득한 특정 국가 국민으로 한정했기 때문이다. 법무부 장관이 고시한 특정 국가는 중국, 베트남, 필리핀, 캄보디아, 몽골, 우즈베키스탄, 태국이다. 이 프로그램의 면제 대상자도 있다. 그 대상은 외국인 배우자 국가 또는 제3국에서 유학이나 파견 근무 등으로 45일 이상 계속 체류하면서 교제한 경우, 국내에서 외국인 배우자가 91일 이상 합법 체류하면서 초청자와 교제한 경우, 배우자 임신, 출산, 그 밖에 인도적인 고려가 필요하다고 인정하는 경우다. 이렇게 특정한 나라를 구별해서 '국제결혼 안내 프로그램'을 실시하는 것을 유엔에서는 인종차별이라고 판단했다. 이러한 사전 프로그램과는 별도로 법무부는 이주 여성들이 한국에 입국해 외국인 등록을 하기 전에 해피스타트라는 프로그램을 운영하고 있다.

국제결혼에서 발생하는 문제를 줄이기 위해 시작한 현지 예비결혼이민자 대상 교육은 2008년부터 여성가족부가 실시했다. 아시아 현지에서 한국인 남편과 결혼하고 비자를 받아 한국에 입국하기를 기다리는 예비 결혼이민자를 대상으로 한국 생활·문화 등에 대한 이해를 돕기 위해 입국 전 외국 현지에서 진행하는 사전 정보제공 프로그램이다. 이 프로그램은 여성가족부가 밝힌 대로 "한국 남편 폭행에 의해 사망한 후인마이 씨 사건 등으로 인해 베트남 내에서 조성되고 있는 반한 감정 및 한국 사회에 대한 오해와 부정적 이미지를 개선하는 데 일조"하기 위해 시작되었다. 여성가족부는 2008년 베트남에서 '결혼이주여성을 위한 출국 전 정보제공 프로그램'을 실시하면서 목적과 기대 효과를 다음과 같이 밝혔다.

"결혼 이주 예정자를 비롯한 베트남 여성들에게 인신매매적 국제결혼에서 발생하는 문제점, 한국 사회의 문화와 언어, 각종 지원프로그램에 대한 정확한 기본 정보를 미리 제공함으로써 이주를 안정하게 돕고 자신의 삶을 스스로 준비할 수 있는 역량을 강화한다."[10]

현지 결혼이민 예정자 사전교육 프로그램은 대부분 '유엔인권정책센터(KO-KUN)'가 위탁을 받아 운영하며 베트남, 몽골, 필리핀, 캄보디아에서 진행된다. 처음 이 프로그램이 시작되었을 때 필리핀과 베트남 현지 교육 실태를 돌아본 일이 있다. 한국 프로그램을 운영하는 강사가 누구냐에 따라 교육 내용이 달랐고 너무 초보적인 한국 안내라 그 교육에 기대할 게 있을까 하는 생각이 들었다. 두 번째 갔을 때는 어느 정도 자리가 잡혀 있었다. 적어도 이 현지 교육을 통해 결혼이민 예정자들이 폭력을 당했을 때 도움을 구할 전화번호 '1577-1366'은 인지하고 있었다. 실제로 한국에서 결혼이주여성을 상담할 때 그 번호를 어디서 알았느냐고 물으면 현지 교육 프로그램에서 받았다고 해 최소한의 기대 효과는 이룬 셈이다.

10 　유엔인권정책센터, 「베트남 결혼이주여성을 위한 출국 전 정보제공 프로그램 활동보고서」 (보건복지부, 2009), 3쪽.

10

정부의 다문화 정책 감시하기

정부의 '여성 결혼이민자 가족 지원 정책' 다시보기

2006년 정부에서 '여성 결혼이민자 및 혼혈인·이주자 사회통합 대책'을 발표하자 6월 12일 5개 이주 관련 단체들이 모여 '여성 결혼이민자 가족 지원 정책 다시보기' 토론회를 개최하고 정부 정책을 비판했다.[1] 4월 26일 발표된 정부 정책이 중요한 것은 향후 국제결혼 이주 여성을 위한 지원 대책이 이 정책 틀 안에서 시행될 것이기 때문이다.

이 토론회에서 제기된 문제점은 세 가지였다.

첫째, 결혼이민자 지원 정책의 배경이 '저출산과 고령화에 대한 대책'으로 제시되었다는 점이다. 이 말 속에는 '결혼이주여성은 자식을 낳아 부계혈통주의에 따라 대를 이어주고, 한국 사회 저출산 문제를 해결해주는 출산 도구'로

---

[1]   이 토론회 주최 단체는 국제이주기구 서울사무소, 아름다운재단 공익인권법재단 '공감', 이주·여성인권연대, 한국여성의전화연합, 한국이주여성인권센터였으며, 이후 토론회에 참석한 단위들이 모여 '이주 여성 정책네트워크'를 구성해 이주여성인권을 위한 연대 활동을 하게 된다.

서 자리매김되어 있음을 의미한다.

둘째, "국제결혼에서 나타나는 혼혈인과 이주자들의 차별 대물림과 인권침해 현상을 그대로 방치했다가는 국제사회에서 인권 후진국이라는 오명을 자초하게 될 것"이라는 우려에서 이 대책을 마련하게 되었다는 점이다. 이 정책의 촉발점은 파리와 호주에서 차별받던 이주 2세들이 들고 일어난 이른바 '인종폭동' 사건으로서 이주자 인권 문제를 방기했다가는 '사회불안 요인'으로 작용할 수 있다는 문제의식에서 시작되었다. 결국 여성 결혼이민자 개개인의 인권존엄성에 대한 존중보다는 "이들의 문제를 방치할 경우 사회통합에 심각한 장애 요인으로 대두됨은 물론, 국가 대외 이미지 실추와 함께 향후 외국 여성의 출신 국가와 마찰도 유발될 수 있음에 따라"라는 말이 보여주듯이, '저출산과 고령화에 대한 대책과 사회불안 방지'가 정부 대책 출발점인 셈이다.

셋째, 이 정책은 '결혼이민자 지원 정책'이 아니라 '가족 지원' 대책이라는 용어를 쓰고 있다는 점이다. 가족을 지원하면 여성 결혼이민자 삶이 나아지기야 하겠지만 실질적으로 이 대책에는 여성 결혼이민자보다는 '가족'이 부각되어 있다. 결국 이 지원 대책은 여성 결혼이민자 본인의 '존엄성'이나 '인권'보다는 '가족 유지'가 핵심 골자였다.[2] 이주 관련 단체들은 발표된 정책이 "결혼이민자 인권을 보장하기보다는 가족에 통합시키기 위한 정책의 성격으로 가부장적 가족 중심 정부 정책"임을 비판하고 다음과 같이 이주 여성을 위한 10대 인권 과제를 제시했다.[3]

---

[2]   김영옥은 정부의 '여성 결혼이민자 가족 지원 정책 다시보기' 토론회에서 필자가 발제한 '정부의 결혼이민자 가족 지원 정책 방향에 대한 고찰: 누구의 이익을 위한 것인가? 윈윈전략 가능한가?'를 소개하면서 "결혼이민자 사회통합 지원 정책이 결혼이민자 가정에 초점을 맞춤으로써 국내 이주민 문제의 또 다른 축을 이루는 미등록/등록 노동자들을 범주적으로 배제하고 있으며, '다문화'의제는 '노동' 의제를 원천 봉쇄하는 부정적 효과를 낳을 수 있다"고 비판했다. 김영옥 외, 「새로운 시민들의 등장과 다문화주의 논의」, 『국경을 넘는 아시아 여성들, 다문화 사회를 만들다』(서울: 이화여자대학교출판부, 2009), 188쪽.

① 가족주의적 결혼이민자 지원 정책을 지양하고, 결혼이주자 인권 지향적인 정책을 수립해야 한다.

② 결혼이주자가 세력화Empowerment할 수 있도록 지지Encourage하는 정책을 수립해야 한다.

③ 입국 전 결혼이주자 역량을 키우기 위한 정보 제공 및 교육 기회가 주어져야 한다.

④ 결혼 비자 발급 전 인터뷰 제도 및 초청자 심사 등을 통해 결혼이주자 인권을 보호해야 한다.

⑤ 탈법적·인권침해적 국제결혼 중개행위를 근절할 강력한 처벌법을 제정해야 한다.

⑥ 결혼 중개업체나 중개인에 의해 피해를 입은 여성은 인신매매 피해자로 인정해 정착과 재활을 위한 기회를 제공해야 한다.

⑦ 성차별적·인종차별적 국제결혼 광고 행위에 대한 단속·처벌을 강화해야 한다.

⑧ 혼인 파탄 귀책사유 입증이 어려운 경우, 담당 공무원에 의한 현장 실태 조사가 강화되어야 한다.

⑨ 이주민 관련 관계 공무원 및 관련 종사자들에게 인권 및 다문화 감수성 향상 교육을 강화해야 한다.

⑩ 결혼이주자를 포함해 이주로 인해 발생하는 인신매매를 방지할 수 있는 시스템을 구축해야 한다.

3　국제이주기구 서울사무소, 아름다운 재단 공익인권법재단 '공감', 이주·여성인권연대, 한국여성의전화연합, 한국이주여성인권센터, 「정부의 '여성 결혼이민자 가족 지원 정책 다시보기' 토론회 자료집」(2006).

'농어촌 총각 장가보내기 지원 사업 프로젝트' 반대 캠페인

국제결혼 증가 현상의 하나로 농어촌에서 국제결혼 증가율이 높아졌다. 이렇게 농어촌 국제결혼 비율이 높아지는 데는 농촌 총각을 돈벌이 대상으로 삼는 국제결혼 중개업체와 농촌 총각을 장가보내 농촌 인구감소 문제를 해결하겠다는 지방자치단체(이하 지자체)의 편승이 큰 이유로 작용한다. 지자체는 농어촌 활성화 방안의 하나로 '농어촌 총각 장가보내기 지원 사업'을 추진했다. 농촌 총각 장가보내기(이후 장가보내기)는 정부가 1995년부터 농촌 총각을 구제한다는 미명하에 중국에 거주하고 있는 중국 동포 여성을 농촌 총각 배우자로 대거 유입하면서부터 시작되었다. 2000년대부터 동남아 여성과의 국제결혼이 증가하면서 지자체에서 농촌 총각 장가보내기 프로젝트를 본격적으로 가동하기 시작했다. 2005년 나주와 남해에서 모범적인 농촌 총각을 선정해 시에서 결혼 비용으로 500만~600만 원을 지원한다는 기사가 게재되었다. 여수는 국제결혼 중개소를 선정해 중국의 한 도시와 자매결연을 맺고 그 지역 여성들과 국제결혼을 추진하려다 중단한 적이 있었다.

2005년에 이르러 국민 여덟 쌍 중 한 쌍이, 농촌 지역의 35%가 국제결혼이라는 통계청의 발표가 있을 정도로 여성 결혼이민자 급증에 따른 문제가 국정과제 주요 현안으로 대두되었다. 정부에서 2006년 4월 26일 '여성 결혼이민자 가족과 혼혈인 사회통합을 위한 지원 정책'을 발표한 이후 지자체 '농촌 총각 장가보내기 사업'이 활기를 띠게 된다. 장가보내기 사업을 위한 지원 조례까지 제정해 예산을 뒷받침했다. 지자체 지역경제 살리기와 농촌 활성화라는 명분과 국제결혼 중개업체의 영리 추구를 위한 상술이 결합되면서 지자체가 '농촌 총각 농어민 국제결혼 비용 지원을 위한 조례'를 제정한 곳은 경상남도와 제주도 2개의 광역시와 남해를 비롯한 24개 시군이다. 2007년 5월 말 지자체 농촌 남성 국제결혼 지원 사업 현황을 보면, 8개 도 60개 시군에서 소위 '농촌 총각 장가보내기' 사업을 추진하고 있는 바, 이는 전국 기초단체 246곳의 4분의 1에 해당한다. 여성가족부에 의하면 농어민 장가보내기 지원 사업으로 지자체가 지원하는 예산은 약 28억 5000만 원으로 여성 결혼이민자 적응 지원 예산보다 평균 여섯 배 많았다.

이런 상황이 발생하자 2006년 정부의 '여성 결혼이민자 가족 지원 정책 다시보기' 토론회 이후 결성된 '이주 여성 정책 네트워크'[4]는 민주노동당 여성위원회 최순영 의원실과 더불어 '농촌 총각 장가보내기 지원 사업'이 농촌 살리기의 근본적인 대안이 될 수 없을 뿐더러 이 과정에서 이주 여성 상품화와 지자체와 결혼정보업체 간 파행적인 제휴, 그 사이에서 한국 가족의 피해가 발생하고 있음을 지적하고 2007년 6월 7일 지자체 '농어촌 총각 장가보내기 프로젝트' 반대 캠페인을 전개하기 위한 토론회를 개최했다.

이 토론회에서 "지방자치단체는 '농어민 국제결혼비용 지원 사업'을 즉각 중단하라!"는 성명서를 발표하고 지자체 '농어촌 총각 장가보내기 지원 사업'에 대한 감사를 청구하기로 하고 연명 작업에 들어갔으며, 민주노동당에 감사청구를 위임했다. 이날 발표된 성명서에서 '농어촌 총각 장가보내기 지원 사업'이 내포한 네 가지 문제를 짚고 시정을 요구했다. 첫째, 지자체는 불법적이고 반인권적인 상업적 국제결혼 중개 행위를 조장하고 있으며, 둘째, 이 사업 수혜자는 '농어민'이 아니라 '국제결혼 중개업체와 지방자치단체장'이라는 점, 셋째, 국제결혼은 농어촌 공동화 문제에 대한 해결책이 될 수 없다는 점, 넷째, 농어민 국제결혼비용 지원 사업은 즉각 중단되어야 한다는 점이다.

이렇게 농어촌 장가보내기 반대 캠페인이 전개되자 국제결혼 중개업체의 선동에 현혹된 농민 중 일부가 항의 전화를 했다. 농민회 강의에서 만난 어떤

---

4   네트워크 단체는 아름다운재단 공익인권법재단 '공감', 이주여성인권연대, 이주여성인권포럼, 한국여성의전화연합, 한국이주여성인권센터 등이다.

이들은 "그럼 가난한 농촌 사람은 장가도 가지 말란 말이냐"고 따지기도 했다. "집이 어려워서 중개업체에 돈도 못 낼 처지라면 외국인 아내를 데려와서 어떤 고생을 시키려고 하느냐? 당신 같으면 딸을 그런 곳에 시집보내고 싶으냐?"고 반문했더니 아무 소리도 못 했다. 이 캠페인 효과로 지자체 농촌 총각 장가보내기 지원 사업이 국무총리실의 지시로 일시 중단되었는데, 솔직히 말하면 '이주 여성 정책 네트워크'의 캠페인보다는 최순영 의원실의 감사청구가 더 큰 힘을 발휘한 것이다. 국무총리실의 지시에도 불구하고 '농어촌 총각 장가보내기 지원 사업'은 지방자치단체장의 의지에 따라 선거 때만 되면 다시 부활하기도 한다.

국제결혼 중개업 규제운동

성·인종차별적 국제결혼 현수막 고발

앞에서도 살펴보았듯이 국제결혼 중개업체의 인신매매성 광고 기사는 국제결혼에 대한 한국인의 인식에 큰 영향을 미친다. 그 일례로 발생한 사건이 ≪조선일보≫의 '나의 왕자님은 어디에?'라는 제목의 기사였다. 2006년 7월 11일 ≪조선일보≫ 기사에 충격을 받은 한국 여성단체들이 '≪조선일보≫의 성·인종차별적 국제결혼에 대한 기사'를 고발하는 기자회견과 더불어 이주 여성을 상품화하는 국제결혼 광고와 현수막을 걸도록 허용한 지자체를 국가인권위원회에 제소했다. 전국적으로 국제결혼 중개업체들이 내건 인신매매성 현수막을 사진 찍어 고발하고 이런 현수막을 없애는 '선의의 파파라치 운동'과 캠페인을 전개했다. 이 운동에는 30개 이상의 단체가 참여했다. '성·인종차별적 국제결혼 현수막'을 고소한 단체 대표로 공익인권법재단 '공감', 나와 우리, 민주노동당여성위원회, 언니네트워크, 이주·여성인권연대, 한국여성의전화연합, 한국이주여성인권센터가 명기했고 '공감'의 소라미 변호사를 고소 대리인으로 위임해 국가인권위원회에 고소장을 접수했다. 이주 여성 네트워크에 참여한 이들이 전개한 진정서와 '선의의 파파라치' 운동은 사회 환기를 이끌어냈지만 국가인권위원회 권고와 현수막 철회까지 이르지는 못했다.

다만 성·인종차별적 국제결혼 광고 반대 캠페인 효과로 2007년 2월 한선교 의원이 '성차별·인종차별적 내용으로 인권침해 소지가 있는 옥외 광고를 금지'하는 내용의 법안을 발의했다. 이 법안은 "성차별 또는 인종차별적 내용 등으로 인권침해 우려가 있는 내용을 광고물에 표시하는 것을 금지하고, 성차별 또는 인종차별적 내용 등으로 인권침해 우려가 있는 내용을 광고물에 표시한 자는 1년 이하 징역 또는 1000만 원 이하 벌금"을 부과하도록 했다.

2007년 '성·인종차별적 국제결혼 광고'가 정부에 의해 갑자기 금지되었다. 매해 각 나라 인신매매 실태 조사를 하는 미국 국무성이 "베트남 여성, 절대 도망가지 않습니다"라는 현수막 사진을 찍어 한국에서 진행되는 국제결혼이 '인신매매적'이라고 보고했기 때문이다. 국가가 망신당할 위기에 처하자 정부는 부랴부랴 각 지자체에 여성을 상품화하는 국제결혼 현수막을 걸지 못하도록 했다. 한국에서 일어난 일인데 국내 여성단체 목소리보다 미국 목소리가 더 힘을 발했다.

국제결혼 중개업 관리법 제정 반대

'성·인종차별적 국제결혼 광고'를 국가인권위원회에 고발할 때 '베트남-필리핀 국제결혼 중개업 현지 실태 조사 보고서'[5]를 기반으로 "국제결혼 중개업자의 여성·외국인을 상품화하는 국제결혼 중개 행위 및 국제결혼 광고 행위는

---

5   고현웅·김현미·소라미·김정선·김재원, 「국제결혼 중개구조 실태: 베트남, 필리핀 현지조사」(국제이주기구(IOM), 2005).

여성에 대한, 베트남·필리핀 등 외국인에 대한 차별적 행위입니다"라는 제목으로 국가인권위원회에 진정서를 제출했다. 제출한 진정서에 의하면, 1990년대 후반부터 한국에서 진행되고 있는 국제결혼 중개업체에 의한 결혼 알선 문제는 다섯 가지로 압축할 수 있다. 불평등하고 부정확한 정보 제공, 대량·속성 중개 시스템, 인신매매에 가까운 강압적 구조, 과도한 이윤 착취, 다양한 인권 침해이다.

첫째, 불평등하고 부정확한 정보 제공 문제다. 결혼 당사자들은 중개 결혼 과정에서 전문적인 통역자의 조력을 충분히 받지 못했다. 이로 인해 국제결혼 중개 서비스를 이용하는 양 당사자에게 심각한 '정보 부족' 문제가 발생한다. 불충분한 정보는 이후 결혼 과정에서 일어나는 부당한 대우나 착취에 적절히 대응할 수 없는 근본적인 원인이 될 뿐 아니라 결혼 후 상대 배우자에 대한 심각한 오해를 발생시킬 소지로 작용한다. 양 당사자에게 제공되는 정보량은 불균형할 뿐만 아니라 외국인 여성에게 제공되는 정보는 때때로 부정확하며 그 책임 소재가 불분명해 이후 책임을 묻기가 어렵다. 외국인 여성은 최종 선택되기 전까지 한국 남성에 대한 어떠한 정보도 제공받지 못하며, 심지어 자신을 배우자로 선택한 남성이 한국인인지 대만인인지도 모르는 채 맞선에 참여하기도 한다. 여성은 최종 선택 후에야 비로소 자신을 선택한 한국 남성 신상에 대한 간략한 정보(결혼 여부, 나이, 직업, 학력, 가족 관계 등)를 제공받지만 이조차도 허위인 경우가 있다.

둘째, 대량·속성 중개 시스템 문제다. 영리 목적의 국제결혼 중개 행위가 베트남과 필리핀 등 현지에서는 불법으로 규정되어 있기 때문에 단속을 피하기 위해서는 국제결혼 중개업자들은 가능한 짧은 시간 내에 맞선을 진행할 수밖에 없으며 따라서 '일대일 맞선'은 불가능하다고 말한다. 그러나 불과 한두 시간 안에 한국 남성 한 명이 수백 명의 여성 중에 배우자를 선택하는 방식으로 이루어지는 맞선은 '가장 빠른 시간 내에 가장 많은 이윤 추구'라는 상업화된 국제결혼 중개 서비스가 지닌 이윤 추구적인 성격을 반영한 것으로, 결혼 당사자들에게 의사 결정에 필요한 시간을 허용하지 않는다. 이러한 의미에서 현재 결혼 중개시스템은 의사소통이 불가능하고 정보가 불충분한 상태에서 '속성으로 배우자 선택이 강제되는' 구조다.

셋째, 인신매매에 가까운 강압적 구조 문제다. 현재 결혼 중개 과정은 조직적인 연결망에 의해 여성을 모집·기숙·관리·통제하고 이동시킨다는 점에서 '국제인신매매방지법'에서 정의하는 '인신매매적' 속성을 지닌다. 맞선을 준비하는 기간뿐 아니라 결혼 후 입국까지 외국인 여성들은 중개업자가 운영하는 숙소에서 생활하면서 외출이 제한되고 이 기간에 사용한 생활비는 고스란히 빚으로 계산된다. 이러한 부채 예속 상황은 여성이 중간에 맞선을 포기하거나 경쟁률이 높은 맞선 과정에서 거부권을 행사할 수 없는 구조적 강제로 작동하며, 이로 인해 결혼 상대자가 싫더라도 결혼에 이르는 경우가 발생한다.

넷째, 과도한 이윤 착취 문제다. 숙소 생활환경이나 결혼 과정에서 제공되는 통역 서비스, 결혼식, 여성에 대한 교육 등 현재 중개업자가 제공하는 중개 서비스의 질은 남성이 지불하는 결혼 비용에 비해 매우 열악하다. 또한 중개 과정에서 중개업자들은 다양한 방식으로 이윤을 착취하기 때문에 한국 남성이 결혼 비용으로 1000만 원가량을 지불한다고 해도 여성이나 가족이 지참금으로 전달받는 돈은 12만~30만 원에 지나지 않는다. 더욱이 결혼 당사자 간 의사소통이 안 되는 상황을 이용해 중개업자들이 돈을 가로채는 경우도 있으며, 이 과정에서 갈취, 공갈, 사기, 협박 등 다양한 형태의 탈법적 행위가 공공연하게 이루어지기도 한다.

다섯째, 다양한 형태로 자행되는 인권침해 문제다. 결혼 중개업자들은 외국인 여성이 처녀인지, 출산한 적이 있는지를 확인하기 위해 산부인과 검진을 실시하기도 한다. 이는 현행 국제결혼 중개 시스템의 왜곡된 상업화 경향을 반영한 것으로 그 자체가 여성 인권에 대한 극단적인 침해라 할 수 있다. 또한 현재 중개 과정에서는 맞선 당일 성혼이 결정되면 다음 날 바로 결혼식을 주선하며, '합방'을 요구하는 것이 관행화되어 있다. 사적인 문제이자 성인 당사자들의 자율성에 맡겨져야 할 합방을 공식적인 중개 절차의 한 단계로 만드는 것은 결혼 후 한국 남성이 외국인 여성을 초청하지 않거나 외국인 여성이 입국하지 못하는 경우 결혼 당사자 모두에게 심각한 정신적·육체적 피해를 입히며 '처녀막 재생 수술'이라는 또 다른 인권침해를 낳는다.

후인마이 사건과 "국제결혼 중개업을 규제하라"는 유엔 여성차별철폐위원회와 유엔 인종차별철폐위원회의 권고를 계기로 국제결혼 중개업체 규제 필요성이 강력하게 제기되어 법제화에 들어갔다. 2007년 김춘진 의원이 '국제결혼 중개업 관리에 관한 법률안'을 발의하자 이주 여성 인권 관련 단체들은 2007년 9월 10일 국회 보건복지위원회 소속 위원들에게 법안 처리에 대한 반대 의견서를 보내고 제대로 된 국제결혼 중개업체 규제 법안이 되도록 심의할 것을 요구했다.[6]

이주여성운동단체들이 김춘진 의원이 발의한 법률안에 대해 반대한 이유는 첫째, 발의된 법안으로 인신매매적 국제결혼 중개 행태를 규율할 수 없고, 둘째, 인신매매적·인권침해적 국제결혼 중개 행태로 인해 피해받은 외국인과 한국인 피해자를 보호할 수 있는 내용이 절대적으로 부족하며, 셋째, 현지(베트남, 필리핀 등)에서 발생하는 불법적인 중개 행태를 규율할 수 없고, 넷째, 규율과 피해자 보호는 미흡한 반면, 중개업체를 합법화함으로써 오히려 문제가 많은 국제결혼 중개 행태를 양성화할 우려가 존재한다는 점이었다. 이런 의견 표명과 함께 다음과 같이 요구했다.

첫째, 인신매매적 국제결혼 중개 행태를 금지하고 현존하는 국제결혼 중개

---

6   이 요구안에 참여한 단체는 한국여성의전화연합, 한국이주여성인권센터, 이주·여성인권연대, 공익인권법재단 공감, 민주노동당 여성위원회였다.

행태에서 인권침해적인 요소를 규제해야 한다. 둘째, 인신매매적·인권침해적 중개 행태로 인해 피해를 입은 이주 여성 및 한국 남성을 보호해야 한다. 셋째 최근 국제조약에서 한국 정부에 권고하는 사항을 반영해 법제도를 마련해야 한다.

유엔 여성차별철폐위원회는 제39차 유엔 여성차별철폐협약 최종 권고안 중 한국 정부에 다음과 같이 국제결혼 중개업 규제를 촉구했다. "본 위원회는 외국 여성이 결과적으로 결혼 및 착취의 목적으로 대한민국으로 인신매매되는 결과를 낳기도 하는 국제결혼 증가에 대한 우려를 표명하며, 국제결혼 가정에서 발생하는 가정폭력의 만연에 대해 또한 우려한다. 본 위원회는 당사국이 결혼 중개업자의 활동을 규제하는 법률 초안을 신속히 제정하고, 외국 여성을 결혼 중개업자나 그 배우자의 착취와 학대에서 보호하기 위한 추가적인 정책 및 조치를 발전시키도록 촉구한다."[7]

또한 유엔인종차별철폐위원회 역시 제71차 인종차별철폐협약 최종 권고안에서 "위원회는 대한민국이 국제결혼 여성의 권리 보호를 강화하기 위한 적절한 조치, 특히 한국인 남편의 전적인 귀책사유로 인해 결혼이 파탄에 이르게 된 경우가 아니라고 하더라도, 국제결혼 여성이 이혼 혹은 별거하게 된 경우에 법적인 거주 자격이 보장될 수 있도록 하는 조치를 채택할 것을 권고한다. 또한, 위원회는 국제결혼 중개업소가 지나친 비용을 요구하거나, 배우자가 될 한국인에 대한 중요한 정보를 알리지 않거나 신분증 및 여행 문서를 압수하는 등의 폐해를 방지하기 위해 국제결혼 중개업소의 활동을 규제할 것을 권고한다"[8]고 했다.

---

7   이 자료는 유엔 여성차별철폐위원회가 2011년 7월 29일 대한민국에 권고한 영문 자료다. CEDAW/C/KOR/CO/7의 21항에서 23항에 게재되어 있다.

8   2012년 제81차 유엔인종차별철폐위원회 대한민국보고에 대한 최종 견해. http://minbyun. jinbo.net/

민간단체가 법안에 반대하자 의원실과 보건복지부는 간담회에서 이주단체들이 그동안 국제결혼 중개업을 규제해야 한다고 주장해왔기 때문에 당연히 국제결혼 중개업 관리 법안에 찬성할 줄 알았는데 의아하다고 했다. 간담회에서 법안이 안고 있는 문제를 제기했지만 원안대로 추진되었다. 아무튼 정부 나름대로 국제결혼 중개업관리법을 강화하며 국제결혼 중개업체를 규제하려고 노력하지만 민간단체의 우려대로 국제결혼 중개업체 횡포는 줄어들지 않았다.

캄보디아 정부의 국제결혼 중단 조치

국제결혼 중개업의 기만적이고 인신매매적 결혼 알선 형태가 줄어들지 않자 급기야 캄보디아 정부가 두 번씩이나 국제결혼 중단 조치를 발표했다. 첫 번째는 2008년 3월로 사르켐 캄보디아 부총리 겸 내무장관은 "국제결혼이 당사자 의견보다 브로커들에 의해 돈으로 사고파는 인신매매로 변질되고 있다. 정상적인 국제결혼을 추진할 수 있는 규정이 만들어질 때까지 현재와 같은 형태의 국제결혼을 중단하겠다"고 통보해왔다. 캄보디아 여성과 한국인 국제결혼을 중단하게 된 배경은 ≪경향신문≫ 2008년 6월 23일 자 림 삼콜 주한 캄보디아 대사 인터뷰 기사에 잘 드러나 있다. 내용인즉 한국인 신랑이 많은 돈을 내지만 그 돈은 국제결혼 중개업체 브로커들이 차지하고 신부와 가족에게는 돈이 제대로 전달되지 않는다는 것, 또한 졸속으로 진행되는 국제결혼 절차로 인해 사랑은커녕 캄보디아의 관습이나 전통문화에 대한 배려도 없다는 점을 문제로 지적했다. 림 대사는 "우리는 캄보디아 여성과 결혼이 상품처럼 취급되는 것을 원치 않습니다"라고 말했다.[9]

---

9   ≪경향신문≫, 2008년 6월 23일 자.

림 삼콜 대사는 캄보디아 여성과 한국인의 국제결혼에 대한 문제점을 지적하면서 "캄보디아 여성은 상품이 아니다. 한국인들이 가족의 새 구성원을 환영하고 문화 차이를 이해하기 위해 노력해달라"고 요청했다. 두 번째 중단은 2010년 3월 5일 캄보디아 정부가 한국 대사관에 "국제결혼 관련 인신매매 행위 예방을 위한 절차를 마련할 때까지 한시적으로 국제결혼 신청서 접수를 중단하겠다"고 통보했다. 잠정 중단 이유는 "캄보디아 국내법상 결혼 중개업체나 중개인 또는 결혼 중개 전문회사를 통한 혼인은 금지되어 있는데, 한국 남자와 캄보디아 여성 간의 결혼에서 중개에 의한 결혼이 적발되는 등 문제점이 있어 중단하겠다"는 것이었다. 이 중단 조치는 국제결혼 중개업체의 캄보디아 여성 25명과 한국인 남성의 집단 맞선 현장이 캄보디아 인신매매 단속 담당 경찰관들에게 적발된 것이 발단이었다. 더욱이 그 맞선 자리에는 16세의 미성년자도 있었다고 한다. 단속에 걸린 현지 중개업자는 10년형을 선고받았고 한국인 중개업자는 이런저런 우여곡절 끝에 풀려났다. 이후 캄보디아 정부는 법을 준수하면 결혼하기 힘들 정도로 국제결혼법을 강화해 한국과의 국제결혼을 재개했다.[10]

민간단체의 반대에도 불구하고 우여곡절 끝에 통과된 '국제결혼 중개업체 관리에 관한 법'은 이후 이주 여성 살해 사건이 생길 때마다 필요한 사항을 첨가해서 개정되었다. 2010년 4월에는 중개업자가 당사자 간 혼인 경력, 범죄 경

---

10 국제결혼, 연예흥행 비자 등이 인신매매의 수단으로 사용되고 있어 많은 이주 여성의 인권 침해가 발생하자 국가인권위원회에서는 이를 방지하기 위해 서울에서 2010년 6월 28일 "인신매매 피해 이주 여성의 인권 보호를 위한 서울 국제회의"를 실시하고 인신매매 방지에 대한 대안을 모색했다. 필자는 아시아 지역 인신매매 예방을 위한 협력 방안 모색 부분에서 "한국 결혼 이주 현실에서 살펴본 인신매매성 결혼 이주 방지를 위한 아시아 초국적 네트워크의 중요성"에 대한 발제를 통해 국제결혼 중개업체의 알선에 의한 국제결혼 인신매매성에 대한 아시아 국가의 반응으로 캄보디아 정부의 인신매매성 결혼규탄정책을 소개하고 출발국과 도착국의 초국적 아시아 협력 방안을 과제로 제기한 바 있다.

력, 건강, 직업 등 주요 신상정보 제공을 의무화했다. 2012년 2월 21일 개정되어 8월 21일부터 시행된 개정법안은 국제결혼업체 공시제도 도입으로 국제결혼 중개업체는 해당 시·군·구 홈페이지에 등록해 관리를 받아야 하며, 신상정보 제공 강화로 국제결혼 중개업자는 계약 이행자와 그 상대방에게 제공되는 신상정보에 대해 공중인 인증을 받아야 하는 바, 국제결혼 중개업자가 배우자 범죄경력 증명서에 성매매 알선·강요 범죄 이력를 포함할 의무를 지게 했다.

또한 건강검진은 정부가 인정한 건강검진 기관으로 지정된 병원급 의료기관이 발행한 건강진단서로 한정하며, 신상정보 제공 서류 등 서류를 보존해서 이용자 요구가 있을 시 관람이나 교부할 수 있도록 하고, 국제결혼 중개업체 이용자에게 피해예방교육을 실시하며, 국제결혼 중개업체 등록 시 기본 자본금 요건을 강화하도록 했다. 특히 미성년자 소개를 금지하고 집단 맞선과 집단 합숙 시설을 금지했다.

정부는 국제결혼 중개업체 기본 자산금 기준을 1억으로 삼았고 이 법이 시행되는 2013년 8월 21일을 앞두고 까다로워진 중개업체 관리법을 적용, 자산금 1억 원을 충족하지 못한 많은 업체들이 폐업했다. 개정된 '국제결혼 중개업체 관리에 관한 법률'이 제대로 시행·감독 된다면 중개업으로 인해 파생되는 많은 문제를 어느 정도 해소할 수 있을 것으로 보았다.

그러나 국제결혼 중개업 관리법이 강화되었음에도 인신매매성 중개 행태와 이로 인한 한국인 배우자와 결혼이주여성들이 입는 피해는 여전했다. 중개업체에 의한 피해를 인신매매 범죄처럼 형법으로 다스리는 것이 아니라 보건복지부의 소비자 보호원에 피해를 고발하는 형식으로 되어 있어 제대로 규율하기가 어렵기 때문이다. 국제결혼 피해자가 소비자보호원에 고발하도록 한다는 자체가 인신매매적이라는 비판을 면할 수가 없다. 소비자보호라는 것은 국제결혼이 소비 품목이라는 전제하에서나 가능한 일이기 때문이다. 아무튼 국제결혼 중개업에의 횡포가 여전하자 급기야는 법무부가 2014년 4월부터 '국제결혼 사증 강화'라는 극약 처방을 쓰기에 이르렀다.

사회통합이수제 반대 캠페인

한국 사회에 다문화 열풍이 불던 2008년 4월 법무부가 '사회통합이수제'라는 정책을 발표했다. 2009년 1월부터 귀화를 원하는 사람에게 '한국어와 한국 사회 이해' 교육을 의무화해, 한국어 220시간과 '한국 사회 이해' 과목을 40시간 이수하면 국적을 주겠다는 것이다. 법무부에 의하면 "이 프로그램은 이민자와 그 가족이 안정적으로 우리 사회에 적응하도록 돕고자 하는 것"이라고 밝혔다. 또한 이 제도 시행이 결혼 이주자의 국적취득 소요 시간을 단축시킬 것이라고 주장했다. 그러나 이주단체 입장에서 보면 결혼 이주자들이 처한 현실을 고려하지 않은 행정편의적인 발상으로 여겨졌다. 이에 70여 개 단체가 네트워크를 이루어 '사회통합이수제 반대 기자회견과 캠페인'을 전개했다. 물론 결혼 이주여성이 한국에 살기 위해서는 한국어를 할 줄 아는 것은 필수다. 그러나 최소 220시간 교육을 의무적으로 이수해야 한다는 법무부 정책은 가사 노동, 노부모 봉양, 육아, 경제적 기여를 위한 노동이라는 다중 부담을 감당하는 이주 여성의 현실을 외면한 것이었다.

사회통합이수제를 반대하는 또 다른 중요한 이유는 충분한 사회적 인프라가 충분히 마련되어 있지 않다는데 있다. 이주 여성들이 한국어를 배울 시설은 주로 다문화가족지원센터다. 이 다문화가족지원센터는 광역자치단체의 경우 구마다 한 곳, 기초자치단체의 경우 시군 단위에 하나씩밖에 없어 이주 여성의 접근성이 매우 떨어진다. 군청 소재지에 살지 않을 경우, 특히 농어촌의 경우 다문화가족지원센터를 다니기가 매우 힘들고 다문화가족지원센터에서 방문 교사를 파견한다고 하지만 수적·거리적·시간적으로 제한되어 있어 결혼이주

여성들이 200시간 이상의 한국어와 '한국 사회 이해'를 이수하기가 쉽지 않다. 이런 현실을 지적하면서 "국적취득 전제조건으로 내건 사회통합이수제를 전면 재검토할 것과 국적과 연동시키지 않는 성인지적·다문화적 관점을 갖춘 이주자 지원프로그램으로서 사회통합지원제로 전면 재구상할 것"을 요구했다. 기자회견, 법무부가 주최하는 공청회에서 반대 의견 제시, 토론회를 통한 여론 환기 등 다각적 대응 활동을 했다. 그 결과 결혼이주여성 경우 의무제가 아니라 원하는 사람만 참여하는 참여제로 전환되었고 '사회통합이수제'에서 '사회통합 프로그램'으로 명칭이 바뀌고 결혼이주여성의 경우 참여자에게 국적 심사 기간을 6개월 정도 단축해주는 인센티브 효과가 주어졌다.

다문화가족지원법과 다문화가족 정책에 제동

2006년 대통령 국정 과제로 '열린 다문화 사회 구현'을 주창한 이후 한국 사회에 '다문화 사회'라는 용어와 다문화 담론이 범람하게 되었다. 국제결혼 가정을 이중 문화 가정, 또는 온누리 가정이라 부르고, 그 자녀를 코시안으로 부르는 등 국제결혼 가정에 대한 다양한 호칭이 생겨나다가 '다문화 가족'이라는 말로 정해졌다.

공식적으로 여성가족부가 실시한 '다문화가족지원법 연구 용역'을 통해 국제결혼가족이 다문화 가족이라는 말로 정의되었고, 2008년 '다문화가족지원법'이 제정되기에 이르렀다.[11] '다문화가족지원법'을 발의한 장향숙 의원은 "우

---

11 '다문화가족지원법'이 만들어지기 전인 2006년에서 2007년 사이에 다문화가족과 관련한 다양한 법 제정 시도가 있었다. '이주민가족의 보호 및 지원 법안', '혼혈인가족지원에 관한 법률안' 등이 국회에서 논의되다가 당시 이명박 정부에서 여성가족부를 축소해 '가족' 부분을 보건복지부로 옮겨 보건복지가족부로 확장함에 따라 다문화 가족 사항도 보건복지부가

리 사회가 다인종·다문화 사회로 급속히 변모하고 있지만 현실적으로 다문화 가족은 다양한 문제에 직면해 있다"고 지적하면서, "다문화 가족이 한국 사회에 통합될 수 있도록 지원하는 범정부적 차원의 법 제정이 필요하다"고 '다문화가족지원법'의 의의를 밝혔다.

'다문화가족지원법' 제정을 위한 공청회에서 다음과 같은 문제점이 제기되었다. 하나는 이 법이 '재한외국인처우기본법'에 얽매여 다문화 가족의 범주를 합법 체류자로 제한하고 있으며, 둘째는 사회통합이라는 이름으로 동화 정책을 기본으로 한다는 점, 셋째는 다문화 가족 범주에 한국인과 결혼한 외국인과 여기에서 출생한 자녀로 한정하고 있다는 점, 또한 법의 한계로 인한 너무 소극적 지원을 지적했다. 지원 내용이 다문화 가족 내 갈등 예방을 위한 가족 상담, 생활 교육과 부모 교육, 한국어와 한국 문화 교육과 홍보 등으로 가정폭력 피해자 보호를 비롯한 인권 문제는 배제하고 있기 때문이다. 이러한 문제 지적과 더불어 "'다문화가족지원법'은 다문화 가족 구성원의 보편적 인권을 지향하는 지원법이 되어야 한다"는 전제하에 다음과 같은 질문이 제시되었다.[12]

첫째 결혼이민자 가족은 출신 국가 문화, 민족 구성, 체류 자격에 따른 다양성이 존재하는데, 동화 정책을 기반으로 한 가족통합 정책에서 결혼이민자들이 출신 국에 대한 긍지를 유지할 수 있도록 지원하는 것이 과연 가능한가?
둘째, 다문화 가족 지원의 필요성을 인간 안보 측면에서 접근할 경우 오히려 다문화 가족을 경계 인물로 부각시킬 수 있는 위험 요소는 없는가?

족부의 사업이 되었다. 이 과정에서 여성가족부에서 논의되던 '다문화가족지원법'을 국회 보건복지위원인 장향숙 의원이 절충해 '다문화가족지원법'을 발의, 2008년 3월 21일 국회를 통과하기에 이르렀다.
12 한국염, 「다문화가족 구성원의 보편적 인권을 지향하는 지원법이기를!」, 『다문화가족지원법 제정을 위한 입법 공청회 자료집』(국회인권정책연구회, 2007. 1. 26), 59~62쪽.

셋째, 다문화 가족 지원 정책의 궁극적 목표는 '건강한 가정생활이 아니라 개인의 존엄성'이 되어야 하는 것이 아닌가?

넷째, 다문화 가족을 외국인이 내국인과 결합한 가정으로 제한한 것은 너무 편협한 것이 아닌가?

다섯째, 정책적 고려 사항에서 가정폭력을 방지하기 위해서는 가정폭력의 예방만으로는 부족하고 피해 구제도 포함해야 한다고 지적하면서도 그 피해 구제는 '가정폭력 범죄의 처벌 등에 관한 특례법', '가정폭력 방지 및 피해자 보호 등에 관한 법률' 등 관련 법에 따라 시행하면 된다고 제외하고 있는데, 이는 여성 결혼이민자의 현실을 고려하지 않는 것이 아닌가?

여섯째, 결혼이민자의 사회적 통합 촉진을 위해 하나같이 결혼이민자가 한국 문화를 이해하고 존중하도록 제시되어 있는데 결혼이민자 가족이나 한국 사회에 인식 개선 교육을 실시해야 하는 것이 아닌가?

이 제안은 '다문화가족지원법'에서 일부 반영되기는 했으나 기본적인 방향은 달라지지 않고 통과되었다. 2008년 제정된 '다문화가족지원법'은 2010년 일부 개정되고 2013년 다시 개정되었다. 2013년에 개정된 법은 이자스민 의원이 발의한 '다문화 가족 종합정보전화센터 설치 운영에 대한 법안'을 포함해서 이혼한 다문화 가족 자녀도 지원할 수 있는 특례를 주도록 하는 것, '다문화가족센터'와 유사한 명칭을 사용하지 못하도록 금지하는 것을 골자로 일부 개정되었다.

2014년 1월 15일 국무총리 주재로 향후 5년간 시행될 '국민 대통합을 위한 다문화가족 정책 개선 방안'이 발표되었다. 달라진 정책에서 특별히 문제가 된 것은 다문화가족지원센터와 건강가정지원센터를 통합해 '가족통합지원센터(가칭)'로 개편하는 정책 변화와 다누리 콜센터와 이주여성 긴급전화를 통합하는 것으로 이주 여성과 그 가족들에게 직접적인 영향을 미칠 대표적인 정책이었다.

'다문화가족 종합정보 전화센터'란 다문화가족사업단에서 운영하던 다누리 콜센터(1577-5432)와 이주여성 긴급전화(1577-1366)를 통합해 다문화가족 종합정보 전화센터로 제도화한 것이다('다문화가족지원법' 제11조의 2). 이 통합제도의 문제는 두 가지로, 그 하나는 1577-1366이 상징하던 이주 여성 인권을 위한 모든 장치의 상실과 더불어 종합전화센터에 '폭력 가해자'일 수도 있는 '국제결혼 피해자의 상담 전화'까지 통합된다는 것이다. 다른 하나는 종합전화센터의 주무 부서가 '여성가족부 권익 증진국'이 아니라 '가족국 다문화가족과'라는 것이다. 이는 종합전화센터 무게축이 이주 여성 인권 보호보다는 다문화 가족 유지에 더 기울어지는 것으로 우려되는 지점이다.

다문화 가족 종합정보전화센터라는 제도가 나오게 된 것은 다누리 콜센터 때문이었다. 다문화 가족에게 정보를 제공하는 전화인 1577-5432는 2011년부터 3년 동안 포스코의 지원을 받아 운영하던 것이었다. 3년 프로젝트가 끝나 다누리 콜센터가 문을 닫게 되자 다누리 콜센터의 운영위원장인 다문화가족지원단 단장이 이자스민 의원을 찾아가 두 전화를 통합하는 제안을 했고 여기에 이자스민 의원이 동의해 법률안으로 발의한 것이다. 이런 사실을 듣고 이자스민 의원을 만나 "어떻게 '인권' 전화를 죽이고 '정보 제공' 전화를 살리느냐?"고 항의했다. 이 의원 본인은 당연히 1577-1366에 1577-5432가 통합되는 것인 줄 알았다고 대답했다.

이 문제를 심도 있게 논의하고자 간담회를 열어 여성가족부, 다누리 콜센터, 관련 단체와 의견을 나누기로 했다. 한국이주여성인권센터를 비롯한 이주여성쉼터협의회, 아시아의 창, 유엔인권정책센터 등 이주 여성 관련 단체들이 두 전화가 다문화 가족 정보콜센터로서 통합되는 것에 대해 이자스민 의원실과 '다문화 정책 변화에 따른 정책간담회'를 실시했다. 간담회는 "최근 정부의 다문화 정책, 무엇이 문제인가?"라는 모두 발언에 이어 관련 시민단체의 주요 현안 질문 및 부처 답변 형식이었다. 다문화가족지원센터와 건강가족지원센터 통합, 이주여성 긴급지원센터 1577-1366과 다누리 콜센터의 통합, 사전 정보 제공 프로그램 현안 문제에 대해 참석자들이 질의하고 관계 부처가 답변하는 식으로 진행되었다. 정부 정책 변화가 이주민 여성의 삶을 반영하고 있는지, 현장 목소리와 이주 여성의 필요가 충분히 수렴되는지를 논의했으나 별 효과를 보지 못했다. 겨우 이주여성인권번호였던 1577-1366을 살리고 전화의 이름은 다누리 콜센터가 되었다.

이주여성 긴급전화가 상실되자 본격적으로 이주여성상담소 설치운동에 나섰다. 남윤인순 의원이 대표로 있는 국회 성 평등 포럼과의 공동 주최로 '다문화 정책 변화에 따른 이주 여성 지원체계 방향 모색을 위한 토론회'를 실시하고 과제로서 이주 여성을 위한 상담 시스템 구축을 설정했다. 한국인 폭력 피해자에게는 기본적으로 긴급전화-상담소-쉼터 체계를 갖추고 있는데 이주 여성에게는 긴급전화와 쉼터뿐이라 상담을 제대로 할 수 없었기 때문이다. 이주 여성들을 만나보면 이주 여성 긴급전화나 쉼터로 해결할 수 없는 어려움이 있다. 쉼터에 오기 전에 상담받을 곳이 있으면 문제를 많이 줄일 수 있다. 쉼터에 입소한 후에는 한국인 배우자와 상담이 필수적인데 쉼터에서 가해자를 불러 상담하는 것도 어렵고 긴급전화를 통해 상담받는 것은 한계가 있었다. 이주여성 긴급전화가 다문화가족 종합정보 전화센터로서 기능이 전환된 시점에서 이주 여성 인권 보호를 위한 지원 시설의 전반적인 재검토와 보완이 필요했다. 또한 '다문화가족지원법'에 의하면 다문화 가족은 외국인과 한국인의 결혼으로 이루어진 가족만을 의미하기 때문에 이주 여성 노동자나 유흥업 종사자, 난민 여성 등은 상담을 받을 곳이 없어 이들을 모두 포괄할 수 있는 이주여성상담소 구축이 필요했다.

이주 여성 지원체계 구축을 위한 토론회를 개최하고 상담소 구축이라는 대안을 모색했으나 여성가족부에서 별다른 대응을 하지 않았다. 그래서 2015년에는 아예 제목을 '이주여성상담소 법제화 가능성과 딜레마'라는 이름으로 국회 다문화사회포럼 '다정다감' 대표인 이자스민 의원과 공동 주최로 정책토론회를 열어 이주 여성을 위한 상담소 구축에 대해 본격적으로 논의했다. 이자스민 의원의 인사말처럼 전국 다문화가족지원센터가 시군 단위까지 확대되어 한국어 교육과 자녀 지도, 통역과 상담, 가족 프로그램을 지원하고 있지만 가족 내 부부 갈등과 위기 상담에 대해서는 적절하게 대응하지 못하는 사례가 많기 때문에 결혼이주여성을 위해서도 이주여성상담소가 필요했다. 전국적으로 정부가 지원하는 이주여성상담센터는 서울시에서 2013년 9월부터 한국이주여성인권센터에 위탁해 운영하는 '서울이주여성상담센터'뿐이다. 결혼이주여성뿐만 아니라 노동자, 유학생, 난민 등 서울에 거주하는 다양한 이주 여성을 상담하는데, 1년 상담 통계가 수도권에서 약 8000건 가까이 된다. 상담소에서 전화를 받고, 필요한 사람은 면접으로 상담해 법적 지원부터 개인 상담, 가족 상담 등 효율적인 상담으로 문제를 해결해 이주 여성들에게 많은 도움을 주고 있다.

이날 토론회에서 발제자들은 동일하게 이주여성상담소가 필요하다는 데 의견을 모았으나 여성가족부 담당자는 각 상담소에 이주 여성의 출신 국가별로 해당국의 언어가 가능한 상담원을 각각 채용·배치하는 데 드는 재원 효율성 등을 고려해야 하고 기존 체계를 활용할 수 있는 방안도 검토할 필요성이 있다는 의견을 피력하며 소극적인 태도를 보였다. 토론회 이후 이자스민 의원이 이주여성상담소 설치를 위해 여성가족부와 대화했으나 실질적 효과를 보지 못했다.

이주여성상담소 설치와 관련해 다문화가족지원센터와 연동될 사안이 있다. 다문화가족지원센터의 전신은 결혼이민자 가족지원센터다. 사실상 이주 여성 운동가들이 정부에 결혼이민자 지원 시스템으로 상정한 것은 적응 지원과 인권 지원을 통합하는 기구였다. 여성가족부에 센터 구축을 제안할 때 그 모델은 한국이주여성인권센터처럼 이주 여성의 한국어 교육, 모성 보호, 인권 지원을 위한 상담실을 갖춘 곳으로서 결혼이주여성뿐만 아니라 모든 이주 여성을 포괄해서 지원하는 '이주여성종합지원센터'로서의 기구였다. 처음 1년은 권역별로 한 곳씩을 설치해 시행착오를 검토하고 다음 해에 광역별로 설립하고 3년 후에는 시군 단위에 하나씩 세우도록 여성가족부에 3년 청사진을 제시했었다. 그러나 2007년 결혼이민자 가족지원센터라는 이름으로 전국에 17개소가 설치되었다. 기능은 적응 교육을 하는 곳으로 축소되었으며 건강가족지원센터에 위탁되었다. 결혼이민자 가족을 지원하는 센터였기 때문에 건강가족지원센터에 위탁된 것이다. 당시 한국 여성운동단체들이 건강가족지원센터의 건강가족이라는 범주가 가부장적 혈통 중심이며 부모와 자녀로 이루어진 가족을 정상 가족으로 상정하고 한부모 가족이나 1인 가구를 배제한 가구 개념이라고 비판하던 때였다. 이런 비판 때문에 그 이듬해부터는 건강가족지원센터뿐 아니라 복지관이나 다른 단체로 위탁의 범위가 넓혀졌다. '다문화가족지원법'이 제정되면서 결혼이민자가족지원센터는 다문화가족지원센터로 이름이 바뀌었다. 처음 이주단체가 제안한 것처럼 결혼이민자 지원센터가 인권 상담과 한국어 교육을 비롯해 이주 여성의 역량 강화 기능을 담당하는 이주 여성 종합지원센터로서 구축되었다면 이주 여성 인권 지형도도 많이 달라졌을 것이다.

제**4**부

폭력에 맞서서

이주 여성이 죽지 않을 권리

미안해요, 도와주지 못해서.

미안해요, 보호해주지 못해서.

그리고 미안해요, 아무것도 해줄 게 없어서.

그러나 당신이 못다 살다간 이 한국 땅에서 또 다른 당

신이 생기지 않도록

남아 있는 우리들이 지켜낼 것을 약속합니다.

이제 당신이 품었을 희망을 키워나갈 터이니

이곳 한국에 남겨진 한과 안 좋은 기억들을 다 버리고

부디 하늘나라에서 편안히 쉬시고 여기에 있을 때보다

더 행복하게 살기를 바랍니다.

11

폭력 피해 이주 여성 보호 인프라 갖추기

'가정폭력방지법' 개정과 쉼터 마련

결혼이주여성 체류권 운동과 더불어 전개한 운동은 폭력 피해를 입은 결혼이주여성을 위한 제도와 인프라 구축이었다. 간이귀화제도로 폭력 피해를 입은 결혼이주여성들이 한국에 체류할 수 있는 길이 열렸지만 정작 이들이 갈 수 있는 피난처가 없었다.

'여성이주노동자의 집'(미인가 쉼터)은 유일한 이주여성쉼터였다. 2004년 여성가족부가 로또 기금으로 쉼터를 지원해 세 곳이 추가되었으나 어디까지나 특례 조치였다. 성매매로 유입된 이주 여성을 위해 안양 전진상 복지관에 설치한 '위홈', 인천 여성의전화가 운영하는 '울랄라', 천안 모이세가 이때 추가된 쉼터이다.[1] 한국 여성을 위한 쉼터에는 법적으로 외국인은 들어갈 수가 없었다. 설령 가정폭력 피해를 당한 결혼이주여성이 한국인 쉼터에 입소한다 하더라도

---

[1] 여성이주노동자의 집 쉼터는 여성가족부가 세운 것이 아니기 때문에 정부의 기록에 기재되지 않다가 2007년 인가를 받아 여성가족부가 지원하는 쉼터로 기록되고 있다.

많은 문제에 부닥쳤다. 첫째는 한국인이 아니기 때문에 오래 머무를 수 없다는 것, 다른 하나는 한국어를 모르기 때문에 제대로 지원받을 수 없고 쉼터에서 고립된다는 것, 셋째는 쉼터에 입소한 한국인들에 의한 차별로 상처를 입는다는 것이었다.

이주 여성을 위한 전용 쉼터가 제도화되기 위해서는 필히 '가정폭력방지법'을 개정해야 했다. '가정폭력방지법'은 한국 국적의 여성만을 위한 법이었기 때문이다. 당시 한국여성단체연합, 여성의전화 등 여성단체들이 '가정폭력방지법' 개정운동을 벌이고 있었다. 이들 단체와 여성 국회의원들을 추동해 마침내 2006년 9월 '가정폭력방지법'에 '(외국인 여성)'이라는 단어를 삽입했다. 개정된 '가정폭력방지법'에 의해 이주여성쉼터를 설립하거나 이주 여성이 쉼터에 입소할 수 있는 길이 열리게 되었다. 이 법에 근거해서 2007년 여성가족부가 전국 이주여성쉼터 네 곳을 인가해 운영을 지원했고, 2008년에는 각 광역별로 한 곳씩 모두 18개소의 이주 여성 전용 쉼터가 마련되었으며, 2015년에는 25개소로 늘어났다.

이렇게 폭력 피해 이주여성쉼터가 제도화되고 증설되었지만 아이를 데리고 자립할 수 있는 기반은 마련되지 않았다. 2008년 자립 쉼터와 그룹홈을 제안해 '디딤터'라는 이름의 자립 쉼터가 서울에 설치되었고, 두 곳의 그룹홈도 서울에 세워졌다.

처음 여성가족부에 제안한 이주 여성 자립 쉼터 구상안은 "쉼터를 퇴소한 이주 여성들이 자립 쉼터에 거주하면서 기술교육을 받는 동안 일정 금액을 지원해 본국 가정에 송금하거나 필요할 때 쓰도록 해서 안정적으로 자립 쉼터에 머무를 수 있게 하자, 또 자립 쉼터를 퇴소할 때는 방 보증금은 낼 수 있을 정도로 지원하자"였다. 이 제안은 받아들여지지 않았다. 쉼터를 퇴소하면 당장 돈이 필요하기 때문에 취업을 하느라 자립 쉼터에 입소하는 이주 여성은 드물었다. 하지만 이때 했던 제안은 사장되지 않고 민간단체에서 마련한 자립 쉼터에서 실현되었다. 2012년 모교회가 마련한 자립 쉼터에 여성가족부에 했던 제 안을 다소 변경해 쉼터에서 퇴소하는 여성들을 받되 직장에 다니는 경우 전기 나 난방비등 공공요금을 본인이 부담하게 하고 퇴소할 때 그 여성이 낸 만큼 더 보태주는 매칭펀드 제도를 제안했다. 이 자립 쉼터는 이 제안을 받아들여 지금도 쉼터를 퇴소하는 이들에게 큰 도움이 되고 있다. 이후에 여성가족부에 서 운영하는 자립 쉼터 '디딤터'도 퇴소할 때 일정 금액을 지원하는 제도를 도 입했다.

이렇게 폭력 피해 이주 여성을 위한 쉼터가 마련되었으나 법률 지원이 끝나 고 쉼터를 퇴소하는 이주 여성들의 자립은 매우 힘들다. 또한 자립 쉼터와 그 룹홈은 서울에만 있어 서울 이외 지역의 이주 여성들은 자립에 많은 어려움을 겪고 있다.

쉼터를 퇴소하는 이주 여성의 자립을 고민하다가 2015년에 한국이주여성인 권센터 법인 소속 쉼터 다섯 곳을 조사하여 같은 해 9월 "폭력 피해 이주 여성 의 '자립', 가능한가?"라는 제목으로 열린 토론회에서 실태 조사의 결과와 과제 를 발표했다. 조사에 참여한 연구자들은 장벽에 가로막히는 느낌을 여러 차례 받았다고 했다. 쉼터에 입소한 이들이 처한 조건과 상황이 한국 사회에서 여성 으로, 이주자로 살아남기에는 너무 열악했다. 비록 이주 여성들이 적극적인 의 지를 갖고 활용 가능한 자원을 동원해 미래를 기획하고 있었지만 장시간·저임 금 노동에 편입할 수밖에 없는 것이 현실이었다. 현재 쉼터 정책에는 쉼터 이 후 삶을 준비하기 위한 자립 지원 프로그램이 부족하고, 퇴소 후 삶을 실질적 으로 기획하고 준비하기 위해 필요한 경제활동이 보장되지 않아 이들이 쉼터 에 거주하는 동안 경제적 기반을 마련할 수 없다는 것이 드러났다.[2] 쉼터 거주

---

2   위선주·이안지영·김율희·레티마이투·허오영숙, 「폭력 피해 이주여성의 '자립', 가능한
     가?」(한국이주여성인권센터, 2015), 76~77쪽.

이주 여성을 위한 자립 과제 중 폭력 피해 이주 여성 자립은 젠더 관점에서 유엔사회권협약이 제시하는 생존권을 비롯해 노동권, 사회보장권, 건강권, 교육권, 문화권 향유라는 관점에서 마련되어야 한다는 과제가 제시되기도 했다. 여성가족부 관계자가 토론자로 참석했지만 여기서 제시된 과제들이 여성가족부 정책에 반영될지는 미지수다.

이주 여성 긴급전화 개설

이주 여성이 증가하면서 폭력 피해를 당하는 이주 여성의 수도 늘어났다. 이주 여성이 폭력을 당해도 어떻게 해야 할지 몰라 피해가 가중되는 경우가 많았다. 의사소통이 어려워 신고를 할 수 없었기 때문이다. 당시 폭력 피해 여성을 위한 여성긴급전화 1366이 있었지만 이주 여성에게는 그림의 떡이었다. 정부는 이주 여성을 돕기 위해 기존 1366에 영어, 러시아어, 중국어를 추가했다. 그러나 이 시스템 역시 한계가 있었다. 영어나 러시아어를 사용하는 결혼이주 여성이 적은 데다 전담 직원이 받는 것이 아니라 해당 언어를 할 줄 아는 사람이 자기 일을 하면서 여성긴급전화 업무를 추가로 하는 것이어서 연결이 안 되는 경우가 허다했다. 게다가 결혼이주여성 문제는 언어만으로 해결되는 것이 아니라 체류권과 국적, 사회보장제도 등 이주 여성과 관련한 법과 제도 시스템이 다르기 때문에 전반적인 상담을 받을 수 있는 핫라인이 필요했다. 이에 이주 여성 전용 긴급전화 설치를 요구했고, 이 요구가 대통령 국정 과제에도 반영되어 마침내 2006년 11월 9일 폭력 피해 이주 여성이 자국어로 상담받을 수 있는 '이주 여성 긴급전화 1577-1366'이 설치되었다.

여성가족부는 이주여성단체 중 유일한 법인체인 한국이주여성인권센터에 긴급전화 설치를 위탁했다. 이주 여성 긴급전화를 위해서는 이주 여성 상담원 확보가 가장 긴급한 필수 사항이었다. 한국어가 가능한 6개국 결혼이주여성들 중 각국에서 세 명씩, 18명을 선발해 두 달 동안 예정된 급여 70%를 주고 교육했다. 이들을 선발하는 것은 그리 어렵지 않았다. 초창기 국제결혼으로 들어온 여성의 경우 고학력자이거나 본국에서 직장에 다닌 경험이 있는 사람이 많았기 때문이다. 공짜로 교육해주는 데 왜 돈까지 주느냐는 반대 목소리도 있었다. 무상으로 교육을 받는데도 급여를 준 것은 이주 여성들이 두 달씩이나 돈을 벌지 않고 교육을 받을 수 있는 여건이 되지 않았기 때문이기도 하고 유능한 인재들이 돈 때문에 포기하지 않게 하기 위해서였다. 결혼이주여성들이 본국 송금 문제로 취업을 해야 하는 현실을 고려한 것이다.

이렇게 해서 좋은 인력들이 확보되었다. 이들에게 '가정폭력방지법'에 의거한 가정폭력전문상담원 자격 교육과정을 비롯해서 한국 사회 문화와 여성, '가정폭력관계법', 상담기술 등 상담에 필요한 기본적인 훈련과 이주 여성 관련 특수법과 제도에 관한 교육, 한국어 보충교육 등을 실시했다. 교육과정이 버겁지만 목표가 있었기 때문에 이주 여성들은 열심히 참여했다. 하루 8시간씩 맹훈련을 시켜 상담자로서 자격을 갖추게 한 다음 2006년 11월 9일 개소했다.

개소 후 2년 동안 이주 여성 긴급전화의 기반을 다졌으나 2008년 노무현 정부에서 이명박 정부로 바뀌면서 민간단체가 운영하던 '1577-1366'은 여성가족부에 의해 새로 설립된 법인 '여성인권진흥원'에 이관되었다. 이후 2014년 '다문화가족종합정보콜센터' 설치법이 제정되면서 여성가족부 주무 부서가 권익증진국 인권보호과에서 가족국 다문화가족과로 이관되었고, 운영체제도 여성인권진흥원에서 건강가족진흥원 운영체제로 바뀌어 긴급 핫라인 성격과 기능이 약화되었다.

12

천 개의 바람이 되어

살해당한 이주 여성 추모제

이주 여성으로 한국에서 산다는 것은 쉽지 않았습니다.

이해할 수 없는 상황이 매일매일 벌어지고 있습니다.

하루아침에 한국 사람이 될 것이라고 생각하는 것 같았습니다.

상담을 하면서 만난 이주 여성들의 상황은 참 어려운 것 같습니다.

말도 다르고, 음식도 다르고, 생활도 모두 다른데 말입니다.

고향에 있는 부모와 형제, 친구가 그리워도 마음대로 말할 수 없습니다.

왜냐하면 내가 선택해서 왔기 때문입니다.

한국 사회가 나를 가족으로 받아주는 줄 알았습니다.

하지만 언제나 이방인이었습니다.

모두가 나를 감시하고, 내 잘못만을 얘기합니다.

큰소리를 치고, 욕을 했습니다.

나가라고 합니다.

돌아가라고 합니다.

이주 여성 우리는 어찌해야 합니까?

어디에 가서 도움을 받을 수 있습니까?

우리는 사람이 아니고,

그냥 한번 데려왔다가 마음에 들지 않으면 돌려보낼 수 있는 물건입니까?

정말 불안하고 가슴이 아픕니다.

계속되는 이주 여성의 죽음을 막아야 합니다.

어떤 이유로도 가정폭력을 용납해서는 안 될 것입니다.

그리고 이주 여성의 인권을 보호할 수 있는,

강력한 대응책을 마련해주시기 바랍니다.[1]

이 글은 2012년 7월 18일 대한문 앞에서 남편에 의해 살해당한 이주 여성 추모제를 지낼 때 한 이주 여성 상담원이 한 발언이다. 해마다 결혼이주여성들이 남편의 폭력에 의해 살해되고 있다. 한국에 연고가 없는 결혼이주여성들이 죽을 경우 장례식조차 제대로 거행되지 않는다. 지역에 이주여성단체나 다문화가족지원센터가 있을 경우 그래도 빈소가 차려지고 장례도 이루어진다. 이주 여성들이 죽을 경우 대부분 가족들에 의해 화장되어 고향에 보내지는 경우는 다행이고 화장되어 아무 곳이나 뿌려지는 경우도 있다. 남편의 폭력으로 살해당한 이주 여성의 경우 이주여성단체들이 나서지 않으면 그냥 묻혀버린다. 그러다 보니 살해당한 이주 여성의 죽음을 이슈화하고 결혼이주여성들이 직면하는 죽음의 현장을 알리고 추모하는 예식은 이주여성단체들의 몫이 되었다.

후인마이 죽음에 천안의 이주단체들에 의해 후인마이를 추모하는 추모제가

---

1   한국이주여성인권센터, 이주 여성 추모제 「나도 그 여성일 수 있어요」, 이주여성 추모제 발표 자료(2012.7.18).

진행된 적은 있지만 이주여성운동 차원으로 진행된 이주 여성 추모식은 2010년부터 시작되었다. 이전에도 결혼이주여성들이 남편에게 살해당한 적이 있었으나 이주여성운동이 정보부족과 폭력 피해 이주 여성을 지원하는 일과 법과 제도를 만드는 일에 집중하느라 살해당한 결혼이주여성들에게는 시선을 돌리지 못했다. 2010년에 부산에서 탓티황옥이라는 베트남 출신 여성이 남편에게 살해당한 사건이 불거지자 그때부터 이주여성운동에서도 이 문제에 관심을 갖고 행동을 하기 시작했다.

나도 그 베트남 여성일 수 있습니다

2010년 7월 9일 새벽 미명에 탓티황옥이라는 한 베트남 여성이 정신질환을 앓고 있던 남편에 의해 살해되었다. 한국에 온 지 겨우 일주일 만에 일어난 일이었다. 탓티황옥은 2010년 2월 7일 중개업체 소개로 47세 한국 남자 장모 씨를 만나 다음날 결혼을 결정하고 2월 18일에 호찌민 한 식당에서 결혼식을 올렸다. 그리고 그해 7월 1일에 혼인동거 비자를 받고 한국에 입국했다. 남편은 8년 동안 정신분열증으로 약을 먹고 있는 환자로서 정신병원에 입원했던 경력만도 57회였는데 탓티황옥은 이런 사실을 모른 채 결혼해서 한국에 왔다. 일주일 되던 날 남편 장 씨는 정신착란 상황에서 아내에게 심한 구타를 가했다. 누군가 "아내를 죽여라"라고 말하는 환청을 듣고는 흉기를 휘둘러 아내를 살해했다고 한다. 탓티황옥은 낯선 이국땅에서 꿈을 이야기할 겨를도 없이 목숨을 빼앗겨버렸다. 아내를 살해한 후 남편이 자신이 사람을 죽였다고 신고를 해서 탓티황옥 죽음이 세상에 알려지게 되었다. 탓티황옥 시어머니는 아들이 정신병자인 것을 알고서도 장가를 보내야 한다는 일념으로 국제결혼을 추진했다.

정신질환자 남편에게 살해당한 탓티황옥 사건은 한국과 베트남 양국에서 엄청난 파동을 일으켰다. 베트남 정부의 분노를 자아내게 만들었으며, 한국에 행해지고 있는 아시아 여성과 한국인 남성의 인신매매성 국제결혼이 문제 핵심으로 부각되었다. 한국이주여성인권센터 활동가들이 부산 시민단체들이 마련한 장례식에 참여했다. 이 자리에서 참혹한 탓티황옥 죽음이 내포하고 있는, 인가도 없는 국제결혼 중개업의 무분별한 알선과 한국인 가족들의 인종차별적 결혼관의 실체를 목격하고서 부산 장례식으로 마무리 할 일이 아니라고 의견을 모았다. 인천여성의전화 '아이다 마을'과 협의해 탓티황옥 살해 사건에 항의하는 기자회견을 하기로 했다. 2010년 7월 20일 오전 11시에 국가인권위원회 앞에서 그동안 가정폭력으로 남편에게 살해당한 이주 여성 인권 상황을 부각시키고 이에 대한 대책을 마련하기 위해서 "나도 그 베트남 여성일 수 있습니다"라는 제목으로 이주 여성들과 함께 기자회견을 하고 국제결혼 중개업의 무분별한 알선과 한국인 배우자와 가족들의 잘못된 가치관을 규탄하고 정부에 재발방지를 촉구했다.

탓티황옥 사건 한 복판에는 사람을 사람으로 보지 않고 이윤 추구를 위한 도구로 삼는 국제결혼 중개업 착취 구조와 우리보다 가난한 나라 사람이라고 함부로 해도 된다는 생각으로 결혼 생활을 영위할 수 없는 사람을 결혼시키는 한국인 인종차별적 가치관이 그 배후에 있었다. 탓티황옥 남편의 어머니는 자식이 정신질환자 인 것을 알면서 아들의 결혼을 감행했다. 탓티황옥 타살을 계기로 정부 측에서도 이런 불상사를 막기 위한 사후 대책 회의가 다각도로 이루어졌다. 그 결과 국제결혼 중개업체에 대한 규제를 강화하는 입장으로 국제결혼 중개업 관리법이 개정되었다. 개정된 국제결혼 중개업 관리법에 의하면 이미 후인마이 사건 때 제정된 집단 맞선 금지에 이어 사실에 입각한 정보교환, 당사자가 이해할 수 있는 언어로 된 계약서 교환 등이 의무 사항으로 추가되었다.

더 이상 억울한 죽음이 없기를!

탓티황옥이 살해당한 지 불과 세달 후인 2010년 9월에 나주에서 강체첵이라는 몽골 여성이 가정폭력에 시달리다 피신해온 고향 후배를 보호하는 과정에서 그 여성 남편에게 무참히 살해당하는 사건이 발생했다. 나주 장례식장에 도착해보니 몽골 출신 이주 노동자들이 일을 쉬어가며 빈소를 지키고 있었다. 여성가족부에 알렸는데도 아무런 반응이 없다고 했다. 순간적으로 "이주 여성의 죽음에도 나라 차별이 있나?" 하는 생각이 들었다. 탓티황옥 사건에는 적극 개입하던 여성가족부가 후배 이주 여성을 도우려다 죽은 의로운 죽음에 나 몰라라 하다니! 몽골 이주 노동자들이 분통해 하고 있었다. "정부가 가만히 있다는 사실에 몽골 출신 이주 노동자들이 화가 나 있다", "어떻게 이렇게 의로운 죽음에 여성가족부가 가만히 있느냐?"고 여성가족부 권익 중진국 국장에게 전화를 걸어 항의한 결과 '백희영' 여성가족부 장관이 장례식장에 오게 되었다. 그러자 관심도 갖지 않던 전남 여성단체장들이 장관 오는 시간에 맞추어 빈소에 왔다. 빈소에 와서도 죽은 이에게 조의를 표하기보다 장관을 만나 인사하느라 여념 없었다. 이 모습을 보고 "이건 경우가 아니지 않느냐? 조문부터 하는게 예의다"라고 항의해 이들이 조문을 하게 만들었다. 장례식 비용이 문제가 되었는데 여성가족부 장관이 장례식에 나타나자 전남 지자체에서 장례식 비용을 지불하기로 해 문제가 해결되었다.

이듬해 2011년 5월 24일 새벽 청도에서 황티남이라는 베트남 여성이 스물세 살 젊은 나이로 한국에 온 지 9개월 만에 남편이 휘두른 칼에 53 군데나 난자를 당해 주검이 되었다. 남편은 칼 하나를 휘두르다가 부러지니 다른 칼로 다시 휘둘렀다고 한다. 출산한 지 불과 19일 만의 일이다. 이웃 신고를 받고 경찰이 갔을 때는 피가 낭자한 엄마 시신 옆에서 아기가 울고 있더란다. 살해당하기 전 황티남은 도박과 폭력을 일삼는 남편과 이혼하고 싶다고 친구들에게 하소연을 하자 친구들은 "아기가 있으니 참고 살아보라"고 말했다고 했다. 그들은 황티남이 죽은 후에 "괜히 자기들이 말려서 친구가 죽게 되었다"고 안타까워했다. 이혼에도 목숨을 걸어야 하다니!

청도에서 황티남이 살해당한 소식을 듣자 대구 이주여성인권센터에서 개입해 빈소를 차렸다. 황티남이 베트남에서 가톨릭신자였다고 해서 청도 가톨릭성당에서 신부님과 교인들이 와서 장례 미사를 집전하고 근처에 있는 화장터에서 화장을 하고 유골을 고향에 보냈다. 후에 아기는 대한변호사협회 다문화가정법률지원위원회 주선으로 아버지 친권을 포기시키고 외조모가 양육권을 얻어 베트남으로 데려갔다.

빈소에서 들으니 6개월 전에 시어머니가 황티남이 잘 씻지 않는다고 가위로 머리카락을 자르고 폭력을 휘두르는 바람에 약 한달 반 동안 이주여성쉼터에서 머무른 적도 있었다고 한다. 시어머니가 강제로 머리를 자른 일은 폭력이 아니니 돌려보내라는 지자체 여성담당관 지시를 받고 집에 보냈다고 한다. 장례식을 마치고 서울에 와서 여성가족부를 찾아 이런 지침이 말이 되느냐고 항의를 했다. "가정폭력 범주를 꼭 남편이 때려야 인정하는 것이냐? 가정폭력 범주를 '가정폭력방지법' 정의대로 시행하라. 이런 지침은 인종차별적이다"라고 항의했더니, 여성가족부가 내린 지침이 아니라 지자체 담당관이 잘못 해석해 적용한 것이라고 발뺌했다. "그렇다면 그 담당관을 징계해야 하는 것이 아니냐?" 하고 항의를 했다. 그 후 이주여성쉼터에서 본인 의사에 반해 돌려보내는 일이 줄었다.

황티남 장례를 마치고 나서 2011년 6월 3일에 가정폭력으로 살해당한 베트남 여성 황티남을 추모하는 추모제를 국가인권위원회에서 열었다. 이 추모제는 황티남 뿐만 아니라 가정폭력으로 죽은 결혼이주여성 모두를 위한 추모제로 진행했다. 그동안 파악한 범위만으로 남편에 의해 다양한 방법으로 살해당한 이주 여성들이 일곱 명이나 되었다. 대구이주여성인권센터에서 만든 살해당한 일곱 명을 애도하는 동영상이 상영되었다.

가난했지만 행복했어요.

고향에서 가족과 친구들과 망고도 따 먹고, 고기도 잡으면서

엄마랑 동생이랑 행복했어요.

멋진 삶을 꿈꿨어요.

못 다한 공부도 하고 싶고 좋은 사람 만나 알콩달콩 가정도 꾸리고

부모님께 기쁨이 되는 멋진 삶을 살고 싶었어요.

그 많은 사람들 중에 날 선택해준 남편이 고마웠어요.

부끄러워 고개도 잘 들지 못했지만

중개업소 이모 말에 따르면 직장도 좋다는 남편이

날 선택해준 게 마냥 고마웠어요.

남편은 참 믿음직했어요.

처음 남편을 보고 믿음직하게 잘 생겼다고 그리도 좋아하셨던 부모님

동생들에게 일일이 용돈을 챙겨주던 자상한 남편이었어요.

난생 처음 입어보는 웨딩드레스는 예뻤어요.

남편과 나는 영화 속의 주인공 같았지요. 결혼식을 하고 신혼여행도 다녀왔어요.

남편은 빨리 초청 서류를 보내겠다며 한국으로 갔어요.

남편은 한국으로 돌아가 매일매일 전화했지요. "아이 러브 유."

드디어 한국으로 오던 날, 울고 계시는 부모님과 동생들을 뒤로 하고

나에게 매일 전화해서 "아이 러브 유"라고 속삭이던

남편이 있는 한국으로 왔어요.

모든 것들이 낯설었지만 남편이 지켜줄 테니 걱정 없었어요.

그런데 그렇게 친절하던 남편이…. 그렇게도 자상하던 남편이….

한국에 온 지 일주일도 채 안 된 나에게 소리를 질렀어요.

알아들을 수가 없었어요. 왜 무섭게 소리를 지르는지 알 수도 없었어요.

천천히 설명해달라고 부탁했지만 소용없었어요.

남편이 없을 때는 시어머니가 내 곁을 떠나지 않았어요.

매일 "야! 야!" 부를 때마다 무서워요.

매일 작은 방 안에 갇혀서 알아들을 수 없는 텔레비전만 보고 있어요.

남편은 시어머니 말만 들어요. 내 말은 듣지 않아요.

내가 설명하려고 하면 때려요. 한국어 교실 보내달라고 하면 때려요.

집 밖에는 나갈 수가 없어. 집 안에서는 숨을 쉴 수가 없어요.

"나는 커튼을 떼어 줄을 만들어 타고 내려가다 떨어져 죽었어요, 내 뱃속 아이와 함께"(레티김동).

"밖으로 나갈 수 없는 나는, 술 먹고 때리는 남편이 무서워 피하다가 떨어져 죽었어요, 아파트 14층에서"(쩐타인란).

"나는 함께 따뜻하고 행복한 삶을 바랐던 남편에게 맞아 죽었어요, 갈빗대 18대가 부러진 채로"(후안마이).

"나는 장가 못 가는 아들이 안쓰러워 시어머니가 결혼시킨 정신이상자 남편 칼에 찔려 죽었어요"(탓티황옥).

"나는 친구들과 자주 도박하는 남편과 다투다가 칼에 수도 없이 찔려 죽었어요, 태어난 지 19일된 내 아이 곁에서"(황티남).

"나는 뜨거운 불길 속에서 죽었어요, 보험금을 타내려는 남편에 의해서"(체젠다).

"나는 매일 남편에게 맞는 불쌍한 친구를 도와주다가 친구 남편에게 칼에 찔려 죽었어요, 내 아이를 두고서"(강체쳌).

"나는 그렇게 죽었어요. 만발한 꽃들이 화창한 이 여름에, 나는 죽었습니다."

"더 이상 억울한 죽음이 없기를!"이라는 이름으로 열린 추모제는 베트남 출신 활동가 레티마이투와 '주한몽골이주여성회' 자르갈 마의 사회로 진행되었다. 동영상을 보면서 참가한 이주 여성들과 선주민여성들이 얼마나 울었는지 모른다. 대구지부 한 베트남 출신 이주 여성 상담원 목소리에 실린 이주 여성 이름이 하나씩 불릴 때마다, 화면 속에 비친 근조 리본에 둘러진 예쁘디예쁜 모습의 영정 사진을 보며 통곡을 했다. 이주 여성들이 추모발언을 할 때 울음소리 때문에 거의 알아듣기가 힘들었다. 추모제가 끝나고 행진을 위해 밖으로 나온 사람들의 얼굴은 눈물로 얼룩져 있었다. 이주 여성들의 호소는 차라리 절규였다.

"지난 몇 년간 간간이 남편에게 살해된 결혼이주여성 소식을 들으면서 이주 여성 죽음이 남의 일이 아니라는 생각이 들었고, 나에게도 그 일이 닥칠 수 있다는 생각에 불안하다."
"이주 여성이 죽지 않아도 되는 세상, 인권을 보호하는 강력한 정책을 마련해 달라."

이주 여성이 죽지 않을 권리

2년 후인 2012년 7월 18일 낮 12시에 대한문 앞에서 남편에게 살해당한 중국 동포 출신 결혼이주여성 김영희(가명)와 이정희(가명) 사건 전모를 밝히고 한국 사회에 더 이상 이주 여성의 죽음이 없도록 해야 함을 알리기 위해서 70개 단체들이 결합해 "이주 여성이 죽지 않을 권리!"라는 제목으로 이주여성추모 집회를 열었다. 그동안 가정폭력으로 죽임을 당한 것은 대부분 동남아시아 결혼이주여성이었다. 중국 동포 결혼이주여성들은 한국어 소통이 되고 한국 문화도 잘 이해한다고 생각되어 한국 사회가 그리 관심을 갖지 않았다. 본인들도 본인들의 수준이 다문화가족지원센터 대상이 아니라고 생각했고, 다문화가족지원센터에서도 중국 동포들에게는 그리 관심을 두지 않았다. 그런데 두 건의 죽음이 발생한 것이다. 한국 사회의 무관심이 빚어낸 참사였다.

비가 오는 가운데에서도 150여 명 이주 여성과 선주민, 이주 노동자들이 전국 각지에서 추모집회에 참여했다. 부산 어울림 이주 여성·다문화가족센터 베트남 출신 상담원 김나현과 한국이주여성인권센터 중국 동포 상담원 김인자가 추모집회 사회를 보았다. 추모집회는 공연예술치료연구회 배경애의 추모공연 '너의 목소리'로 시작되었다. 억울하게 스러져간 이주 여성의 아픔이 절절하게 표현되었다. 몽골, 필리핀, 한국계 중국 출신인 결혼이주여성 발언도 있었고, 선주민 여성 발언도 이어졌다. 특히 대구에서 올라온 중국 유학생들이 '고향의 구름'이라는 노래를 불렀을 때 많은 참가자들이 눈물을 금하지 못했다. 피켓에 '이주 여성들이 죽지 않을 권리', '부부 싸움에 가정폭력은 안 됩니다', '때리는 남편, 이웃에서 신고합시다' 등이 있었는데, 한 이주 여성은 "체류권 때문에 맞아도 참고, 괴롭혀도 참고…"란 문구가 제일 가슴에 와 닿았다고 했다.

이날 추모제에서 이주 여성들은 "이주 여성이 가정폭력으로 계속 죽어도 반응이 없는 한국 사회, 우리는 두렵습니다"라는 제목으로 성명서를 발표하면서 "이주 여성들이 안전하게 살 수 있도록 대책을 마련해주십시오, 우리를 죽게 내버려두지 마십시오"라고 울부짖었다. 참석자들은 "또 다시 연이어 발생한 남편에 의한 결혼이주여성 살해 사건, 한국 사회는 도대체 무얼 하고 있습니까?"라는 성명서를 발표하고 한국 정부와 사회에 이주 여성 인권 보호를 위한 대책을 세울 것을 촉구했다.

추모제 후 참석 단위 중 직접적으로 이주 여성 인권 활동을 하는 12개 단위가 모여 '이주 여성이 안전하게 살 권리 확보를 위한 연대' 틀이 만들어져 이주 여성이 당하는 폭력을 줄여보고자 했지만 다음 해에도, 그다음 해에도 이주 여성 추모제를 해야 했다.

우리는 죽으러 오지 않았다

2014년 한 해에 결혼이주여성 여섯 명이 죽임을 당했다. 새해 벽두인 1월 14일에는 강원도 홍천에서, 1월 23일에는 경남 양산에서 베트남 출신 결혼이주여성 두 명이 남편에 의해 살해당해 짧은 생을 마감했다. 7월 24일에는 남편이 베트남 출신 아내를 교통사고로 위장해서 죽였다. 8월 23일에는 아내 이름으로 몇 억대의 보험을 든 다음 보험금을 타낼 목적으로 임신 7개월 중인 25세의 캄보디아 출신 아내를 교통사고로 위장해서 죽였다. 12월에는 22세의 베트남 출신 결혼이주여성이 남편과 이혼 후 부평초처럼 떠돌다가 음식점에서 만난 한국 남성에게 살해되었다. 이 여성들 모두 희망을 안고 한국에 왔다가 어처구니없이 죽임을 당한 이주 여성들이다. 이 중 다섯 명은 남편에 의해 죽임을 당했고, 한 명은 남편에게 버림받아 생존을 위해 들풀처럼 떠돌다가 한 한국 남성에 의해 죽임을 당했다.

한 해 마지막을 하루 앞둔 2014년 12월 30일에 서울 대한문 앞 광장에서 남편에게 죽임을 당한 결혼이주여성들, 성폭력을 거부하다 살해당한 이주 여성, 그리고 세월호 참사로 죽어간 이주 여성 한명을 포함해 모두 일곱 명을 추모하는 집회가 "우리는 죽으러 오지 않았다!"라는 제목 아래 촛불 추모제가 열렸다. 이 자리에는 곡성에서 살해당한 이주 여성 친구인 홍○○ 씨가 참여해 한국 사회에 적응하고, 다른 이주 여성을 도우며 적극적으로 살던 피해 여성의 삶을 이야기하며 추모의 뜻을 표했다. 서울시 외국인 명예부시장 이해응은 이주 여성 문제만이 아닌 여성에 대한 폭력임을 지적하며, 폭력에 관대하지 않은 사회가 되기를 요청했다. 제주에서 사망한 이주 여성 장례를 지원한 사단법인제주평화공동체 한용길 사무처장은 이주민에 대한 사회적 편견과 무시를 지적하며 우리 사회가 변화해야 한다고 강조했다. 한국여성의전화 정춘숙 상임대표는 한 해 가정폭력으로 죽어가는 선주민 여성이 130여 명에 달한다며, 폭력에 대한 강력한 제재와 이주 여성 아픔에 대한 연대를 표했다.

캄보디아 이주 여성으로 추모 발언에 나선 행복렝은 좋은 일로 만나고 싶은 이주 여성 친구들을 추모제에서 만나게 되었다며, 눈물로 말을 잇지 못했다. 몽골 이주 여성인 최서영은 "이주 여성에 대한 폭력이 더 이상 용납되지 않는 한국 사회가 되어달라"고 호소했다. 이날 이주 여성 추모제는 '추모' 두 글자를 새기는 촛불 의식을 끝으로 마무리되었다. 세월호 참사를 애도하는 노란 리본에 둘러싸인 대한문 광장에서 올리는 이주 여성 추모제는 그래서 더욱 비감했다. 추모제에서 "나도 그 여성일 수 있다"며 가슴을 치던 한 이주 여성은 이런 추모사를 남겼다.

저는 당신에게 해줄 게 아무것도 없지만 이 말을 당신에게 꼭 전해주고 싶습니다.

미안해요, 도와주지 못해서.

미안해요, 보호해주지 못해서.

그리고 미안해요, 아무것도 해줄 게 없어서.

그러나 당신이 못다 살다간 이 한국 땅에서 또 다른 당신이 생기지 않도록

남아 있는 우리들이 지켜낼 것을 약속합니다.

이제 당신이 품었을 희망을 키워나갈 터이니

이곳 한국에 남겨진 한과 안 좋은 기억들을 다 버리고

부디 하늘나라에서 편안히 쉬시고 여기에 있을 때보다 더 행복하게 살기를 바랍니다.

13

슬픈 동행

정당방위로 남편을 죽인 이주 여성 구명운동

많은 결혼이주여성이 남편에 의해 죽임을 당하는 가운데 이주 여성이 남편을 죽이는 딱한 경우가 발생했다. 일상적으로 폭력에 시달리는 여성이 아이를 살리기 위해 남편을 죽인 사건이다. 뱃속 아기에게 발길질하는 남편을 방어하느라 칼을 들었다가 실수로 남편을 죽게 한 캄보디아 여성 '초은'과 '행복한 가족'이라는 글을 써서 행정자치부로부터 다문화대상을 받았으나 아이에게 폭력을 일삼은 남편을 죽인 '이순'의 경우다.

2009년 1월 31일 새벽 대구에서 초은이라고 불리는 18세 된 캄보디아 여성이 남편을 칼로 찔러 병원에 옮긴 지 3일 만에 남편이 죽은 사건이 발생했다. 초은은 2008년 4월 17세의 나이로 20살 연상인 38세의 지체장애 4급 한국인과 결혼했다. 초은의 진술에 따르면 남편은 일주일에 3~4회 이상 술을 마셨고, 술을 마신 날이면 자신을 때리고 소리를 지르며 위협할 뿐만 아니라 새벽까지 무릎을 꿇고 똑바로 앉아 있도록 해 매우 고통스러웠다고 한다. 사건도 이런 연속적 폭력 과정에서 일어났다.

당시 초은은 임신 3개월이었다. 사건 당일, 남편은 술집에서 친구들과 술을 마셨고 초은도 함께했다. 그 자리에서 남편이 담배를 피우자 초은은 임신에 담배 연기가 안 좋으니까 피우지 말아달라고 부탁했다. 그러자 남편은 초은을 때리려 했고, 이를 본 남편 친구들이 아내한테 그러면 안 된다고 만류하자 말리던 친구와 싸움이 붙었다고 한다. 그 후 남편 친구 집으로 옮겨 2차를 했는데 거기서도 남편은 계속해서 술을 마셨다. 그때 집주인인 친구가 다른 친구 연락을 받고 남편 만류에도 불구하고 밖으로 나가자 남편은 더욱 화가 났다. 초은은 이러한 남편 모습에 너무 마음이 상해서 남편 친구 집 방 한구석에서 울자 남편은 초은이 운다고 때렸다. 나갔던 친구가 돌아오자 남편은 친구들을 억지로 노래방에 데리고 갔다. 초은은 남편 친구 아파트에 남아 있었다. 얼마 후 남편이 화가 나서 돌아왔는데 친구 두 명이 사라졌기 때문이다.

친구 아파트에서 나온 초은 부부는 집으로 가기 위해 택시를 탔는데, 남편은 초은이 운다면서 휴대전화로 머리를 때렸다. 초은이 그러지 말라는 뜻으로 남편 오른쪽 다리를 살짝 쳤더니 남편이 격분해 욕을 하면서 얼굴과 머리를 마구 때렸다. 집에 도착한 남편은 항상 그래왔듯이 슈퍼에 술을 사러 갔고, 그 사이에 초은은 아파트 경비실에서 시어머니에게 전화를 걸어 도움을 요청했다. 그러나 시어머니는 밤이 늦었으니 참고 자라고 하며 전화를 끊었다. 초은이 집에 들어갔더니, 남편이 시어머니에게 고자질을 했다며 초은을 마구 때리기 시작했다. 겁이 난 초은은 남편에게 겁을 줄 요량으로 부엌에서 칼을 들고 와서 때리지 말라고 하자 남편이 더욱 화를 내며 초은 앞으로 걸어왔다. 이에 초은은 엉겁결에 칼을 내밀어 남편 옆구리를 찌르게 되었다. 남편이 쓰러지자 너무 당황한 초은은 혼비백산한 상태로 남편 친구 집으로 택시를 타고 가서 도움을 요청했다. 돌아와 보니 남편은 본인이 119에 전화를 해서 병원으로 옮겨졌으나 3일 만에 숨지고 말았다. 초은의 캄보디아 친구는 가끔이긴 하지만 남편이 자기를 때린다고, 술을 너무 자주 많이 마신다고, 남편이 술을 마시면 너무 무서운 사람이 된다고 말했다고 전했다. 열여덟 살이라는 어린 나이에 임신까지 한 상태에서 남편이 술을 마시고 자신을 향해 쏟아내는 분노는 매우 위협적으로 느껴졌을 것이다. 사건 당일도 이미 이제까지의 남편 태도로 미루어 자신과 뱃속 아이가 위험할 수도 있겠다는 극심한 공포 앞에서 방어기제가 작용, 부지불식간에 칼을 들게 되었다고 했다.

이 글은 재판 과정에서 초은이 증언한 내용을 기술한 것이다. 이 사건은 비록 우발적으로 일어난 것이기는 하지만 한편 예고된 것이기도 했다. 초은 사건에는 두 가지 그림자가 있다. 하나는 결혼이주여성이 겪는 폭력의 실체에 대한 것이요, 다른 하나는 한국 사회에서 행해지는 국제결혼의 실상에 대한 어두운 그림자다. 중개업체 알선으로 한국에 들어와 살고 있는 많은 여성들이 가정폭력에 시달리고 있다. 누가 봐도 폭력으로 인정할 수 있는 구타 외에 무형적 폭력으로도 고통받고 있다. 남편이 술을 먹고 괴롭히거나 말을 못한다며 돌대가리라고 쥐어박거나 툭하면 본국으로 쫓아버린다고 협박하는 것 등이다. 무형적 폭력의 경험이 오래되면 자기도 모르는 사이에 심리적으로 방어기제가 생기고 같은 폭력이 발생하면 자신을 보호하기 위해 순간적으로 공격적인 방어 행동을 취하게 된다. 그 결과 자신이 의도하지 않은 뜻밖의 결과를 낳기도 한다. 초은의 경우도 이 범주에 해당한다.

초은이 가정폭력 피해자이면서도 남편 살해라는 죄명으로 법정에 서게 되자 한국이주여성인권센터와 대구이주여성인권센터 주도하에 60여 개 단체가 공동으로 '가정폭력 남편 살해 캄보디아 여성(가명 초은) 구명운동'을 전개했다. 비록 살인을 했지만 뱃속 아기를 구하기 위해 한 정당방위라고 판단했기 때문이다. 초은은 구명운동 결과 징역 4년형을 선고받았고, 1년 후인 2010년 8월 광복절 특사로 풀려나 캄보디아로 추방되었다. 다음은 초은 귀국 길 동행

이야기다.

초은과의 동행, 그 짧고도 긴 여정!

초은은 교도소 생활을 하다 부산의 한 시설에서 아기를 낳았다. 아기는 태어난 지 20일 만에 외할머니 품에 안겨 캄보디아로 갔고, 초은은 다시 청주 교도소에 수감되었다. 초은이 청주 교도소로 이감되었다는 소식을 듣고 청주에 있는 당시 한국이주여성인권센터 충부지부 충북이주여성인권센터 고은영 대표와 연결해서 이후 충북지부에서 쭉 초은을 돌보았다.

그녀가 8월 15일 광복절 특사로 석방되어 8월 21일 귀국한다는 소식을 듣게 되었다. 그 이야기를 듣는 순간, 문득 초은을 홀로 보내서는 안 된다는 생각이 들었다. 당장은 석방되어 돌아간다는 사실, 엄마와 딸을 만나게 되었다고 기뻐하겠지만, 홀로 다섯 시간 비행기 안에서 떠오를 회한들 — '죄인이 되어 돌아간다'는 착잡함, 마을 사람들의 시선에 대한 걱정, 딸 빛나의 미래에 대한 걱정 등등 — 마음이 무거울 초은! 우리가 동행한다면 위안과 격려가 될 수 있지 않을까 하는 마음에서였다. 그리고 캄보디아에 돌아가도 딸과 함께 정착하기가 어려울 텐데 그 일에 도움이 되고 싶었다. 그래서 당시 충북이주여성인권센터 고은영 대표와 함께 동행할 준비를 시작했다. 우선 21일에 떠나기로 한 귀국 일정을 초은의 동의하에 외국인보호소 측과 의논해서 24일로 늦추었다. 동행 준비를 하면서도 내 머리를 떠나지 않는 생각은 '만일 초은의 딸 빛나가 커서 엄마로 인해 자기 아빠가 죽은 것을 알게 되었을 때 그들이 감당해야 할 충격과 고통을 어떻게 해야 하는가?' 하는 것이었다. 그 충격을 최소화하기 위해서도 초은이 캄보디아에서 잘 정착하는 것이 중요하다고 생각했다. 우리의 동행 소식을 들은 언론에서 취재를 요청해왔지만 거절했다. 그의 귀국을 이슈화하는 것은 도움이 되지 않는다는 판단에서였다.

초은의 귀국 길 이틀을 동행했다. 2010년 8월 24일 저녁 비행기로 가서 26일 밤

비행기로 돌아왔으니 2박 3일 여정인 셈이었다. 24일 오후 초은의 비행기 좌석을 확인하고 그 옆자리를 배정받았다. 7시 30분 비행기 문이 닫히기 바로 직전에 초은이 스튜어디스와 함께 들어왔다. 고 대표가 초은을 얼싸안고 뜨겁게 환영했다. 바로 전날 면회를 했는데도 말이다. 비행기에서 귀국하는 소감을 물었다. "돌아가서 딸 빛나를 볼 생각을 하니 기쁘고, 시댁 식구에게 미안하다. 빛나를 잘 키워 시어머니에게 보이면 시어머니도 마음이 풀리지 않겠느냐, 한국에 많은 정을 느낀다. 돌보아준 사람들에게 감사하다"라는 인사를 전했다. 한국에 산 지 3년이 채 안 되는 짧은 기간이었음에도 한국말 이해가 빠른 편이다.

캄보디아에 도착하니 캄보디아 출입국 직원들이 대기하고 있다가 초은을 데려갔다. 우리도 따라붙었다. 그들은 초은에게 우리가 누구냐고 묻고는 한국에서 돌보아주고 같이 온 사람들이라고 했더니 같이 있도록 허락했다. 공항출입국사무소에서 서류 심사가 진행되었다. 이것저것 묻더니 우리에게 엄지손가락을 쳐들어 보이며 고맙다는 인사를 했다. 우리를 마중 나온 후배 '김형기' 선교사 말에 의하면 캄보디아에 사는 동안 공무원에게 고맙다는 인사를 받아보는 것은 처음이라고 했다. 캄보디아 출입국 직원들도 초은의 사연을 알고 있었는데 우리의 마음 씀씀이가 매우 고마웠나보다. 원래는 초은 어머니와 가족들이 초은을 데리고 가야 하는데 우리가 하룻밤 같이 자고 다음 날 데려다 주겠다고 하니 허락해주었다.

밤에 초은과 이런저런 이야기를 나누었다. 무엇을 하고 싶으냐고 물었더니 처음에는 기술을 배우고 싶다더니 사실은 공부를 하고 싶단다. 한국을 떠나올 때는 초은의 자활을 위해 캄보디아 '여성폭력피해지원센터'가 운영하는 쉼터에 아기와 함께 위탁하려고 했다. 초은이 고향에 살기 어려울 것 같아서였다. 캄보디아 여성 쉼터는 가정폭력, 성폭력, 인신매매 피해 여성을 위해 숙식을 제공하며 기술교육을 하는 자활센터로서 아기도 함께 살 수 있는 곳이었다. 3년 전 이곳을 방문해 서로 연대하기로 약속한 터였다. 기술을 배우고 싶다고 했을 때는 이 단체를 생각했으나 공부를 하고 싶다고 하니 그 꿈을 이루어주고 싶었다. 초은과 이야기를 나누면서 상당히 똑똑하고 한국어도 잘하기에 공부를 계속하면 전망이 있겠다는 생각이 들었기 때문이다.

후배가 운영하는 문화센터에서 이 문제를 함께 의논했다. 초은 어머니가 아기 빛나를 돌보고 초은은 공부를 계속하는 것이 가장 좋은 길이라는 의견이 모아졌다. 초은은 8학년(한국의 중학교 2학년)을 마친 상태여서 9학년에 들어가 중학교 졸업장을 따고 고등학교에 입학하는 것이 바람직하다는 의견이 모아졌다. 초은이 공부를 계속한다면 방을 얻는 일, 학교 입학 절차를 수속하는 문제 등 학교에 관한 문제는 후배 목사 부부가 책임지기로 했다. 초은도 "학교에 다닐 수 있게 되면 좋겠다, 새 꿈을 가질 수 있게 되었다"고 기뻐했다. 이건 초은 어머니가 계속 빛나를 키운다는 전제하에서 가능한 일이기 때문에 어머니 동의가 필요했다.

초은의 집은 프놈펜에서 앙코르와트로 가는 중간 마을에 있었다. 초은은 우리가 마련해준 휴대전화로 어머니께 미리 연락을 해두었기 때문에 초은 식구들이 모두 기다리고 있었다. 초은네 식구는 아버지는 돌아가시고 어머니와 결혼한 오빠, 언니와 아직 어린 여동생과 남동생이 함께 살고 있다. 캄보디아는 아직도 모계사회 유습이 있는지라 이미 결혼한 언니, 오빠네 식구도 어머니 집 주위에 모여 살고 있었다. 마침 3일 후인 8월 29일이 빛나 첫돌이 되는 날이었다. 초은은 아홉 달 만에 딸을 처음 안아보았다. 아기는 엄마를 오랫동안 떨어져 있던 터라 낯가림을 하며 할머니만 찾았다. 초은은 이런 딸을 억지로 끌어안으며 매우 섭섭해했다. 시간이 지나면 괜찮아진다고 위로했지만 옆에서 지켜보는 우리도 마음이 좋지 않았다. 아기가 잠든 것을 보고 어머니와 초은 미래에 대한 이야기를 나누었다. 우리가 빛나 양육비를 지원한다면, 초은이 돈이 없어 중단한 공부를 계속할 수 있으니 어머니도 좋다고 동의했다.

다음으로 해결할 것은 빛나의 법적인 문제였다. "빛나가 한국 국적이다, 캄보디아 국적이다" 서로 의견들이 분분했기에 빛나의 여권을 보았더니 한국 국적이었다. 그러면 캄보디아에서 이중 국적을 얻어야 하는지, 출생신고 문제는 어떻게 해야 하는지 등을 정리하는 게 중요한 문제로 떠올랐다. 이를 위해 다음 날 '이주와 개발' 세계 포럼에서 알게 된 변호사 토이를 찾았다. 그는 우리 식으로 말하면 '가정법률 상담소' 같은 데서 활동하는 분으로 국제회의에서 만난 적이 있고, 쉼터에 있던 캄보디아 여성 여권 문제를 도와주고 있는 터였다. 빛나와 초은의 법적 문제를 의논했더니 자기가 책임지고 해결하겠다고 했다. 중요한 문제는 예상보다 잘 해결된 셈인데 초은이 학교 공부를 계속할 수 있도록 장학금을 모으는 과제가 남았다. 출국할 때 한국에서 지인들로부터 돈을 모금해 갔는데 후배에게 맡겨 학교 입학하는 데 필요한 경비로 쓰도록 했다. 생활비를 포함한 학비가 한 달에 200달러, 1년에 2500달러가 필요하다고 했다. 돈을 쌓아놓고 일을 하는 것이 아니라 필요하면 주변의 도움으로 어떻게든 해결하는 삶을 계속 살다 보니 잘 되겠지 하는 마음이다. 불과 이틀 동안 짧고도 긴 여정! 그래서 몸은 고단했지만 마음은 가뿐했다.

그렇게 조심했음에도 불구하고 초은과 동행한다는 기사가 모 일간지에 실렸을 때 한국인의 반응은 두 가지였다. "왜 살인을 정당화하느냐?", "장애인인 줄 알고 왔으면 감수하고 살아야 하는 게 아니야?", "왜 당신네 단체는 이런 범죄자를 도와주느냐?" 등의 항의를 많이 받았다. 다른 한쪽에서는 "초은과 아기에게 도움이 되고 싶어 후원금을 보낸다", "잘 생각했다", "많은 힘이 될 것이다", "좋은 일을 한다" 등 서로 다른 반응을 보였다. 그건 초은 재판 과정에서도 계속 부각되었던 반응들이다. 초은은 가정폭력 피해자이면서 그 방어 과정에서 가해자로 입장이 바뀌어 살인자가 되고 말았다. 열여덟 살 어린 나이에 낯선 나라로 시집와서 임신 상태에서 가정폭력으로 남편을 살해하게 되고, 수감생활 중 출산해서 20일 만에 자식을 떼어 보내고 다시 감옥살이를 하고… 보통 사람이 일생을 통해서도 겪어 보지 못할 일을 불과 2년 사이에 겪고, 스무 살 나이에 혼자 자식을 길러야 하는 그 질곡을 누가 만들어냈는가?

우리가 초은 문제에 관심을 갖는 것은 이것이 한 개인의 문제가 아니라 결혼이주 여성이 직면하는 심각한 가정폭력 후유증을 극단적으로 보여주는 거울이기 때문이다. 가정폭력 피해자이면서도 남편 살해라는 죄명으로 법정에 섰다가 특별사면으로 고향에 돌아간 캄보디아 여성 초은! 그가 겪은 것과 같은 고통을 다른 이주 여성들이 겪지 않기를 바라는 마음이 간절하다.

중국 동포 이순의 슬픈 모성

그러나 원하지 않는 사건이 또 발생했다. 이순이라는 중국 동포 출신 이주 여성이 남편을 살해한 사건이 또 발생한 것이다.

… 저와 남편은 수많은 국제결혼 부부 중에서 드물게도 연애로 결혼한 부부입니다. 우리는 싸이월드 미니홈피로 서로 알게 되었습니다. 우리는 첫 만남에 세상에서 제일 사랑하는 사람, 평생 삶의 동반자임을 한눈에 알아보았습니다. 저에게 소원이 무엇이냐고 물어본다면 남편의 건강입니다. 남편은 지금 병마와 싸우고 있는 중입니다. 밤새도록 아파하는 남편을 보면서 아무것도 해줄 수 없어 안타깝기만 합니다. 이렇게 병과 싸우며 아파하는 남편은 자기 자신보다 저와 아이들을 더 생각해주고 챙겨줍니다. 저의 사랑과 정성으로 남편이 건강해질 그날까지 최선을 다할 것입니다. 그래서 오늘도 파이팅합니다.[1]

이 글은 이순이라는 이주 여성이 쓴 '행복한 가족'이라는 글로 행정안전부에서 주최한 '다문화 가족 정보화대전'에서 버금상을 수상한 작품이다. 그 이순이 2010년 10월 13일 경북 청송에서 결혼 4년 만에 폭행과 욕설을 견디다 못해 남편을 흉기로 살해했다. 이 사건이 알려지자 마을 사람들은 믿기지 않는다는

---

1   행정안전부, 보도자료, 2009년 6월 24일 자.

분위기였다. 평소 이순이 열심히 살려고 노력했고, 마을 어른들께도 인사성이 밝고 성격도 좋았기 때문에 잘 사는 줄 알았다는 것이다. 사건을 늦게야 알게 되어 초은처럼 정당방위임에도 구명운동을 놓친 안타까운 사건이었다.

중국 동포 이순은 한국에서 물의를 빚고 있는 국제결혼 중개업체의 알선이 아니라 인터넷 채팅으로 만나 서로 사랑에 빠져 연애하다 결혼했다. 나이도 남편은 30세, 아내는 27세로 엇비슷했다. 또 중국 동포이기 때문에 의사소통에 어려움도 없었다. 그러나 막상 결혼하고 보니 남편은 직업이 없는 기초생활수급자로 오랫동안 우울증과 기면증을 앓아왔다는 걸 알게 되었다. 남편은 낮에는 자고 저녁에는 인터넷으로 밤을 지새우곤 했다. 정신 건강이 불안정한 상태에서 툭하면 구타하고 의자를 집어던지며 폭행했다. 유치장에서 이순을 진료한 정형외과 의사에 의하면 어깨와 손에 타박상에 의한 상처가 있었고 오른쪽 눈 위쪽은 멍이 든 상태였다. 이순이 이렇게 맞으면서도 결혼 생활을 견뎌낸 것은 다른 사람과 달리 본인은 연애결혼을 했다는 자부심과 또 화가 나면 때리다가도 기분이 좋으면 잘해주었기 때문이었다. 이는 가정폭력 가해자의 전형이다.

자신의 고통을 숨기며 '행복한 가족'이라는 글을 썼던 이순이 남편을 죽일 수밖에 없었던 것은 두 아이 때문이었다. 이순 남편은 이순뿐 아니라 아이들도 발로 차곤 했다. 마트에서 네 살짜리 아이가 서 있는데 남편이 카트를 밀어 죽일 뻔한 일도 있었다. 시아버지 진술에 의하면 사건 전날만 해도 아들이 애들을 죽이고 자기도 죽어버리겠다고 했다고 한다. 시아버지는 며느리가 "아이들을 지키고자 하는 마음에서 칼을 든 것 같다"고 진술했다. 이렇게 참담한 사건들을 접할 때마다 이주 여성의 불안은 커져간다. '나'도 그 여성일 수 있기 때문이다.

이순이 쓴 글은 병든 남편을 돌보며 희망을 잃지 않고 열심히 살아가겠다는 내용으로 구성되어 있었다. 이런 내용 때문에 대상으로 수상된 듯한데, 실상 그 글을 쓴 이주 여성은 한국 사회가 기대하는 이주 여성상을 알기 때문에 남편에게 당하는 폭력을 숨긴 채 자기 삶을 희망적으로 묘사한 것이다. 이주 여성들의 자기희생을 나쁘다거나 가치 없다고 폄훼하는 것이 아니다. 그러나 한국 사회가 이렇게 자신을 희생하며 살아가는 결혼이주여성을 미화하고 장려하는 한, 이주 여성은 한국 사회가 기대하는 이지러진 초상 속에서 자아를 죽이며 살아가야 할 것이다.

이순 사건은 너무 늦게 사건을 알게 되어 아무런 대처를 하지 못했다. 바로 알았다면 초은의 경우처럼 구명운동에 나섰을 텐데 안타깝기 그지없다. 더 안타까운 것은 이주 여성이 남편에게 죽임을 당하거나 살기 위해 남편을 죽여야 하는, 삶과 죽음의 기로에 서 있게 만든 우리 사회의 야만성이다.

정신치료감호소에 있는 베트남 이주 여성과의 동행

2015년 2월 14일 28살 베트남 출신 이주 여성 K가 자신이 살던 다세대주택에서 남편을 둔기로 때려 숨지게 하고 시신을 유기한 사건이 발생했다. K는 19세이던 2006년 한국인 남편 김 씨와 결혼해 9년 동안 한국에 살았고 남편과의 사이에 자녀도 한 명 있다. 한국에서의 삶은 매우 어려웠다. 2015년 초부터 정신이상 증세를 보였지만 가정 형편이 어려워 치료를 받지 못했다. 그 후유증으로 정신착란을 일으켜 남편을 살해한 것이다. 남편이 입고 있던 옷, 살해에 쓰인 둔기, 시신을 숨겼지만 이웃의 신고로 체포되었다. 2015년 5월 8일 검찰은 중한 범죄이므로 엄하게 다스려야 한다고 10년을 구형했다. 통상 살인죄는 20년 이상을 구형하지만 K의 정신병력과 한국인으로 귀화할 정도로 가정생활에 성실했다는 점을 참작했다고 한다.

한국에 그녀를 도와줄 사람이 전혀 없는 상황에서 다행히도 지역의 다문화가족지원센터가 나서서 K를 지원했다. 이 사건 직후 아이는 아동지원센터에서 보호하고 있으나 K는 정신이상이 더욱 깊어져 국립법무병원 ○○치료감호소에서 감호치료 중이다. 한국이주여성인권센터가 정신감호소에 있는 K에게 영치금을 지원하고 있는데 이 돈으로 생리대 등 필요한 물품을 해결한다. 건강 상태가 좋아지고 있어 퇴소가 되어 감옥으로 갈지 그 귀추를 지켜보아야 한다.

K의 경우처럼 한국에 오기 전에는 정신적으로 아무런 이상이 없던 이주 여성이 한국에서 경제적·문화적으로 갈등을 겪고 자녀를 출산하는 과정에서 정신이상을 일으키는 사례가 간간히 발생한다. 그 때문에 이혼을 당하기도 하고 병이 깊어져 도저히 한국에서 살 수 없어 본국으로 귀환하기도 하는데, 본국에 가면 나아지기도 한다. 그러나 본국에 연고가 없는 경우에는 딱한 처지에 놓인다. 간혹 이런 이주 여성을 어떻게 하면 좋겠느냐고 물어올 때는 시원한 대답을 할 수 없어 안타깝다. 정신이상으로 남편을 죽이고 치료감호소에서 지내고 있는 K에게 이 낯선 땅에서 당신이 혼자 있는 것이 아니라며 작은 손길을 내밀 뿐이다.

국제이주기구International Organization for Migration: IOM 의 『인신매매 피해자 직접 지원을 위한 핸드북』에 의하면 '피해자가 출신국이나 지역 사회로 귀환하는 것이 항상 최선의 해결책이 되는 것은 아니다'라고 소개한다.[2] 이주 여성들이 모두 가정폭력 피해자는 아니지만, '가정폭력방지법' 정의를 적용할 경우 대부분의 결혼이주여성을 폭력 피해 적용 대상으로 고려할 수 있다. 국제이주기구의 설명처럼 이주 여성의 경우 출신국으로 돌아가기 어려운 이들도 있고, 또 출신국으로 돌아가는 것을 원치 않는 경우도 많다. 또 돌아간다 할지라도 다시 이주하게 되는 '이주의 악순환' 현상에 직면하게 되는 경우가 발생한다. 사실상 이주 여성에게 귀환은 최선의 길이 되기 어렵다.

그럼에도 귀환하는 이주 여성의 경우 유엔인권위원회가 제정한 '피해자의

---

2   국제이주기구(IOM), 「인신매매피해자직접지원을 위한 IOM핸드북」(국제이주기구(IOM), 2010), 70쪽.

회복 조치 권리에 관한 기본 원칙'에 의하면 피해자의 권리로 구제받을 권리, 원상회복, 손해배상, 사회 복귀 등의 조처가 있다.[3] 국제결혼 중개업체의 알선으로 결혼 이주한 여성들은 대부분 상처를 입고 귀환하게 된다. 상처 입고 귀환하는 이주 여성의 회복 조치에서도 이 4원칙이 그대로 적용되어야 한다. 그런데 귀환이주여성들에게 과연 구제받을 권리를 주창할 권리를 보장하는 제도가 마련되어 있는가? 과연 귀환이 원상회복의 길이 될 수 있는가? 사회 복귀가 귀환해서의 재통합을 말하는 것인가?

귀환이란 단순히 집에 돌아가 가족과 만나는 것이 아니다. 피해자의 자존감 회복, 인권 회복이 전제되는 귀환이어야 하며, 이것이 원상회복이다. 이주 여성 귀환 지원이 비행기 표를 사서 공항에 보내는 것으로 끝나서는 안 되는 이유다. 이런 원칙이 있고 이주여성운동단체들이 여성의 안전한 이주를 말하면서도 한국에 거주하는 폭력 피해 이주 여성의 인권 보호와 사회안전망을 구축하느라 안전한 귀환, 회복의 귀환에 관심을 갖고 준비하지 못했다. 솔직히 그럴 여력도 없다. 이주 여성과 슬픈 동행이나마 할 수 있는 것이 다행이다.

---

3 Report of the independent expert on the right to restitution, compensation and reha-bilitation for victims of grave violations of human rights and fundamental freedoms, E/CN.4/1999/65.8 Feb.1999 Theo Van Boven, gross violations of human rights and international humanitarian law rights to reparation; 한국정신대문제대책협의회, 「한국정신대문제대책협의회 창립 20주년 기념 국제심포지엄 자료집: 2010년 일본군 '위안부' 문제를 말한다」(한국정신대문제대책협의회, 2010), 67쪽 양현아의 인용문에서 재인용.

제**5**부

글로컬 운동
아시아-한국-유엔을 잇다

이주 여성의 인권을 보호하고 한국에서 개인 안보를 보장받으며 안전하게 살 수 있도록 지원하는 일은 몇몇 이주여성단체의 힘만으로는 부족하다. 이주 여성들의 인권 문제가 터질 경우 이주여성단체, 이주단체, 여성인권단체와 시민단체를 연결해 문제를 해결하는 길을 모색하곤 한다. 이주 여성이 한반도 전 지역에서 살고 있어 지역과의 연대는 필수적이다. 같은 사안을 두고 국내 단체들이 경쟁적으로 일을 벌이지 않고 상호 간에 네트워크나 연대 틀을 형성해서 활동을 펼쳐나가는 것은 일의 소모성을 줄이고 생산적인 효과를 거둘 수 있는 좋은 방안이기도 하다. 또한 '이주'라는 것이 국제적인 일이기 때문에 송출국과 유입국 단체나 개인들과의 연대가 필요하다. 특히 인신매매성 국제결혼을 방지하기 위해서는 송출국만의 노력이나 유입국만의 노력으로는 불가능하다. 따라서 이주 여성의 인권 향상을 위한 국내 활동뿐 아니라 한국-아시아-유엔을 잇는 국제연대 활동이 중요하다.

14

이주 여성, 우리 이웃입니다

　이주 여성의 인권 향상을 위해서는 법·제도 제정과 인프라 구축, 사건이 터졌을 때 대응하는 것도 필요하지만, 이주 여성을 차별하지 않는 시민의 인식 개선이 무엇보다 중요하다. 2007년 유엔인권위원회는 한국 정부에 한국인이 갖고 있는 단일민족사상이 인종차별을 부추길 수 있으므로 이를 시정할 것을 권고한 바 있다. 정부가 열린 다문화 사회의 구현을 주창함에도 불구하고 한국 사회는 여전히 인종차별과 외국인에 대한 편견으로 한국에 거주하는 이주민들에게 불안한 삶을 가중시키고 있다.

　그렇다고 한국인이 모든 외국인을 혐오하거나 그들에게 배타적인 것은 아니다. 이른바 선진국 사람이나 백인에 대해서는 아부라고 할 정도로 우호적인 태도를 보이는 데 비해 아시아나 아프리카 출신 이주민들에게는 매우 배타적이고 편협한 시각을 보인다. '외국인 혐오증'도 철저하게 아시아계나 아프리카, 남미 계통의 외국인에게 초점이 맞춰져 있다. 다음은 서울의 대표적인 외국인 거주 지역 '가리봉동'(조선족)과 '서래마을'(프랑스인) 두 곳을 찾아서 살펴본 한국 사회의 이중적인 태도에 대한 2012년 4월 21일 자 ≪헤럴드 경제≫ 기사다. 기사는 외국인이 밀집해 사는 강남 반포4동과 방배본동에 위치한 서래마을과

구로구 가리봉동과 대림동 일대를 비교하면서 외국인에 대한 한국인들의 상반된 시각을 보여준다. 서래마을은 프랑스인들의 집성촌으로 프랑스 사람은 물론 유명 연예인들이 거주하는, 땅값 비싼 고급 지역으로 유럽풍 레스토랑과 멋진 가게들이 많은 곳이다. 기사에 의하면 평일은 물론, 주말에도 이곳을 찾는 한국인들이 많다고 하는데 이곳에서는 외국인 혐오증이 예외라고 한다. 오히려 외국 문화를 느끼려고 일부러 찾아오는 곳이란다. 그러나 조선족들이 밀집해 사는 가리봉동과 대림동의 경우 낡은 건물과 지저분한 거리 모습 때문에 한국인들이 이곳을 기피하는데, 특히 수원 토막살해 사건 이후 '가리봉동=우범지대'라는 낙인까지 찍혔다고 한다.

이렇게 두 지역을 비교해 한국인의 이중성을 제시한 기사는 "일자리를 빼앗아간다", "흉악범죄자다", "세금 거덜 난다" 등 온라인에서 표출되고 있는 중국, 필리핀, 방글라데시 등 아시아계 이주 노동자들을 겨냥한 한국인의 이중성을 고발했다. 한국인이 외국인에 대한 이중적 시각을 보이는 원인으로 임대근 한국외국어대학교 글로벌문화콘텐츠학과 교수의 말을 인용했다.

제도권 교육과 관습을 통해 문화를 '높고 낮음'으로 판단하는 방식이 내면화되었기 때문이다. 한국인들은 문화도 권력관계로 생각한다"면서 "문화의 높고 낮음을 판단해 나보다 우월하면 '힘이 있다'고 판단하고 열등하면 '힘이 없다'고 판단해버린다.[1]

2009년 무렵 이미 한국 사회는 외국인 150만 명 시대를 넘어섰고 저출산·고령화 사회를 맞은 한국 사회의 동력과 대안으로 이주 노동자와 결혼이주여

---

1   황혜진·서상범·김현경, "외국인혐오증? 외국인도 외국인 나름 '백인우호' Vs '아시아인혐오' 이중성", ≪헤럴드경제≫, 2012년 4월 23일 자.

성들이 인정받았다. 그러나 다른 한쪽에서는 동남아시아와 아프리카 출신 이주자들에 대한 인종차별적 행동으로 이주민을 곤경에 빠뜨리고 있다. 그러나 이런 한국인들의 공격성에 대해 대다수 이주민은 자신들의 취약한 입지 때문에 적극적으로 방어하지 못하고 참고 견딜 수밖에 없다.

'세계가치관조사' 결과[2]에 의하면 한국인의 인종차별은 매우 심각한 것으로 드러난다. "외국인 이웃이 좋다"라는 문항에서 한국인은 조사국 33국 중 31위, "다른 인종을 이웃으로 삼고 싶으냐?"는 물음에는 34위중 33위로 최하위권을 맴돈다. 다문화 사회를 주창하는 한국 사회에서 여전히 단일민족이라는 자부심으로 외국인에 대한 강한 거부감을 보여준다. 최근 이런 가치관을 조장하는 시민단체들이 등장하고 있다. 외국인추방대책위원회, 국제결혼피해자가족협회, 다문화반대위원회, 우리문화사랑국민연대 등 극우적 성향을 가진 이들이 연대 틀을 형성해 애국심의 논리와 관제화된 다문화 담론의 목소리를 높이며 이주민의 안보와 인권을 위협하고 외국인에 대한 혐오를 노골적으로 드러내고 있다.

이런 상황에서 국제결혼에 대한 왜곡된 시선과 결혼이주여성을 바라보는 한국 사회의 성·인종차별적 인식의 개선이 필요했다. 왜냐하면 인종차별을 받는 집단의 여성은 성차별과 인종차별이라는, '젠더와 인종이 중첩된 이중 억압[3]'을 받기 때문이다. 그래서 "이주 여성, 우리 이웃입니다" 또는 "이주 여성, 우리 시민입니다"라는 캠페인을 전개하기 시작했다.

이 캠페인의 배경에는 결혼이주여성이 직면한 차별도 있지만 부천에서 일어난 인종차별 사건이 발화점이 되었다. 다음은 성·인종차별공동대책위원회

---

2   "[2010~2012 세계 가치관 조사 '외국인 이웃도 좋다' 59% … 33국 중 31위", ≪동아일보≫, 2012년 8월 14일 자.

3   성·인종차별반대공동행동, 「인종, 인종차별, 성·인종차별 알아보기」(성·인종차별차별반대공동행동, 2010), 13쪽.

가 마련한 기자회견 자리에서 보고된 사건 개요다.

2009년 7월 10일 밤 9시경 부천에서 일어난 사건은 우리 사회의 인종차별과 성차별적 모습을 보여주는 전형적인 행태다. 인도인인 성공회대학교 연구교수 보노짓 후세인과 친지인 한가람(가명)이라는 여성이 버스 안에서 이야기하고 있었다. 이때 버스 뒷줄에 타고 있던 박창선(가명)이라는 중년 남자가 보노짓에게 손가락질을 하며, "더러워, 너. 더러워 이 개새끼야!", "너 어디서 왔어, 이 냄새나는 새끼야" 등의 욕설을 퍼부었다. 이에 동행자인 한가람이 "왜 그래요?"라고 물었더니 박 씨는 가람에게 "넌 정체가 뭐야? 조선년 맞아?"라고 모욕을 주었다. 박 씨가 욕설을 멈추지 않자 가람은 자리에서 일어나 그의 양복을 잡고 경찰서로 동행할 것 요구했는데, 그는 "조선년이 새까만 자식이랑 사귀니까 기분 좋으냐?"라고 하며 가람의 다리를 발로 찼다.

버스는 계남지구대에 도착했다. 문제는 경찰의 태도였다. 경찰관은 피해자들의 상황에 대한 어떠한 배려도 없었고, 오히려 가해자의 편에서 일을 처리하려 했다. 경찰관은 차 안에서 계속 서로 화해할 것을 제안했고, 한가람과 보노짓 후세인은 합의할 의사가 없다고 분명히 말했으나, 그는 차에서 내려서도 보통 화해하고 끝냄으로써 법적 절차를 밟는 번거로움을 피한다는 이야기를 계속했다. 이에 대해 보노짓 후세인은 "나는 절대적으로 법적 절차를 밟아 모든 일이 기록되는 것을 원한다. 이것이 중요한 이유는, 이것은 명백한 인종차별이기 때문이다. 내가 백인이었다면 이런 일이 일어나지 않았을 것이 확실하다"며 입장을 분명히 했다. 지구대에서 신분을 확인하는 절차에서 또 모욕적인 일들이 벌어졌다. 한 경찰관이 와서 "82년생밖에 안 됐는데 어떻게 교수가 됐냐"는 말을 하며 보노짓 후세인의 외국인등록증을 집어갔다. 외국인등록증은 지구대를 떠날 때에서야 보노짓 후세인에게 반환되었다. 다른 지구대 경찰관들도 성공회대학교에서 발행된 신분증을 보고도 보노짓 후세인이 정확히 무슨 일을 하는지를 수차례 물어보았고, 이 사건을 담당하지 않은 것으로 보이는 경찰관 한 명은 상황을 보고 있다가 "아저씨, 한국에 몇 년 있었어?"라고 반말까지 했다.

지구대에서 조서 작성이 시작되기 전과 끝난 후, 그리고 대기하는 동안 박 씨는 그를 피하는 가람에게 접근하여 "한국 사람끼리 그러지 말고 그냥 화해하자"고 하며, 치근거렸다. 참다못해 한가람이 경찰에게 "이 사람 좀 떼어 주세요!"라고 도움을 요청하기까지 전원이 남성이었던 경찰관들은 어떠한 관심도 갖지 않았고, 지구대에서 벌어지는 2차적인 모욕과 위협을 방관했다. 또한 한국인의 모독 행위와 폭력적 행위를 고발하러 간 피해자에게 경찰은 열 손가락의 지문 채취를 요구했다.

명백한 모욕 행위라고 판단한 보노짓 후세인 교수와 가람이 함께 박 씨를 고소했다. 인종차별로 고소하고 싶었지만 한국은 아직 인종차별금지법이 제정되지 않았기 때문에 '모욕죄'밖에 적용할 수 없었다. 8월 말 부천지청은 박 씨를 모욕 혐의로 약식기소했다. 한국에서 '인종차별적 발언'을 기소한 첫 번째 사례였다.

이 사건은 단지 한 사람이 우발적으로 저지른 인종차별의 행위라기보다는 외국인과 같이 있는 한국 여성을 보는 한국인들의 성차별적이고 인종차별적 시선의 문제다. 인도인 보노짓 씨는 대학에서 발행하는 교수 신분증을 제시했음에도 경찰서에서 차별적인 대우를 받았는데, 여타의 이주 노동자들이 어떤 대우를 받을지는 상상만 해도 아찔하다.

여기서 한가람 씨의 입장에서 사건을 보면 사건에 개입된 사람들과 경찰의 성차별적이고 인종차별적인 편견이 드러난다. 지금 한국 사회에는 25만 명가량의 국제결혼 이주민들이 살고 있다. 그런데 이들에게는 차별적 시선이 존재한다. 한국 남성과 결혼한 이주 여성에 대한 시선은 비교적 관대하고 우호적이다. 그러나 외국인 특히 동남아시아나 아프리카 남성과 결혼한 한국 여성에 대해서는 색안경을 쓰고 모멸적인 시선으로 대한다. 정부가 한국 남성과 결혼한 이주 여성과 그 자녀에게는 온갖 정책과 예산을 쓰면서도 한국 여성과 결혼한 이주 노동자 남성과 그 가족에 대해서는 아무런 관심이 없는 것도 같은 맥락이다. 이번 경우 한가람 씨가 백인 남성과 같이 있었다면 그렇게 한국 남성으로부터 모욕당하는 일은 없었을 것이고 경찰서에서의 대우가 달라졌을 것이다. 한가람 씨에 대한 박 씨의 행태는 인종차별 문제뿐 아니라 성적 모멸감을 심어주는 폭력적 행위였다. 그러나 가해자는 물론 경찰에서도 이에 대한 아무런 인식이 없었고 오히려 경찰 자체가 피해자의 안전에는 무관심하면서 가해자의 말만 듣고 피해자를 피의자로 둔갑시켰다. 인권을 보호받기 위해 찾아간 경찰서에서 보노짓 씨와 한가람 씨가 2차 인종차별과 성차별의 피해를 당해야 하는 현실은 한국인들의 인종차별과 성차별 불감증을 여실히 보여준다.

이 사건을 계기로 성·인종차별대책위원회가 구성되었다. 대책위원회는 가해자의 사법 처리를 비롯해 관련 경찰관의 징계와 해당 경찰서에 사과와 재발 방지를 요구하고, 앞으로 인종차별 문제를 공론화하고 차별을 방지하기 위한 제반 활동을 벌이기로 했다. 2009년 7월 27일 이에 관심 있는 13개 단체가 모여 '성·인종차별반대공동행동'(이하 공동행동)을 결성했다.[4] 공동행동은 '성·인종차별 반대' 캠페인을 전개하는 한편 시민들의 인종차별 인식 개선을 위한 매뉴얼을 제작했다.[5] 매뉴얼은 인종차별과 인종주의에 대한 개념 보기와 한국의 인종차별 사례와 실태, 일상에서 할 수 있는 성·인종차별에 반대하는 걸음, 2001년 더반에서 열린 유엔 인종차별 회의에서 선언된 더반 선언문과 행동 계

---

[4]   성·인종차별반대공동행동과 함께하는 모임들에 참여한 단체는 다음과 같다. 강서양천이주여성의 집, 공익인권법재단 공감, 국제민주연대, 난민인권센터, 마하이주민지원단체협의회, 서울외국인노동자센터, 수원여성의전화, 아시아의 친구들, 안산이주민센터, 언니네트워크, 외국인이주·노동운동협의회, 인천여성의전화, 한국이주여성인권센터.

[5]   성·인종차별차별반대공동행동, 「인종, 인종차별, 성·인종차별 알아보기」.

획을 소개하는 내용을 담았다. 특히 더반 행동을 소개한 것은 더반에서 열린 세계회의를 통해 채택된 '인종주의, 인종차별, 외국인 혐오 및 불관용 철폐를 위한 선언'에서 각국 정부의 공식 동의로 합의된 구체적인 실행 계획을 담았기 때문이다. 이 실행 계획은 정부와 비정부기구, 민간 기업과 국제기구에 대한 219가지의 권고를 담고 있다.[6]

공동 행동 캠페인과 더불어 "이주 여성, 우리 이웃입니다"라는 캠페인을 전개했다. 이주 여성들을 상담하면서 느낀 것은 국제결혼 가정에서 가장 큰 갈등은 성차별과 인종차별 문제였다. 한국에 유입되는 이주 여성의 90%가 사회주의권 출신이거나 아직도 모권제 유습을 가지고 있다. 이에 반해 한국은 가부장적 가족 문화를 유지하고 있다. 사회주의권은 우리보다 평등한 제도와 문화를 갖고 있어 한국의 가부장적 가족 문화와는 기본적으로 충돌할 수밖에 없는 지점이 있다. 비교적 차별 없이 자란 이주 여성들을 '동화'라는 이름으로 한국 가부장적 가족 문화에 길들이려니 갈등으로 이어질 수밖에 없다. 해외에 나가 살고 있는 교포들은 '재외 동포'라는 호칭을 써가며 한국인으로 남아 주기를 바라면서 유독 한국 남성과 결혼한 타국 여성은 한국인으로 동화해야 한다고 생각한다. 정부가 아무리 교과서에서 단일민족이나 순혈주의에 대한 교육을 수정한다 하더라도 국민 기본 인식이 타인·타민족·타인종을 존중하고 국제결혼도 '다양성 속의 일치'로 받아들이지 않는다면 정책이란 그냥 정책일 뿐이다.

또 다른 측면은 이주 여성들에게는 한국어를 배우고 한국 문화를 익히라고

---

6   국가 차원의 행동 프로그램으로 입법, 사법, 행정 및 기타 조치들로서 이주 노동자들에 대한 착취 문제, 공공 생활에서 인종주의, 인종차별, 인신매매, 개인이나 집단에 대한 불평등, 경찰과 다른 법 집행관의 위법행위, 경찰에 의한 인종차별적 법 집행, 인종주의를 강화하는 유전학적 연구의 사용, 경찰 구성의 다양성 등의 문제를 제기하도록 제안하며 인종주의적 폭력을 감소하기 위한 방법들이 제시되어 있다. 또한 국제 문서의 비준과 효과적인 이행, 인종주의적 행위 가해자의 처벌, 독립적 전문 국가인권기구와 조정제도를 마련할 것을 제시하고 있다.

하면서도 정작 우리 자신은 함께 살아가야 할 이웃인 이주 여성이 나고 자란 국가와 사회에 대해 이해해야 할 필요성을 거의 느끼지 않는 데 있다. 이주 여성을 만날 때 그 나라와 지역의 사회적·문화적·역사적인 배경을 이해한다면 서로 불필요한 오해와 왜곡을 줄이고 덜 편파적인, 혹은 더 포용적인 마음으로 서로에게 다가갈 수 있지 않을까 하는 생각에서 프로그램을 진행했다.

이 프로그램은 "아시아 여성 따라잡기"라는 제목으로 진행되었다. 프로그램은 국제결혼으로 유입되는 아시아 여성에 대한 이해를 증진하기 위해 결혼이주여성들의 여러 출신국 중 당시 한국에서 높은 비중을 차지하는 나라의 영화를 본 다음 그녀들이 자국의 여성과 가족 문화에 대해 소개하는 내용으로 진행되었다. 이 프로그램에 소개된 이주 여성들의 나라를 중심으로 『아시아 여성들의 삶에 대한 이해와 말 걸기』라는 책을 발간했다.[7] 이 책은 중국, 몽골, 베트남, 태국, 필리핀, 캄보디아 여성의 삶에 대한 이해와 각 나라의 지리적 특색과 역사, 생활방식, 여성의 사회적 지위, 가족 및 결혼제도, 출산 문화, 정치·사회·경제 부문에서의 여성 지위 등으로 구성되었다.

『아시아 여성들의 삶에 대한 이해와 말 걸기』에 참여한 사람들의 의견을 종합하면 결혼이주여성들은 가족 관계에서 평등한 권리를 누리며 살아왔기 때문에 평등의식이 높고 정치적·사회적 영역에서 여성의 지위도 한국보다 높다. 이들 나라 대부분은 남녀평등의식이 보편화되어 있어 부부가 가사를 분담한다. 결혼이주여성에게는 복잡한 한국의 가족제도, 가정에서 남자와 여자의 역할이 독립적이지 않은 것도 갈등의 요소다. 딸로서 본국 부모에 대한 책임감이 강한 결혼이주여성이 기대하는 것은 자신들에 대한 존중이다. '한국 사회가 오히려 결혼이주여성들의 문화를 배워야 하는 것 아니냐?'라는 반응이었다.

"아시아 나라의 문화를 이해함으로써 다문화 열린사회를 위한 빗장 열기!"

---

7   이해웅 외, 『아시아 여성들의 삶에 대한 이해와 말 걸기』(한국이주여성인권센터, 2008).

를 하자는 이주여성운동의 슬로건은 정부 프로그램에도 영향을 미쳤다. 여성가족부가 다문화가족지원센터를 통해 결혼이주여성들의 문화를 이해하는 프로그램을 만들고 교재도 만들었다. 내용은 다문화 가족이 갈등을 해결할 수 있는 습관이나 생활상의 문화를 소개하는 것으로 서로의 차이를 수용하고 다양성을 존중하자는 것이 교육의 핵심이다. 결혼이주여성과 한국 가족의 근본적인 갈등은 의식주나 관습보다는 평등의식에서 기인한다.

이주단체에서 활동가로 일하는 결혼이주여성 100명과 제주도에서 활동가 수련회를 한 적이 있다. 그때 한 팀이 모 방송국 코미디 프로그램의 콩트 '남성인권보장위원회'를 패러디한 '이주여성인권보장위원회'를 보여주었다. 이 콩트에서 "결혼이주여성을 더 이상 불쌍한 존재로 보지 말라. 우리도 당당한 사람이다"라고 외쳤다. 결혼이주여성은 고향을 떠날 용기와 꿈을 갖고 한국에 온 사람들로 한국에서 당당히 살기를 원한다. 한국 사회는 이들이 그렇게 살아갈 수 있도록 지지하고 격려해주는 풍토를 조성해야 한다. 진정한 다문화 사회가 되기 위해서는 다문화의 담지자인 이주민을 더는 이방인이 아니라 우리의 이웃으로 받아들이는 그런 인식 전환이 필요하다.

15
인신매매성 국제결혼 방지를 위한 초국적 활동

이렇게 국내에서 이주 여성에 대한 사회 인식 개선을 위한 캠페인을 전개함과 동시에 이들의 인권을 지원하고자 국제 연대 활동을 전개하기 시작했다. 이주여성단체가 이주 여성의 인권 진작을 위해 전개한 연대는 세 영역으로서 하나는 국제 이주단체와의 연대 활동이고, 다른 하나는 현지 국가 단체들과의 연대 활동, 마지막으로 유엔 등 국제기구를 통한 연대 활동이다.

아시아 이주 노동자 포럼을 통한 '이주의 여성화' 대응 연대 활동

한국의 이주여성인권운동이 초국적 연대를 시작한 것은 아시아 이주 노동자 포럼Migrant Forum in Asia: MFA(이하 MFA)을 통해서다. MFA는 1994년 결성된 아시아의 대표적인 국제기구로서 아시아 각국에서 벌어지는 이주 노동에 관련된 문제를 다루며 아시아의 이주단체를 회원으로 한다. 한국은 '외국인이주·노동운동협의회Joint Committee with Migrants in Korea: JCMK'(이하 외노협)가 회원으로 활동하고 있다. MFA를 통해 아시아 이주 여성 문제와 연대하기 시작한 것은 2004

년 9월 13일부터 19일까지 외노협과 MFA, 홍콩 아시아이주노동자센터AMC가 공동 주최한 제9차 아시아이주노동자회의Regional Conference on Migration in Asia 회의부터다. 아시아 18개국에서 온 참가자 60명과 국내 참가자 140명, 총 200명의 활동가들이 모여 "개발을 위한 이주와 이주 노동의 여성화"라는 주제로 그동안 아시아 각국이 추진해온 개발과 이주노동문제, 그 과정에서 파생되는 '이주의 여성화' 현상과 과제를 중점적으로 다루었다. 이 회의에서는 이주 노동과 인신매매의 불명확한 경계, 세계화와 개발과 이주의 관계, 인간 안보와 충돌하는 국가 안보, 이주의 여성화와 이주 노동에서의 여성 문제, 비공식화된 노동, 귀환과 송금, 이주 노동자 건강과 복지, 이주 노동자 권리 향상을 위한 국제 기준과 체계 등이 중요한 논제로 제기되었다.

특별히 이주의 여성화라는 주제와 관련해 아시아에서 이주의 여성화 현황과 경향, 이로 인해 파생되는 문제 등이 논의되었다. 이주의 여성화 현상에서 특히 문제로 떠오른 것이 '여성의 이주와 인신매매 경계선이 모호하다'[1]는 점이다. 여성 이주에서 불법 알선이 많고, 그 과정이 은밀하게 이루어진다는 것, 또 알선업체가 강제·협박 등의 방법으로 이익을 챙기고 있다는 점이 문제로 제기되었다. 노동자의 경우, 알선업체를 통해 막대한 브로커 비용을 부담하고 불법 입국을 하는 과정에서 자신의 의사에 반하는 고용주의 강제와 협박이 있기 마련이라는 점, 특히 연예인 비자로 입국해서 성 산업으로 유입되는 경우 이주와 인신매매의 경계선은 없는 것이나 마찬가지라는 점이 지적되었다. 이주 자금이 없기 때문에 신체를 담보로 가족에게 선금을 주거나 타국에서 벌어 갚기로 하고 이주에 필요한 비용을 빌려서 오기도 한다. 국제 인신매매 조직이나 사설 브로커를 통해 이주할 경우 브로커들의 횡포와 사기 수법도 다양하다.

---

1   Rex Varona, "Migration and Trafficking," *Migration for Development and its Feminization Process*(Regional Conference on Migration in Asia, 2004).

취직시켜준다고 하고선 성 매매업체로 넘겨버리기도 하고, 때로는 단속을 피해 국제결혼으로 위장해 이주시키기도 하는 사례들이 발표되었다. 한국 이주 여성 노동자 인권 문제, 이주의 악순환 문제도 발표되었다.

이 회의에는 아시아 여성 활동가들이 많이 참석했다. 한국 측 준비위원들과 함께 이들을 식사에 초청해 이번 주제가 이주의 여성화인 만큼 MFA 내 '젠더 태스크포스Gender Task Force'를 만들어 송출국과 유입국 여성 활동가들이 이주의 여성화 문제에 공동 대처할 것을 제안했다. 참석자들의 동의를 얻어 총회에 '젠더 태스크포스' 설치를 제안해 통과되었다. 한 걸음 더 나아가 이주 여성 문제를 좀 더 심화하기 위해 이듬해에 서울에서 '아시아 이주 여성 포럼Asia Women's Forum on Migration'을 열기로 결정했다. 그 결과 2005년 서울 프란치스코 회관에서 MFA와 외노협이 공동 주최하여 '이주의 여성화와 이주 여성의 인권'이라는 주제로 아시아 12개국 24명과 한국에서 25명이 참가한 가운데 아시아 이주 여성 포럼이 개최되었다. 한국이주여성인권센터, 남양주이주여성노동자 여성센터, 한교연 외국인여성노동자상담소 세 곳이 준비위원회를 구성하여 포럼을 진행했다.

포럼 목적은 아시아에 전반적으로 증가하고 있는 이주의 여성화 현상 속에서 일어나는 인권 침해, 가족 해체, 어려운 귀환, 건강 문제 등 문제에 대한 대안을 모색하기 위함이었다. 발제는 모두 네 분야로 ① 이주 과정에서의 인신매매 문제, ② 이주로서의 결혼과 가족 문제: 통합과 해체의 관점에서, ③ 이주 여성의 건강 문제, ④ WTO-GATS Mode4(서비스 이동 관련 조항)와 이주 여성 노동자였다. 발제 이후 각 나라 이주 여성의 상황 보고와 발제에 대한 논의가 진행되었고 향후 행동 계획을 포함한 성명서를 발표하고 지속적인 협력을 위한 네트워크 연대 틀을 구축했다.

이 회의에서 눈여겨볼 것은 노동자 문제만 다루는 여느 이주 관련 국제회의와 달리 '결혼이주여성'의 문제가 제기되었다는 점이다. 한국과 같은 문제를 안고 있는 대만 호프이주노동자센터 알리슨 리가 목적국의 입장에서, 필리핀 칼룽안센터 마리아 마디구드가 출발국의 입장에서 발제했다. 아시아 이주 의제에 '결혼 이주'를 포함한 첫 회의였다.[2]

MFA를 통해 한국에서 이주 문제의 지평을 넓혀가는 한편 아시아와 세계의 지평도 넓혀가기 시작했다. 2008년 9월 11~13일 스페인 마드리드에서 제3회 '세계 이주 사회 포럼World Social Forum on Migration'이 열렸다. 세계 이주 사회 포럼은 전 세계에서 일어나는 '이주' 이슈에 집중하는 포럼으로 당시 외노협 대표인 최의팔과 이경숙 간사가, 그리고 필자가 MFA 여성분과 코디네이터 자격으로 참여했다.

이 대회의 주제는 ① 세계화와 이주, ② 송출국 사회와 대안적 개발, ③ 국경과 인권, ④ 유입국 사회와 이주민 사회, ⑤ 난민이었다. 세계 포럼에 참석해서 놀란 것은 어느 곳에도 국제결혼의 이슈가 다루어지지 않았으며, '결혼 이주'라는 용어가 언급조차 되지 않았다는 사실이다. 이것은 그 후 참석한 다른 국제회의에서도 마찬가지였다. 국제결혼이란 사적 영역이고, '우편 신부'라는 중개결혼이 있긴 하지만 한국, 일본, 대만처럼 중개업이 개입되어 성사되는 결혼은 이주가 아닌 인신매매로 간주하기 때문이라는 것을 나중에 알게 되었다. 이회의를 통해 가사 노동 이주 여성 당사자들이 활동가가 되어 가사 노동자 문제를 제기하는 것을 보고 이주 여성 당사자 활동가의 중요성을 새삼 인식하게 되었다.

그해 9월 25일부터 26일까지 이틀 동안 필리핀 마닐라에서 '젠더, 이주와 개발 국제 협의회International Conference on Gender, Migration and Development: Seizing Opportunities, Upholding Rights'가 열렸다. 한국에서는 필자를 포함해 김미선, 송연순, 허

---

2   Preparation Committee of Asia Women's Forum on Migration, "Asia Women's Forum on Migration"(Preparation Committee of Asia Women's Forum on Migration, 2005).

오영숙, 최은미, 이애란, 이경숙 등 모두 일곱 명이 참석했다. 회의의 주제는 '여성의 이주 기여와 젠더 이슈', '이주 여성 노동자 권리 증진', '이주 여성과 그 가족의 성 평등과 이익 증진을 위한 기회 확장'이었다. 김미선은 이주 여성 건강 문제를, 필자는 이주 여성 노동자의 권리 증진 분야의 '공식, 비공식 영역에서의 이주 여성 노동자 인권과 젠더 이슈'를 발제했다. 참가국 대부분이 송출국이어서 유입국으로는 유일하게 한국이 발제를 한 탓이었는지 한국 고용허가제에 관한 질문이 많아 송출국 이주 활동가들이 유입국에 관심이 많음을 보여주었다.

이 협의회 역시 결혼이주여성 문제는 다루지 않았기 때문에 필자는 여성 노동자를 이슈로 발제했다. 필자와 김미선이 발제하게 된 것은 당시 김미선은 MFA 한국 대표 실행위원이었고, 필자는 MFA '젠더 태스크포스' 코디네이터였기 때문이다. 이후 한국에서 MFA와의 연대 활동은 소강상태에 들어갔다가 2015년 8월 한국에서 열린 '개발과 이주' 프로젝트 사전 모임을 통해 다시금 촉진되고 있다.

MFA를 통해 국제 연대를 하면서 한국의 이주 운동이 놓친 부분이 하나 있다. 앞에서 가사 노동자 이주여성활동가를 언급하기는 했지만 한국에서는 이주 부분에서 가사 노동 이주가 이슈로 제기되지 않는 상태다. 세계 이주 사회 포럼이나 아시아 이주 노동자 포럼에서 가사 노동 이주의 문제가 중요한 이슈일 뿐 아니라 그 당사자들이 이 포럼에 참석해 자신들의 인권 상황을 제기하며 이의 개선을 촉구하고 있다. 그러나 한국에서는 이주 여성 인권 이슈에 공장이나 농촌 이주 여성의 인권 문제는 제기가 되지만 가사 노동자 문제는 외면당하고 있다. 이는 두 가지 요인 때문이다.

하나는 한국에서 가사 노동이 가사도우미 또는 가정관리사라는 이름하에 노동으로 인정되지 않기 때문에 노동운동의 이슈로 부각되지 못하는 것이다. 국제노동기구ILO는 2011년 6월 16일에 열린 제100차 국제노동기구 총회에서 가사 노동 협약('가사 노동자를 위한 괜찮은 일자리 협약THE CONVENTION CONCERNING DECENT WORK FOR DOMESTIC WORKERS')을 채택했다. 또한 '가사 노동 협약'을 보충하는 내용의 '가사 노동자를 위한 괜찮은 일자리 권고THE RECOMMENDATION CONCERNING DECENT WORK FOR DOMESTIC WORKERS'(이하 '가사 노동 권고')도 함께 채택되었다. 그동안 국제노동기구 협약에서도 가사 노동자를 노동으로 인정하지 않았기 때문에 근로시간이나 최저임금, 유급휴가, 산업안전보건 등 '근로기준법'이 적용되지 않았다. 국제노동기구가 '가사 노동 협약'을 채택함으로써 가사 노동자의 노동자성을 확인함과 동시에 일정 수준의 노동조건 보장, 근로계약서의 작성 의무 부여, 휴일 및 휴게 시간 보장, 노동3권 인정, 산업재해 인정 등 가사 노동자들을 보호하기 위한 일련의 장치들을 마련하고 있다.[3]

이주 가사 노동자의 인권과 개인 안보에 관심을 가져온 MFA는 국제노동기구 총회에서 '가사 노동 협약'이 채택되자마자 환영 성명을 발표하고 회원 단체에 연대 성명을 촉구했으며 이에 회원 단체인 한국이주여성인권센터도 지지 연대 성명을 내고 환영 입장을 발표했지만 국내에서 이에 대한 후속 조치는 하지 못했다. 한국여성노동자회는 협약을 지지하는 성명과 더불어 협약에서 권고한 '가사 노동자를 위한 괜찮은 일자리'에 대한 정부 이행을 촉구하고 이의 실현을 위해 노력하는 중이다. 그러나 한국의 이주단체들은 별다른 관심을 보이지 않았고 이주 가사 노동자들은 여전히 이 근로기준법의 적용 범주에서 제외됨으로써 가사 노동 환경에 특정한 추가적 규정들뿐 아니라 근로기준법과 노동조합 및 노동관계조정법의 보호를 누리지 못하고 있다.

한국에서 가사 노동 이주 여성 문제가 이슈화되지 못하는 또 다른 이유는 대상의 한계성 때문이다. 가사 노동 이주 제도가 있는 여타의 국가들과 달리

---

3   민주사회를 위한 변호사모임, "국제노동기구의 가사노동협약을 환영한다," 2011년 6월 17일 자 논평, minbyun.jinbo.net/minbyun/zbxe/?document_srl=248909

한국은 가사 노동이 중국 동포나 고려인 동포, 또는 결혼이주여성에게만 허용되는 영역이다 보니 전반적인 이주 노동 이슈로 제기되지 못하고 국내에 거주하는 동포 여성들의 문제로 국한되었다. 가사 도우미나 간병인으로 일하는 동포들의 열악한 근로조건이나 인권 문제는 거론되어도 가사 노동 자체가 이주 노동의 이슈로 다루어지지는 못하고 있다. 이주여성운동에서도 마찬가지다. 이주여성운동 초기부터 중국 동포 여성들이 직면한 인권 문제에는 관심을 보였으나 노동의 이슈로는 다루어지지 않았다. 세계 이주 사회 포럼과 아시아 이주 노동자 포럼과 연대하고부터 이주 여성들의 가사 노동 문제에 눈을 뜨게 되었고 가사 도우미와 간병인으로 일하는 동포 이주 여성들의 노동자성에 관심을 갖게 되었다. 그러나 한국 여성 노동자들이 가사 노동자 권익 운동을 할 때 같은 입장에서 가사 노동에 유입된 이주 여성들의 근로조건 개선 문제에도 관심을 기울여달라고 여성노동자회 대표에게 부탁하는 게 고작이다. 현재 상황에서는 이마저도 쉽지 않다. 일자리 없는 한국 선주민들이 이주 노동자들이 일자를 뺏어간다고 느끼는 것처럼 가사 노동을 하는 선주민 여성들도 동포 여성들이 낮은 임금으로 자신들의 일자리를 빼앗아갈까 봐 우려하는 것이 현실이기 때문이다.

인신매매적 국제결혼 방지를 위한 아시아 단체들과의 초국적 교류와 연대 활동

MFA 아시아 이주노동자 회의를 통해 아시아 이주 여성 노동자 문제를 공유하고 함께 대안을 모색하는 한편, 아시아에서 발생하고 있는 인신매매성 결혼이주를 방지하는 대안을 찾기 위해 아시아 단체들과 교류·연대하는 활동을 시작했다. 국제결혼이란 두 나라 사람이 하는 것이고, 여기에 양국의 국제결혼 중개업체들이 개입되어 있는 실정이라 결혼이주여성의 인권 문제를 해결하기 위해서는 유입국인 한국만의 노력으로는 문제가 해결되지 않는다. 필연적으로 한국과 결혼 관계를 맺고 있는 상대국과의 연대가 필요하다.

한국에서 이주 여성을 위한 국제 연대의 첫 시작은 "매매혼적 국제결혼 예방과 방지를 위한 아시아 이주 여성 전략 회의"였다. 2006년 1월 21일부터 24일까지 서울 프란치스코 교육회관에서 한국과 국제결혼 관계를 맺고 있는 베트남, 몽골, 필리핀, 일본, 대만, 중국에서 민간 여성단체 활동가를 초청해 머리를 맞대고 대안을 모색했다. 전략 회의는 "인신매매성 국제결혼 현황과 과제: 한국을 중심으로"라는 기조 발제와 각 나라 대표의 국가별 현황 보고가 있었다. 국가별 현황 보고는 베트남 여성 동맹 가족위원회 위원장 카오 타이 홍반, 중국 출신 이해응, 몽골 여성폭력예방센터 소장 소소마 출란바토르, 필리핀 이주노동자센터 메이 비 코티나, 대만 호프이주노동자센터 알리슨 리, 일본 당사자 단체인 필리핀 이주노동자센터 로산나 타피루가 각 나라 이주 여성의 상황을 서로 공유했다. 각국에서 온 참가자들의 보고가 다양해서 나라마다 서로 다른 이주 여성의 상황을 잘 알 수 있어 전략 모색을 하는 데 큰 도움이 되었다. 전략 모색을 위한 회의(I)에서는 각 나라 이민법을 비롯해 국제결혼 관련 규정, 결혼 중개업 관련 규정, 출입국관리법, 귀환이주여성 상황, 시민단체 과제 등이 라운드 테이블 형식으로 논의되었다. 전략 모색(II)에서는 아시아재단 에드워드 리드 회장이 '아시아 이주 여성 네트워크 형성의 의의와 과제'라는 제목의 만찬 연설을 통해 송출국과 유입국의 연대 중요성을 인식하게 했다. 전략 회의(III)는 이주 여성 귀환 후 변화 및 사회에 미치는 영향, 귀환이주여성 지원과 시민단체 활동·과제·전략을 모색하는 자리였다.

다음으로 내딛은 연대 발걸음은 베트남과 캄보디아 현지 단체를 찾아 아시아 여성의 인신매매성 결혼이주 문제를 공유하고 연대 틀을 마련하는 일이었다. 이 일은 2006년 인신매매성 국제결혼 방지를 위한 전략 회의 후속 프로그램의 성격으로 진행되었다. 2007년 9월 14일부터 22일까지 '인신매매성 국제결혼 방지를 위한 베트남·캄보디아와의 연대 구축'이라는 이름하에 한국이주여성인권센터와 이주여성 긴급전화 활동가들이 베트남과 캄보디아를 방문해 네트워크를 형성하는 것이 목표였다.

인신매매나 성적 학대를 받은 아동과 여성들을 지원하는 비정부 국제기구인 아페시프Agir pour les Femmes en Situation Précaire - Acting for Women in Distressing Situations Vietnam: AFESIP와 엑션에이드Action Aid in Vietnam를 방문하여 한국과 베트남에서 행해지는 인신매매성 국제결혼의 실태를 알리고 공조하는 방안에 대한 의견을 공유했다. 다음으로 베트남 여성들이 한국에 입국하기 전에 한국어를 교육하고 정보를 제공하는 베트남 여성연맹 산하기관인 가정상담소를 방문했는데 놀랍게도 한국 중개업체의 후원을 받고 국제결혼할 베트남 여성들을 상담하고 있었다. 상담소에 KBS 뉴스에 방영된 중개업체의 사진을 걸어놓았는데 국제결혼 중개업체 문제에 대한 보도였을 텐데 해당 중개업체의 공신력을 KBS가 보장하는 것처럼 포장되어 있었다. 가정상담소가 중개업체의 지원을 받는 것은 사업비가 없기 때문이기도 하고 국제결혼 중개업체의 인신매매성 중개 실태를 잘 알지 못하는 데서 연유하기도 했다.

이 문제는 2007년 가을까지 이어졌다. 그해가 한국과 베트남이 국가 교류를 시작한 지 15년이 되는 해였는데, 베트남 여성동맹과 한국 여성가족부가 한-베 국제결혼을 주제로 국제심포지엄을 하게 되었다. 여성가족부 권익국장의 인솔하에 배제대학교 이혜경 교수는 학자 대표로, 필자는 민간단체 대표로 참석해 발제했다. 이 발제에서 중개업체에 의한 인신매매성 결혼이 문제로 제기되었다. 베트남 대표 발제자는 2006년 한국에서 열린 "인신매매성 국제결혼 예방과 방지를 위한 전략 회의"에 베트남 대표로 참석했던 여성이었다. 그의 발제 내용인즉 한국 국제결혼 중개업체의 매매혼적 알선을 방지하기 위해 매우 의미가 깊은 정책을 하나 세웠는데 그것은 여성동맹이 한국의 민간단체를 선정해 그 창구를 통해 국제결혼을 하도록 하겠다는 것이다. 이미 한국에서 해당 민간단체에 대한 정보를 들은 터라 작심하고 반대 의견을 제시했다. "여성동맹이면 한국의 여성가족부와 같은 국가기관인데 국가기관이 한국 정부의 허락 없이 일방적으로 민간단체를 국제결혼 창구로 삼는다는 것이 말이 되느냐? 그건 정부가 나서서 결혼 알선을 하는 것과 다를 게 없다"라고 반박했다. 이 말을 베트남 국영방송이 그대로 중계하는 바람에 시끄러워졌다. 나중에 들으니 발제자가 여성동맹 주석과 의논도 하지 않고 발제한 것이라 문제가 되었고, 민간단체를 통한 국제결혼 알선은 없었던 일이 되었다. 베트남의 발제를 들으며 여성가족부 권익국장과 한국 대사가 큰일이라며 걱정했는데, 부탁도 하지 않았는데 반대 발언을 해주어 고맙다고 인사했다.

다음으로 캄보디아를 방문했다. 캄보디아에서는 캄보디아 NGO와 국제결혼 중개업자를 소개받아 캄보디아 국제결혼의 실상을 목격하고 캄보디아 국제결혼 정책에 대한 정보를 알 수 있었다. 연대를 위해 한국 아시아 재단이 소개해준 캄보디아 아시아 재단을 찾았다. 아시아 재단 주선으로 이주와 여성 관련 NGO 단체 대표들이 모여 있어서 준비해간 자료로 한국에 결혼 이주해오는 캄보디아 여성의 삶과 국제결혼 중개업체에 의한 인신매매매성 이주 실체에 대해 정보를 공유하고 의견을 나누었다. 해당 기관 소개로 아시아 재단과 관계를 맺고 있는 어린이를 위한 건강센터, 여성위기센터, 재정 후원을 위해 운영하는 레스토랑 '다말'을 방문했다. 이들은 우리가 아시아 인신매매성 국제결혼 피해자를 위한 활동, 특히 캄보디아 여성의 인신매매를 막기 위해 왔다는 것을 알고 고마움을 표했고 서로 긴밀한 협조 관계를 유지하기로 했다. 한국에서 귀환하는 캄보디아 여성에 대한 보호와 재활 프로그램을 통해 사회로의 재통합에 적극 연대하기로 했다. 한국에 돌아와서 한동안 귀환하는 캄보디아 여성들을 위기센터에 연결했다.

3년 후인 2010년 6월 14일부터 19일까지 일주일 동안 귀환이주여성 실태를

알아보기 위해 필리핀을 방문했다. 이 프로그램의 목적은 ① 필리핀 출신 결혼
이주여성의 입·출국 과정을 통해 결혼과 그 과정에서 일어나는 인권침해 문
제, ② 필리핀 국제결혼 중개업 실태와 통일교 국제결혼 과정을 살펴보고, ③
필리핀 출신 결혼이주여성이 본국으로 귀환한 후 아동 양육 실태를 알아보기
위함이었다. 이곳에서 코리아 필리핀 가족지원센터, 코피노재단, 세계평화통
일가정연합(통일교)을 방문했다. CFOCommision on Filippinos Overseas에서 한국 여
성가족부 지원으로 하는 결혼이민 예정자 교육 위탁기관을 참관하고, 필리핀
이주단체 칼룽안센터, 자피노(일본-필리핀 국제결혼 가정 아동)를 돌보는 바티스
Batis센터, 필리핀 두레방 시나그카바이얀센터, 필리핀 대학 사회연구소 내의
여성문제연구단체인 이시스Isis, 아시아 이주 노동자 포럼MFA 등을 방문해 한
국, 필리핀과의 국제결혼 실태를 살펴보았다. 그리고 한국에서 혼인 파탄으로
귀환한 이주 여성 다섯 명과 면담했다.

필리핀 여성의 결혼 이주 과정 및 이혼 후 귀환 과정에 대한 인권 실태 현지
조사와 귀환한 결혼이주여성들과의 인터뷰를 통해 드러난 필리핀 여성과 한국
남성 간 국제결혼 문제는 ① 한국으로 유입되기 전 결혼 이주 과정, ② 한국에
서 겪은 어려움, ③ 귀환 후 경제적인 어려움이었다. 유입 과정에서는 국제결
혼 중개업체의 잘못된 알선과 필리핀 여성의 준비 없는 결혼 이주가, 한국에서
의 생활 문제는 성차별적·인종차별적인 한국 가족의 가치관이 문제가 되었다.
그리고 귀국 후의 삶은 경제적 어려움으로 요약되었다.[4] 필리핀은 베트남 캄
보디아보다 이혼에 대한 인식이 나쁘지 않았다. 두 나라보다 성 평등한 문화
때문인 듯했다.

필리핀에서 한국으로 결혼 이주하는 경로와 문제를 알아보기 위해 방문한

---

[4]   한국이주여성인권센터, 「필리핀 결혼이주여성의 결혼과정 및 이혼 후 귀환과정에 대한 현
      지조사」(한국이주여성인권센터, 2010).

여섯 개 기관에서 한국과 직접 관계가 있는 필리핀 여성단체와 서로 협력을 맺기로 했다. 이주가 초국적 성격을 띠는 만큼 이를 위해서는 이해 당사자인 출발국과 도착국 각각의 노력은 물론 초국적인 협력과 연대가 필요하기 때문이다. 그러나 서로 협력을 맺기로 했음에도 불구하고 필리핀 민간단체와의 네트워크 형성은 실질적으로 추진되지 못했다.

앞서 캄보디아 이주 여성 초은의 경우에서 보듯이 여성의 안전한 이주뿐 아니라 귀환을 위해서도 초국적 연대가 필요하다. 이주 여성 문제를 해결하기 위한 초국적 네트워크에서 필리핀의 칼룽안센터와 한국의 두레방이 좋은 사례다. 두 단체는 한국의 기지촌으로 유입된 필리핀 여성 성매매 문제 해결을 위해 공동으로 조사 프로젝트를 실시한 바 있고 귀국 지원을 위해서도 연대하고 있다. 귀환하는 이주 여성을 위한 공항 마중, 쉼터 연결, 법률 지원 등이 서로 연계되어 있다.

국제이주기구의 인신매매 피해 여성 지원 매뉴얼에서도 보듯이 귀환하는 이주 여성의 재통합을 위해 가족과의 중재, 현지 지원 단체와의 연계를 중요시하는데, 이는 재통합 과정에서 필수적인 사항이라고 본다.

결혼이주여성들의 시민권을 주제로 아시아 NGO 네트워크 가동

아시아 연대의 또 다른 지평은 이주 여성 체류권 보호나 개인 안보의 틀을 넘어서 '시민권'을 주제로 한 공동 작업이었다. 아시아 이주 출발국 현지를 방문해서 연대 틀을 형성하는 것과는 별도로 이론과 현장 연구를 병행하는 '아시아 지역학교' 프로그램과 함께 결혼이주여성 시민권을 위한 아시아 네트워크를 도모했다. 이 프로그램은 아레나ARENA로부터의 초청이 계기가 되었다. 아레나는 '새로운 대안사회 건설을 위한 아시아 교류Asia Regional School for Alternative

Community: ARENA'를 위한 비영리 민간연구단체이다. 영어 첫 글자를 따서 '아레나'라고 불리며 일본, 한국, 필리핀, 대만, 몽골, 베트남 등 아시아 여러 나라 연구가들과 현장 운동가들이 결합해 2007년부터 3년 동안 결혼이주여성을 주제로 다루었다. 결혼으로 인한 아시아 여성 이주가 급속히 증가함에 따라 이와 관련된 문제가 많고 단체도 늘어나는 현실에 착안해 3년 정도 여러 나라 연구자들과 이주단체 여성 활동가들이 함께 모여 각 나라 상황을 공유하고 시민권 등 법률을 검토해 이들의 권익을 증진하고 아시아 지역 NGO 네트워크를 만드는 데 취지가 있었다.

첫 프로그램은 2007년 11월 10~23일 필리핀 곽상한에서 '결혼이주여성의 인권과 NGO의 역할'이라는 주제로 한국, 일본, 대만, 필리핀, 몽골, 베트남 6개국 연구자, 이주 NGO 선주민 활동가, 이주 당사자 활동가가 모여 각국 결혼이주 상황에 대한 상황을 점검했다. 이주 여성의 시민권 모색을 위한 사전 작업이었다.

첫째 날은 출발국 중에서 베트남, 몽골의 활동가가 해당 국가의 결혼 이주 상황에 대해, 도착국 가운데 한국, 대만, 일본이 각국 결혼 이주 상황과 NGO 활동에 대한 보고를 공유한 후 디아스포라Diaspora와 인간 안보에 대한 이슈를 다루었다. 필자가 한국 이주 여성의 인권과 안보 실태, 이주 여성 인권 보호를 위한 한국이주여성운동단체들의 활동을 소개했다. 개최국인 필리핀에서는 필리핀 대학 사회연구소 내의 여성문제 연구단체 '이시스Isis' 대표인 파가듀안 교수가 전 세계로 이주해 간 필리핀 여성의 이주 현황과 그들이 직면한 인권과 안보 문제를 발표해 인권과 개인 안보가 불가분의 관계에 있음을 보여주었다.

다음 날은 각국 연구자들이 아시아 결혼 이주에 대한 분석과 문제점, 과제를 제시하고 중개업의 문제, 젠더와 임파워먼트empowerment 과제, 시민권을 위한 대안을 모색하고 네트워크 형성에 대한 의견을 나누었다. 총 참석자는 23명으로 한국에서 한국이주여성인권센터 활동가와 부산어울림센터 활동가 등

10명이 참석했다. 필리핀에서의 결혼이주여성 시민권 모색을 위한 준비 작업은 이듬해 전개한 "이주 여성은 우리 이웃입니다"라는 캠페인에서 시민으로서의 이주 여성의 위상을 높이는 데 좋은 방향을 제시해주었다.

결혼이주여성에 관한 2009 지역학교는 2009년 5월 23~25일에 "결혼 이주와 시민권"이라는 주제로 경기도 가평에서 필리핀, 일본, 한국, 대만, 베트남, 몽골 6개국 30여 명이 참여한 가운데 열렸다. 한국, 중국, 일본에 살고 있는 결혼이주여성 당사자 활동가들, 결혼이주여성 관련 연구자와 활동가들이 함께 이주와 시민권에 관한 워크숍, 다양한 민주주의와 형식적 다문화주의 비판에 대한 논의, 사회적 네트워킹과 사회 참여와 지역 행동 전략을 세우는 토론을 진행했다.

2010 지역학교는 2010년 6월 4~5일 부산에서 열렸다. 부산 '이주와 다문화가족 어울림센터', 대만 '트랜스 아시아자매협회TASAT', 부산 이주여성인권센터, 양산 다문화가족지원센터, 희망웅상(사)이 협력 단체로 참가했다. 주제는 전년에 이어 "개인에서 공동체로: 아시아 결혼 이주민의 시민권에 대한 재해석"으로 결혼이주여성 출신국의 당면 과제와 이주민 인권에 관한 심층 워크숍, 시민교육을 위한 시민권 정의와 재구성이 발제되었고, 당사자 단체에서 사례 발표와 조직에 대한 고민이 제기되었다.

이렇게 3년의 작업을 마친 후 2011년 8월 19~21일 '아시아 지역학교를 총정리하는 모임'이 "아시아의 결혼 이주: 아래로부터 만들어내는 우리를 위한 이주 정책"이라는 주제로 대만 타이베이에서 열렸다. 이 모임은 아레나와 한국이주여성인권센터, 그리고 대만 이주여성지원단체인 TIFATaiwan International Family Association의 공동 주최로 진행되었다. 한국에서 여섯 명이 참석했고 2차에 이어 시민권을 핵심 주제로 시민으로서 결혼이주여성 역량 강화 프로그램의 중요성이 논의되었다. 3년 동안의 시민권 주제 논의를 종합하는 모임인 만큼 특별히 국경을 넘는 네트워킹에 대해 전략 토의했다. 결혼이주여성의 시민권 강화를 위해 모임에 참가한 단체들이 각 나라에서 이주 여성의 시민권 문제를 위해 활동을 강화하기로 하는 한편 국제 연대를 통해 이주 여성의 인권과 안보 문제의 지평을 넓혀가기로 했다.

3년에 걸쳐 결혼이주여성의 시민권에 대한 대안을 모색하고 실현 가능성을 살펴본 이 작업으로 얻은 결론은 이주 여성들의 인권 보장과 개인 안보가 보장받기 위해서는 결혼이주여성들이 거주국에서 외국인이 아니라 시민으로서 자리매김되어야 하며, 시민권을 향유할 수 있어야 한다는 결론이 도출되었다. 시민권의 중요성과 필요성을 공유했지만 도착국에서 이주 여성의 시민권 향유가 매우 어려운 각 나라의 현실 앞에서 이주 활동가들의 노력은 물론, 이주 당사자들의 시민으로서의 자각과 더불어 세력화를 위한 이주 당사자 역량 강화 필요성이 중요하게 대두되었다.

문제는 이렇게 3년에 걸쳐 논의된 이주 여성의 시민권 문제를 정작 한국 사회로 끌어들여 의제로 제기하거나 시민권 보장과 향유를 촉구하는 캠페인으로 전개하지 못해 한국 정부의 이주 정책으로 채택되지 못했다는 것이다. 결국 논의만 있고 운동으로 이어지지 않는 의제는 힘이 없음을 보여준다. 또 하나 안타까운 것은 3년 동안 쌓아놓은 이주 여성 출발국과 도착국 간, 연구자와 활동가 간의 네트워크 상실이다. 3년 동안 이주 여성 시민권에 관한 주제로 아시아 지역학교 프로그램을 하면서 주제의 발전과 아울러 연구자와 활동가가 결합된 초국적 네트워크 가능성에 희망을 보곤 했다. 그러나 3년 동안의 프로그램과 총 정리 모임 후 다른 후속 프로그램이 이어지지 않아 꿈꾸었던 초국적 연대는 글자 그대로 꿈으로 끝나고 마는 아픈 경험을 했다.

16

국제기구를 통한 인권 활동

"한국에서는 이주 여성 가정폭력의 범위를 어디까지 인정합니까?"

"신체적 폭력만을 인정합니다."

순간 장내가 웅성거렸다. 유엔 여성차별철폐위원회 심사위원의 질문에 한국 정부 대표인 여성가족부 장관이 상식에 어긋난 답변을 했기 때문이다. 이미 세계적으로 가정폭력 범주는 신체폭력을 기본으로 언어폭력, 정서적 폭력을 모두 포괄한다. 한국 '가정폭력방지법'에도 "가정폭력이란 가정 구성원 사이에 신체적·정신적 또는 재산상 피해를 수반하는 폭행, 상해, 유기, 학대, 체포, 감금, 협박 행위를 말한다"라고 정의되어 있다.[1] 그러나 한국에서는 결혼이주여성에게 신체폭력만을 귀책사유로 인정한다. 이미 한국 민간단체 보고서에 이런 점이 문제로 제기되어 유엔 여성차별철폐위원이 이에 대해 질문한 것인데,

---

1   2008년 한국이주여성인권센터가 지부와 함께 결혼이주여성 인권 실태를 조사하고 펴낸 『결혼이주여성 인권백서』에는 이주 여성이 당하는 인권침해로 '가정폭력방지법'에 정의된 모든 경우가 다 포함되어 있었다.

여성가족부 장관이 "결혼이주여성의 경우 신체폭력만을 가정폭력으로 인정한다"고 대답하니 인종차별적으로 들릴 수밖에 없었다. 결국 심사위원들의 지적으로 여성가족부 장관은 "결혼이주여성에게도 가정폭력 범주를 폭넓게 적용하도록 수정하겠다"고 답했다.

이주 여성 문제와 관련한 국제기구 활동은 주로 유엔 여성차별철폐협약, 인종차별철폐협약, 사회권협약, 노동권협약, 이주 노동자와 그 가족의 권리협약 등의 협약과 유엔 인권이사회와 국가별 인권상황 정기 검토UPR(보편적 정례 보고)를 통한 활동이 있다. 유엔은 조약에 가입한 국가의 보고서를 받아 심의하고 권고라는 형식을 빌려 시정할 사항을 주문한다. 이때 정부 보고서는 민간단체와 협력해서 제출하도록 되어 있고, 민간단체는 유엔자문기구 단체를 통해 독자적으로 정부 보고서에 대응하는 보고서를 낼 수 있다. 유엔기구는 정부 보고서와 민간단체 보고서를 참고해 심의하고 해당 국가에 보내는 권고안을 만든다. 이주 여성과 관련된 민간 보고서는 한국에서 주로 한국이주여성인권센터가 담당해왔으며, 이후 유엔인권정책센터가 결합했고 유엔 회의에 참여해 전개되는 상황에 따라 다른 민간단체와 연결해 진행한다.

한국의 이주여성인권운동이 유엔을 통한 이주여성 인권증진활동에 참여한 것은 2004년 열린 유엔 회의 '밀레니엄과 여성'에서 비롯된다. 2000년 유엔 총회에서 새천년 발전 선언문United Nations Millenium Declaration(결의안 A/RES/55/2)에 발전으로 인한 이득과 혜택을 남성과 여성이 모두 받을 수 있어야 하며, 남성과 여성에게 평등권과 동등한 기회가 부여될 수 있어야 한다고 명시하고 새천년 발전 목표 8개 항을 세웠다. 그중 이주와 관련된 것은 '빈곤과 기아', '양성 평등과 여성 임파워먼트, 건강 및 보건, 발전을 위한 전 지구적 협력 관계 증진'이다.[2]

---

2   이선주·김혜영·최정숙, 『세계화와 아시아에서의 여성이주에 관한 연구』(한국여성개

유엔 여성지위위원회 Division for the Advancement of Women는 2003년 스웨덴 말뫼에서 새천년 프로젝트의 일환으로 '이주와 이동이 여성에게 어떻게 영향을 마치는가?'라는 주제로 국제회의를 열었다. 이 흐름을 이어 2004년 열린 유엔 밀레니엄 회의는 밀레니엄과 이주'라는 주제로 열렸다. 이때 한국 여성단체연합과 여성단체협의회, YWCA가 함께 '한국 이주 여성의 현실과 과제'라는 주제로 한국 민간단체 워크숍을 진행했다. 이 회의에서 필자가 이주여성단체 대표로 발제했고, 아시아에서 이주 여성화로 발생하는 문제에 대한 토의가 이어졌다.

새천년밀레니엄회의 후 한국에서는 한국여성단체연합 주도하에 2004년 북경세계여성대회 10년을 맞아 북경여성대회에서 채택한, 여성 발전을 위해 국가가 이행해야 할 행동강령을 검토하는 베이징 여성행동강령이행 보고회와 토론회를 실시했다. 베이징 행동강령에서 이주 여성과 관련된 빈곤, 교육, 폭력, 인권, 건강, 직업 등 여섯 개 주제에 대해 이주여성쉼터 위홈, 기지촌 이주여성 지원활동을 하는 새움터가 함께 평가하는 작업을 했다. 국제결혼 이주 여성 분야는 위홈, 성매매 유입 이주 여성은 새움터, 이주 여성 노동자 분야는 한국이주여성인권센터가 각각 맡아 현재 상황을 파악하고 정부와 민간단체가 이행한 실적을 평가해 과제를 제시했다. 2014년 베이징여성행동 이행 평가는 이주 여성 노동자 부문은 대구이주여성인권센터, 결혼이주여성은 한국이주여성인권센터, 성매매 유입 이주 여성은 두레방이 작업했다. 이 작업은 2014년 11월 13일 한국여성단체연합이 주최한 "젠더 관점에서 본 한국 사회의 변화: 걸어온 길, 그리고 나아갈 길" 이라는 제목의 심포지엄에서 발표되었다.[3]

발원, 2005).

3 한국여성단체연합 엮음, 『젠더관점에서 본 한국사회의 변화: 걸어온 길, 그리고 나아갈 길』(한국여성단체연합, 2014).

유엔 여성차별철폐위원회 활동

이주 문제에 관한 본격적인 유엔 활동은 유엔 여성차별철폐위원회에 참여하면서부터다. 한국여성단체연합이 민주사회를 위한 변호사모임 여성위원회와 더불어 2007년부터 뉴욕에서 열리는 여성차별철폐위원회에 참여해 정부보고에 대한 민간 의견서를 제출하고 한국 정부에 여성 인권 친화적인 권고를 하게끔 적극적인 활동을 벌였다.

유엔 여성차별철폐협약은 1979년 12월 18일 채택되었고, 20개국의 비준을얻어 1981년 9월 3일에 발효되었다. 한국은 1985년 1월 26일 비준하여 이 위원회에 가입했다. 한국은 유엔 여성차별철폐위원회에 가입한 당사국으로서유엔의 권고 사항을 이행해야 할 의무를 진다. 유엔 여성차별철폐위원회가 한국 정부 보고서를 어떻게 채택하고 어떤 권고안을 내는가 하는 것은 한국 여성인권에 중요한 영향을 미친다. 유엔 권고를 받은 당사국이 권고안을 이행하지않는다고 해서 국제사회에서 법적 제재가 가해지는 것은 아니다. 그러나 권고사항을 계속 이행하지 않을 경우 국제사회에서 당사국 이미지가 추락되기 때문에 정부로서는 권고 사항 이행을 고려할 수밖에 없으며, 여성 민간단체 역시이 문제에 관해 적극적으로 관심하고 대응해야만 한다.

한국 정부 5·6차 보고서 심의에 맞추어 국내 9개 여성단체들이 함께 작성한보고서를 유엔 여성차별철폐위원회에 제출했다. 한국이주여성인권센터는 이주 여성에 대한 성폭력·가정폭력(NG 6.5) 부문을, 민주화를 위한 변호사모임여성위원회는 성매매로 유입된 이주 여성 인권 문제와 관련해서 민간단체 보고서를 냈다. 보고서 내용은 이주 여성의 인권 상황에 관한 분석과 한국 정부에 대한 권고 요청으로 국제결혼 중개업 규제, 결혼이주여성을 비롯해서 이주여성 노동자, 유흥업종사 이주 여성들을 착취와 학대로부터 보호, 정부 정책문제 등에 관한 것이다.[4]

유엔기구 활동의 사례를 살펴보자. 2011년 8월 19일부터 열린 제49차 유엔 여성차별철폐위원회에 민간단체 참가단은 한국 정부 보고서에 대한 민간단체 반박 보고서 작성에 참여한 한국여성단체연합 사무처와 국제센터 관계자, 여성단체연합 회원 단체인 한국여성의전화, 한국여성노동자회, 한국이주여성인권센터 대표 등 여섯 명과 민주사회를 위한 변호사회 여성인권위원회 소속 네 명 등 총 열 명으로 구성되었다. 한국 정부 보고는 7월 19일이지만 7월 13일부터 위원회를 참관해 다른 나라 대표가 보고하는 모습을 지켜보는 한편, 위원들에 대한 브리핑과 로비활동을 어떻게 할지 교육을 받고 한국 정부 보고에 대응할 준비를 했다. 유엔 여성차별철폐위원회는 다른 위원회와 달리 민간단체 보고를 듣는 시간을 제공한다. 초청에 응한 여성차별철폐위원회 위원들에게 민간단체 입장을 보고하는 브리핑 시간과 여성차별철폐위원회 위원들과 민간단체 대표들이 만나는 비공식 회의NGO Informal Meeting with the CEDAW Committee 시간인데 주로 점심시간을 이용한다. 이때 민간단체 대표들은 한국여성운동의 쟁점이 무엇이고, 한국 정부가 놓친 부분이 어떤 것이며, 또 사실과 다른 보고를 하는 것이 무엇인지 알리는 일을 했는데 여성차별철폐위원들에게 민간단체 입장을 전달하는 로비활동을 전략적으로 전개했다.

7월 19일에 열린 한국 정부 심의는 정부 대표단 대표인 여성가족부 장관이 보고서 개요를 소개한 후, 여성차별철폐위원회 위원들이 여성차별철폐협약 조항 순서에 따라 한국 정부에 질문하고 의견을 개진하면 이에 대해 한국 정부 대표단이 답변하고 다시 여성차별철폐위원회 위원들이 추가 질문하는 방식으

---

4   Coordinating Organization: Korea Women's Association United, *NGO Shadow Report Republic of Korea: An Examination of The Seventh Periodic Report by Republic of Korea (2006-2009) on the Implementation of the UN Convention on the Elimination of All Forms of Discrimination against Women*(Coordinating Organization: Korea Women's Association United, 2011), pp.105~121.

로 이루어졌다. 한국 민간단체 참가단이 점심 브리핑과 비공식 회의에서 제기했던 거의 모든 쟁점이 질문으로 제기되었고 특히 이주 여성과 관련 질문이 많았다. 결혼이주여성이 남편 신원보증이나 부부 사이에서 태어난 아이가 없이도 국적을 취득할 수 있는 법률을 만들 의향이 있는지, 가정폭력 피해 이주 여성을 보호할 어떤 법적 장치가 있는지, 예술흥행 비자를 가지고 입국하는 여성들이 인신매매로 유입되는 것을 막기 위한 조처는 무엇이며, 피해자의 인권을 어떻게 보호하고 있는지, 이주 노동자와 그 가족의 권리에 관한 협약을 비준할 의사가 있는지, 인신매매방지법을 제정할 의사는 있는지 등에 관한 질문이 이어졌다.

이날 한국 정부에 질문한 것들은 후에 한국 정부가 이행해야 할 권고 사항으로 이어졌다. 그 내용은 다음 사항을 포함했다.

가정폭력에 대한 예방과 보호를 위해 가능한 조치를 포함하여, 외국인 여성들이 자신의 권리와 배상 방안을 인지하도록 여성에 대한 인식 개선 캠페인을 시행할 것, 포괄적 인신매매방지법을 제정하고, 관련 형법조항을 개정할 것. 외국인 여성을 고용하는 연예회사에 대한 현재 심사 절차를 강화하고, E-6 비자 여성 노동자들이 성매매 착취에 종속되지 않도록 보장하기 위해 효과적인 모니터링 체계를 갖추는 조처를 취할 것, 결혼 중개업자, 인신매매자, 배우자에 의한 학대와 착취로부터 외국인 여성을 보호하기 위하여 국제결혼 중개업 관리에 관한 법률의 효과적인 이행을 보장하기 위한 입법 및 조치를 취할 것, 인신매매방지 의정서 및 국제조직범죄방지 협약을 비준할 것. 특히 위원회는 한국인 남성과 결혼한 외국인 여성들이 국적 신청서를 제출할 때 남편의 신원보증을 받지 못하거나, 자녀가 없는 경우 직면할 수 있는 어려움에 대해 우려를 표하면서 한국 정부가 한국 국적취득 요건과 관련한 모든 차별적 조항을 제거하고, 유엔 여성차별철폐협약 제9조에 부합해 국적을 다루는 법과 제도를 개정할 것을 권고하고, 모든 이주 노

동자와 그 가족의 권리 보호에 관한 국제협약(이주노동자권리협약)과 유엔강제
실종협약에 가입·비준할 것.

한국의 시민단체가 이주여성인권을 위해 제기한 중요 요청 사항들이 권고
사항으로 도출되었다는 것은 유엔 활동에서 얻은 큰 성과라고 할 수 있겠다.
유엔 여성차별철폐위원회를 마치고 돌아와서 회의에 참석했던 단체들이 모여
9월 21일 현지 활동 보고 및 토론회를 실시하고 유엔 여성차별철폐위원회 최
종 견해 이행 방안을 모색했다.[5]

인종차별위원회 활동

한편 이주 여성의 인권과 관련한 국제기구에서 여성차별철폐위원회와 더불
어 특히 중요한 것은 인종차별철폐협약을 다루는 인종차별철폐위원회다. 유
엔 인종차별철폐위원회는 2001년 아프리카 더반에서 인종주의, 인종차별, 외
국인 혐오 및 불관용 철폐를 위한 세계회의(더반 선언)를 열고 각국 정부의 공
식 동의로 구체적인 실행 계획을 합의했다. 한국은 당시 한명숙 여성가족부 장
관이 참석했다. 실행 계획은 '더반 선언'의 목적을 지향하며 정부, 비정부기구,
민간 기업과 국제기구들에 대한 219가지 권고를 담고 있다.

더반 선언은 인종주의의 표적이 되는 대상을 아프리카인과 아프리카계 사
람들, 원주민, 이주민, 난민, 기타 피해자 — 인신매매 피해자, 집시와 유랑인, 아시
아계 사람, 국가 또는 민족, 종교적·언어적 소수 집단, 여성과 소녀, 어린이, 장애인과

---

5   이 토론회에 앞서 국가인권위원회에서도 9월 19일에 입법 및 사법 분야 여성차별철폐협약
     권고 이행 과제 및 이행 방안 토론회를 실시했다.

에이즈 감염인 ─ 으로 정의했다.[6] 인종차별철폐위원회가 이주 여성의 인권을 위해 개선할 점으로 한국 정부에 권고한 것은 다음과 같다.

국제결혼 중개업체의 활동을 규제하고 특히 한국이 결혼이주여성의 별거와 이혼 시 동등한 권리를 보장하며, 이후 체류 허가와 기타 조항을 고려하여 한국인 배우자와 결혼한 이주 여성을 보호하기 위한 노력을 강화할 것, 가정폭력, 성적 학대, 인신매매, 기타 다른 형태의 외국인 여성 폭력 피해자들이 확신을 갖고 사법에 접근할 수 있도록 보장할 것, 성폭력 피해자들은 회복할 때까지 당사국 내 합법적인 체류를 보장받고, 원할 경우 이후에도 국내에 체류할 수 있도록 할 것.

유엔인종차별철폐위원회의 권고 사항 중 국제결혼 여성의 권리 보호를 강화하기 위한 적절한 조치, 특히 "결혼이 파탄에 이르게 된 것이 한국인 남편의 전적인 귀책사유로 인한 경우가 아니라고 하더라도, 국제결혼 여성이 이혼 혹은 별거하게 된 경우에 법적인 거주 자격이 보장될 수 있도록 하는 조치를 채택할 것" 같은 사항은 유엔 사회권위원회의 권고와 일치한다. 그만큼 한국의 결혼이주여성 체류권이 불안하기 때문이다. 또한 권고 사항 중 한국 사회가 유념해야 할 것은 다문화 가족의 정의를 한국인 혈족 중심이 아니라 폭넓게 적용해야 한다는 것이다. 인종차별철폐위원회는 한국 영토 내에 있지만 현재는 법에 따른 지원 혜택을 누리지 못하고 있는 외국인끼리의 결합이나 인종 간 결합을 포함해 다문화 가족 정의를 확대할 것을 한국 정부에 권고하고 이주민 가족의 자녀들에게 특별히 관심을 갖도록 촉구했다.

한편 2014년 9월 29일부터 10월 6일까지 현대적 형태 인종주의, 인종차별,

---

6   성·인종차별반대공동행동, 「인종, 인종차별, 성·인종차별 알아보기」(성·인종차별차별반대공동행동, 2010).

외국인 혐오와 이와 관련한 불관용에 관한 특별 보고관, 무투마 루티에레가 정부 초청으로 한국을 방문했다. 그는 인종주의를 방지하기 위한 법적·제도적 틀과 정부, 국가인권기구 및 시민사회가 인종주의와 외국인 혐오를 없애기 위해 취한 다양한 정책과 계획을 다루었다. 이에 한국 시민단체가 공동 사무국을 꾸려 이에 대응하는 활동을 했다. 공동 사무국은 이주 노동자, 난민, 이주 여성에 대한 인종차별 보고서를 작성하고 간담회를 열어 보고서를 특별 보고관에게 제출했다.

2015년 7월 5일 특별 보고관은 이주민 상황, 농업 부문 외국인 노동자와 외국인 선원, 그리고 미디어 및 사적 영역에서의 인종주의, 인종차별, 외국인 혐오 표현이나 행위들과 관련된 문제를 포함해서 이와 관련한 불관용을 점검하고 개선 방안을 권고했다.

특히 결혼이주민과 다문과 가족에 대해 "별거 또는 이혼의 경우, 결혼의 결과 또는 지속 기간, 그리고 결혼 관계에서 태어난 자녀의 유무와 관계없이 대한민국 국적 남성과 결혼한 이주민 여성에게 체류의 안정성을 포함한 동등한 권리를 부여할 것, 다문화 가족 개념의 재정의와 그들이 사회에 주는 혜택을 인정하는 것을 포함해, 국제결혼과 관련한 인종주의와 외국인 혐오를 없애기 위한 광범한 공공 인식 개선 캠페인을 시행할 것, 가정폭력, 성적 학대, 인신매매 또는 다른 형태의 폭력 피해자인 외국인 여성들이 자신들의 권리에 대해 통지받고 재판에 대해 적절히 접근할 수 있도록 보장할 것, 정부가 다문화 가족의 정의를 확대하고 외국인 간 또는 민족 간 결합을 포함시켜 현재 다문화가족법에 따른 사회적 혜택을 받지 못하는 사람들이 포함될 수 있도록 할 것"을 한국 정부에 권고했다.

유엔사회권위원회와 유엔 인권이사회 활동

한국이주여성운동은 시민단체들과 더불어 여성차별철폐위원회 활동뿐 아니라 인종차별철폐위원회와 사회권위원회, 유엔이사회의 보편적 정례검토에 제출하는 민간단체 보고서에 참여했다. 회의에 참석해 의견을 개진하여 좋은 권고안을 이끌어냈고 일정 부분 한국 정부의 제도 개선에 기여했다.

특히 한국의 시민단체가 주목하는 것은 유엔 인권이사회다. 유엔 인권이사회는 국가별 인권상황 정기 검토UPR 시에 민간단체 의견을 반영한다. 이에 따라 유엔 인권 권고 이행 계획에 대한 시민사회 제언에 참여해 이주 여성 인권 부분에 대해 이주단체 의견을 제안했다.

지난 2008년 1월 한국 인권단체들이 국가별 정례인권 검토 보고서를 만들어 유엔 인권이사회에 제출했다.[7] 유엔 인권이사회는 2012년 시민단체 의견을 받아들여 이주 노동자와 난민, 결혼이주여성, 유흥업 종사 이주 여성의 인권을 개선하도록 한국 정부에 권고한 바 있다. 유엔 인권이사회가 한국 정부에 권고한 70개 사항 중 이주민에 관한 것이 12개였다.

유엔 권고안에 대해 한국 정부는 2012년 12월 관계 당국 회의를 갖고 한국 정부가 이행할 것과 이행하지 않을 것을 결정했다. 결혼이주여성 귀화 서류에서 남편 신원보증제도를 없애고 인신매매방지의정서 비준 등 유엔 권고 사항을 일부 수용했으나 이주 노동자와 그 가족의 권리협약 가입과 비준, 이주 노동자 사업장 이동 제한 철폐, 이주 아동 체류권 인정 등 5개 사항에 대해서는 유보 내지 검토 의사를 밝혔다.

---

7   이 보고서는 참여연대, 한국여성단체연합, 인권운동사랑방 등 주요 인권단체들이 주도해 작성한 것으로서, 한국이주여성인권센터에서 특별히 이주여성들이 인신매매성 이주를 하지 않도록 조처하는 의견과 이주여성 인권 보호를 강조하는 의견서를 제출했다.

국제기구 권고를 받은 한국 정부는 권고 사항에 대해 어떻게 이행했는지 보고할 의무가 있기 때문에 권고안을 받아들여 많은 법과 제도가 개정되었다. 폭력 피해 이주 여성을 위한 인프라 구축이나 이주 여성 체류권 보호 등은 주로 국내 민간단체 활동으로 이루어졌지만, 유엔 권고 사항도 큰 영향을 미쳤다. 귀화 시 배우자 신원보증제 폐지, 국제결혼 중개업 규제 등은 유엔 권고 사항이 큰 도움이 되었다. 이주여성인권운동이 국제기구로 지평을 넓혀야 하는 이유다.

한국 사회와 아시아 지역, 나아가서 유엔을 잇는 글로컬 운동은 '인신매매성 결혼 이주'를 방지하고 이주 여성의 인권을 보호하기 위해 매우 중요한 활동이다. 이주 여성 인권 향상을 위해서는 이주 여성이 유입되는 국가 단체나 개인 노력만으로는 부족하다. 이주를 떠나는 국가의 단체나 개인 차원의 연대가 있어야 효과적이다. 특히 인신매매와 경계선상에 놓여 있는 '이주의 여성화' 문제를 해결하기 위해서는 이주 여성 본국 여성단체들과의 자매애와 연대가 필수적이다. 초국적 연대의 중요성을 알지만 연대에 드는 비용을 마련하는 것이 쉽지 않다. 연대가 이루어지기 위해서는 한국이 연대에 드는 비용을 부담해야 하는데 사실상 이주여성운동단체가 이를 감당할 재정적 기반은 취약하다. 단순히 비용 문제만이 아니라 의사소통을 위한 언어도 문제다. 초국적 연대 틀을 구축했다가도 비용과 언어 때문에 놓치곤 했다. 이주 여성이 출발에서부터 귀환에 이르기까지 인권이 보장받고 안전한 이주가 될 수 있도록 글로컬 운동을 활성화할 수 있는 길이 열리기를 기대한다.

제**6**부
이주 여성과
함께 열어가는 미래

이주 여성 역량 강화란 콩나물에 물 주기와 같다. 시루
에 콩을 넣고 물을 주면 그 물은 흘러내려 흔적도 없다.
그러나 시간이 지나 어느 순간에 보면 콩나물이 노랗게
자라 있다. 이주 여성 역량 강화도 마찬가지다. 처음에
는 흔적도 보이지 않는 일 같지만 시간이 지나면 이주
여성들은 지원 대상에서 주체가 되어 자기 삶을 개척해
나갈 것이다.

이주 여성이 기댈 언덕이 되고자!

지구가 한 마을이 되어
사람들이, 자본이, 노동력이 국경을 넘나듭니다.
아시아, 남미, 아프리카 대륙 여성들이
노동자로, 결혼 이주자로, 연예인 노동자로,
이주 여성이라는 이름으로 우리에게 왔습니다.

코리안 드림을 안고 이 땅을 찾아
"우리도 사람이에요" 외쳐보지만
피부색이 다르다는 이유로,
가난한 나라에서 왔다는 이유로,
우리와 다르다는 이유로 받는 차별에 고통을 느끼며,
그렇게 우리 앞에 서 있었습니다.
우리가 이들에게 바람막이가 되기로 했습니다.
이주 여성들이 기댈 언덕이 되기로 했습니다.

한국어를 알아야 한국 땅에서 살아갈 수 있기에 한국어 교실을 열고,
모성을 보호받아야 하겠기에 모성보호지원사업을 하고,
억울함을 호소하고 보호받을 곳이 필요했기에 인권상담실과 쉼터를 열고,
한국 땅에서 주인으로 당당히 살아야 했기에
기 펴며 사는 역량 강화 프로그램을 마련했습니다.

머물 자유를 보장받고 두려움 없이 살아야 하겠기에
잘못된 정부 정책에 항의하고
인권 보호와 사회 안전망 구축을 외치며 거리에 서기도 했습니다.
무엇보다 한국인이 아니라는 이유로 인권이 침해되어서는 안 되기에.
결혼으로 왔으니
혼인이 깨어지면 자기 나라로 돌아가야 한다는 악법을 바꾸는 일에,
한국인이 아니라
가정폭력, 성폭력, 인신매매 피해를 당해도
보호받을 수 없는 한국 여성 법들을 바꾸어내고,

자기 말로 억울함을 호소할 수 있는 긴급전화를 만드는 일에,
폭력 피해를 당하면 보호받을 수 있는 피난처를 만드는 일에,
날개 꺾이고 다리 부러진 이들의 상처를 싸매고 일으켜 세우는 일에
힘을 쏟았습니다.

무엇보다 가족이라는 이유로 인권을 저당 잡혀서는 안 되기에
외국인 며느리가 아니라 한 여성으로서,
외국인 엄마로만이 아니라 한 여성으로서,
외국인 아내로만이 아니라 한 여성으로서 사는 삶이 중요하기에
이주 여성들과 함께 생명, 평등, 평화를 나누고자 했습니다.

이주 여성들과 함께 벽을 문으로 알고
그렇게 15년을 걸어왔습니다.
우리에게는
이 한국 땅에서 인종차별, 계급차별, 성차별이
없어지리라는 믿음과 희망이 있습니다.
이 희망으로 우리는 차별이라는 벽을 허물려고 합니다.
이 바람으로 우리는 외국인 혐오증이라는 바윗돌을 깨드리려고 합니다.
이 꿈으로 우리는 우리 사회의 야만성과 미성숙성으로 질러지는 고함을
평등과 조화의 아름다운 합창곡으로 바꾸려 합니다.

이주여성운동 15주년을 맞은 우리는,
한국 모든 땅에서 평등과 자유의 종이 울려 퍼지고
방방곡곡에서 이주 여성의 창의력과 지도력이 드높여지고,
"선주민과 이주민은 하나입니다."
"우리는 하나입니다."
이런 노래를 부를 그날을 바라보며 나아갈 것 입니다.
항상 곁에서 보듬어 안아주는 여러분들과 함께
새로운 내일을 향해 나아갈 것입니다.

17

이주 여성 역량 강화와 당사자 스스로 힘 갖추기

2014년 12월 30일 대한문 앞에서는 "우리는 살해당하러 오지 않았다"라는 제하로 추모제가 열렸다. 이 추모제는 한국에 살고 있는 결혼이주여성 리더들이 주관했다. 이주 여성 활동가들이 추모제 프로그램을 짜고, 이주 여성 자조 그룹이나 동아리를 연결해 순서를 비롯한 역할 분담과 피켓 제작, 공지를 맡겼다. 추모제 사회도 이주여성연합회 대표 왕지연과 한국이주여성인권센터 활동가 레티마이투가 맡았다. 전국에서 약 100여 명의 이주 여성이 모였다. 피켓의 내용이 오늘날 결혼이주여성의 인권 현실에 초점을 맞춰 잘 만들어졌고 발언들도 훌륭했다. 모임에 참석한 이들은 이주여성단체 활동가를 비롯해서 다문화가족지원센터와 국가기관에서 통역 상담원으로 일하거나 다양한 현장에서 이중 언어 강사, 다문화 강사, 공무원 등으로 활동하는 당사자 활동가와 이주공동체의 리더들이었다. 이자스민 국회의원도 자리를 같이했다. 추모제가 진행되는 동안 '이주 여성의 역량이 참 많이 성장했구나!' 하고 감탄했다.

변방에서 주체로

이주 여성 활동가로서 성장한 기쁨

2005년, 저는 더 넓은 세상을 경험하기 위해 고향을 떠나 한국으로 왔습니다. 처음엔 다른 결혼이주여성들처럼 가족이나 지인도 없는 낯선 한국에서 한국말을 배우느라, 결혼 생활을 하느라, 한국의 생활 방식을 배우느라 많이 외롭고 힘들었습니다. 문화 갈등도 힘들었습니다. 2006년 베트남 친구의 소개로 한국이주여성인권센터에 나가 한국어도 배우고 컴퓨터 교실도 다니고 문화 활동도 했습니다. 그렇게 저는 센터와 인연을 맺고 한국어 학생으로 시작해 상담 통역 자원봉사활동을 하다 지금은 이주 여성 당사자 활동가로 일하고 있습니다.

이주 여성 당사자 활동가로 인권운동 현장에서 활동하다 보니 한국에 거주하는 이주 여성의 취약한 지위와 가족 내 불평등으로 인한 고통들이 더 자세히 보였습니다. 이주 여성들은 한국에 가족으로 살기 위해 왔지만, 체류조차 보장받지 못하고 가정폭력에 시달려도 호소할 곳이 없습니다. 저는 처음엔 센터에서 통역만 했습니다. 그러다 한 이주 여성이 옆집에 사는 한국 언니 도움으로 한국이주여성인권센터를 찾아와 따뜻하게 맞아주는 활동가들을 만나고서야 꽁꽁 얼었던 마음 문을 열고 자기 이야기를 털어놓은 일이 있었습니다. 이 일을 계기로 저는 이주 여성 인권 활동 현장에서 통역원 역할에 머물 것이 아니라 힘을 키워 이주 여성 인권 현장에서 뛰어야겠다는 결심을 하게 되었습니다. 힘들고 지쳐 활동가 길을 포기하고 싶을 때도 많았습니다. 그러나 "이주 여성 문제는 이주 여성 당사자가 나서야 한다"는 센터의 활동 목표가 제게 큰 힘이 되었습니다. 엄격하지만 친절하게 가르쳐주고 제가 힘들 때는 격려해주는 동료들이 너무나 고마웠습니다. 조금씩 저 자신을 키워가며 상담, 지원, 모임 등 다양한 활동을 통해 또 다른 이주 여성과 가족에게 도움을 주고, 때로는 도움을 받기도 했습니다. 센터의 지지와 동행으로 다른 이주 여성들이 스스로 자기 문제를 해결하는 힘을 갖게 될 때면 뿌듯하고 행복했습니다.

센터는 저에게 꿈과 삶의 안내자, 지지자, 친한 친구이며 친정 가족과 같은 곳입니다. 센터는 당사자 역량 강화와 실천 활동을 통해 인권 의식이 높은 이주 여성 당사자 활동가들로 키워냅니다. 활동가 한 사람 한 사람이 꽃이 되어 한국 인권 운동 현장 곳곳에서 적극적으로 자기 능력을 펼치고 있습니다. 함께 이주여성인권센터에서 공부한 이주 여성들 중 누군가는 이주 여성 자조 모임의 리더가 되고 또 다른 누군가는 다양한 이주 여성 상담 현장에서 일하며 아직 어떤 활동을 해야 하는지 모르는 이주 여성의 눈을 뜨게 해주고 있습니다. 모두들 힘들고 도움의 손길이 필요한 이주 여성들에게 도움을 주는 그런 활동가들이 되었습니다. 지친 이주 여성들에게는 기댈 언덕이 되어주며, 가정폭력의 고통에 시달리는 이주 여성에게는 따뜻한 포옹과 보금자리를 제공해줍니다. 이주 여성 스스로 힘을 길러 자신의 문제를 해결하고 다른 이주 여성들과 함께 인권 활동을 할 수 있도록 도움을 주는 곳입니다. 이주 여성들에게 불리하고 불평등한 정부 정책을 모니터링하며 때로는 정부에 맞서기도 하고, 다양한 정책 제안 활동과 한국 사회 인식 개선을 위해 끊임없이 노력해왔습니다.

이런 점 때문에 저는 9년간 변치 않는 한 마음으로 이주 여성 인권 현장에 설 수 있었습니다. 베트남 시골 소녀이자 결혼이주여성인 저는 이주여성인권센터와 인연을 맺고 인권활동을 통해 더욱 성숙해진 힘 있는 그런 이주 여성이 되었습니다. 센터는 이주 여성과 선주민 여성, 이주 여성과 이주 여성, 이주 여성과 인권이 만나는 징검다리가 되어 이주 여성 인권을 개선할 수 있도록 하는 소중한 존재입니다. 앞으로도 이주 여성들이 좀 더 나은 삶의 기회를 갖게 되고, 선주민과 이주민이 차별을 하지 않고 평등한 관계에서 함께 인권을 누리며 살아가리라 기대합니다.[1]

---

1   레티마이투, 「낯섬, 끌림, 그리고 어울림」(한국이주여성인권센터, 2014).

이 글은 한국이주여성인권센터 이주 여성 당사자 활동가 레티마이투가 쓴 글이다. 이주 여성 인권지킴이를 양성하기에 앞서 관심한 것은 당사자 활동가를 키우는 것이다. 이주 여성 역량은 교육 프로그램을 통해 키워지지만, 실무자로 활동할 때 일취월장할 수 있다. 이주 여성과 파트너십을 이루기 위해서는 먼저 이주 여성 실무 역량을 키워야 하는데 이러한 작업은 매우 어렵지만 인내심을 갖고, 무엇보다도 가능성을 믿고 기다려주면 어느새 역량이 자라 있다.

한국이주여성인권센터에는 9년차 이주 여성 당사자 활동가가 일하고 있다. 그냥 활동가가 아니고 법인 인권팀장이고 재정 업무까지 겸해서 맡고 있으며 연구 작업도 한다. 베트남에서 온 '레티마이투'다. 한국어를 배우러 온 학생이었는데, 열심히 공부하는 모습이 눈에 띄어서 활동가로 채용했다. 선주민 활동가들이 투를 기초부터 지독하게 훈련시켰고 점점 큰일을 맡겼다. 활동가이지만 센터에서 하는 이주 여성 프로그램은 물론, 외부의 이주 여성 관련 프로그램에 참여하게 해서 많은 배움의 기회도 제공했다. 고등학교 졸업의 학력이었는데 사이버대학에서 사회복지를 공부하게 했다. 학력으로 사람을 평가하지는 않지만 공부를 통해 지도력을 키워주고 싶었고, 지도자가 되기 위해 한국에서 필요로 하는 자격을 갖추는 것이 필요했다. 이렇게 해서 모두가 부러워하는 이주 여성 당사자 활동가가 탄생했다. 이주 여성이어서 인권팀장 직책을 맡긴 것이 아니라 감당할 능력이 있다고 생각해서 맡겼다. 센터가 행사를 할 때면 단골 사회자이기도 하다. 귀화해서 '한가은'이라는 이름도 갖고 있다. 이렇게 지도력을 갖추었는데도 전화를 받으면 억양 때문에 "한국인 바꿔주세요" 하는 바람에 속상해하는 경우도 있다.

한국 국제결혼 역사가 20년을 넘어서고 있다. 그 역사만큼 이주 여성 역량 강화 프로그램도 발전되었다. 이주 여성 인권운동에서 가장 중요한 것이 당사자들이 스스로 힘을 갖추어 자신들이 설 자리를 매김하고 자기 인권을 지키는 것이다. 왜냐하면 당사자들이 자기 문제에 나설 때 가장 힘이 있기 때문이다.

그동안 한국 사회에서 이주 여성들은 국제결혼 중개업체의 알선으로 인신매매 피해자이거나 가정폭력 피해자, 한국어 교육 대상이나 복지 지원 대상, 보호해야 할 대상이었지, 자기 삶의 주인이 되지 못했다. 그래서 힘을 갖춰 이주 여성 본인이 세상을 만들어가는 세력화를 이루고 자기 삶의 주인이 될 수 있도록 하는 역량 강화가 정말 중요하다.

이주 여성 역량 강화, 특히 당사자 활동가를 위한 프로그램은 매우 취약한 상태였다. 이주 여성 취업 기회를 넓히기 위한 기술 교육은 일정 부분 제공되었지만 이러한 교육은 단지 적응과 복지 수혜자로서의 역할을 지원하는 것에 머물고 이주 여성 스스로 주체가 되게 하는 교육은 거의 없는 실정이었다. 한국에서 결혼이주여성 역량 강화는 이주 여성 긴급전화 개설과 더불어 시작되었다고 해도 과언이 아니다. 이주 여성을 위한 긴급전화 상담원으로 양성하기 위해 한국어로 의사소통이 가능한 결혼이주여성 20명에게 2006년 4월부터 두 달 동안 한국 문화와 한국 사회 이해, 가정폭력과 성폭력 상담원 자격을 갖출 수 있는 교육을 실시했다. 이렇게 상담원 자격을 갖춘 결혼이주여성들이 긴급전화에서 상담원으로 근무하게 되었고 수시로 후속 교육을 진행해 역량을 강화했다. 이들이 이주 여성 긴급지원센터의 기반이 되었고 인권침해를 받은 이주 여성들에게 많은 도움을 줄 수 있었다.

또 다른 역량 강화 교육은 이주 여성 문화전달자 양성 교육이다. 다문화가족지원센터나 이주여성단체는 한국어가 어느 정도 가능한 이주 여성들을 대상으로 본국 문화를 지역사회에 전달할 수 있도록 교육하기 시작했고, 이들은 후에 다문화 강사라는 이름으로 자리를 잡게 되었다. 이들이 지역사회 유치원이나 학교에 본국 문화를 전달하는 일을 수행하기 위해서는 한국어를 더 잘해야 했고 가르치는 능력도 키워야 했다. 이렇게 해서 전국에 결혼이주여성을 주축으로 하는 다문화 강사가 늘게 되었다.

그다음 단계는 다문화직업군으로 이주 여성 특성을 살린 통·번역사와 이중 언어 강사 양성이 실시되었다. 훈련받은 이주 여성들은 정부 기관, 법무소나 행정대서소 등 필요한 곳에서 일하게 되었다. 이중 언어 강사 훈련을 받은 이들은 학교에 취업해 준교사로서 학생들에게 본국어를 가르치고 다문화 가정 자녀 상담을 하기도 한다.

위의 훈련들은 이주 여성들의 자기 계발이나 취업 및 생활 안정에는 기여하나 이주 여성 인권을 지키는 데는 한계가 있다. 최근에는 이주 여성 당사자가 이주 여성의 인권을 지키도록 하는 인권지킴이 교육이 시행되고 있다. 이주 여성 당사자를 대상으로 하는 가정폭력·성폭력 전문상담원 양성 교육과 이주 여성 인권지킴이 교육이다. 이 교육을 수료하면 전문 상담원으로 이주여성쉼터나 이주여성상담센터, 때로는 선주민 상담소에서 이주 여성 상담을 할 수 있다.

결혼이주여성은 한국 사회에서 다문화 강사, 상담원, 통·번역가, 기초한국어 교사, 공무원 등 활동 영역을 넓혀가고 있다. 적응 지원 대상이었던 이주 여성이 자연스럽게 당사자 활동가로 성장해가는 모습을 보여주고 있다. 이주 여성이 당사자 활동가로 활동할 때 선주민 활동가의 눈이 미칠 수 없는 영역을 보게 되고, 한국 사회의 주체적 일원으로 우뚝 서게 된다. 또한 이들의 활동은 이제 한국 사회에 발을 들여놓고 생활하고 있는 수많은 이주 여성에게 큰 영향을 미친다는 점에서 매우 의미가 있다.

저 역시 이주 여성으로 쉼터에서 이주 여성을 상담하는 일을 하고 있습니다. 여기서 상담을 해보니 쉼터 입소자 상황이 전쟁터 못지않게 심각하게 다가왔습니다. 남편이 머리를 술병으로 때려 머리가 찢겨 자살을 결심하고 한강까지 갔다가 택시 기사가 경찰에 신고하여 오게 된 여성, 한국에 온 후 10여 년간 남편이 운영하는 가게 주방에서 일만하다 한국어도 제대로 배우지 못하고 결국엔 돈 한 푼 없이 이혼당한 여성, 남편에게 폭행당해 목뼈가 부러진 여성 등…. 낯설고 물선

이국땅에서 참고 견디다 못해 결국엔 상담센터와 경찰 안내를 받아 쉼터에 오기까지 얼마나 외롭고 두렵고 막막했을까 하는 안타까움에 안아주기라도 하면 눈물을 뚝뚝 흘립니다. 한국 생활을 먼저 시작한 사람으로서, 상담 교육 후 상담원 자격증을 취득해 나와 같은 이주 여성을 도울 수 있게 되어 무척 뿌듯합니다.[2]

이 글은 쉼터에서 이주 여성 전문상담가로 활동하고 있는 중국 출신 이주 여성 홍매화의 글이다. 이주 여성 역량 강화를 위해 "변방에서 주체로!"라는 슬로건으로 이주 여성 당사자 활동가 육성을 위한 교육, '이주 여성 인권지킴이 교육'을 시작했다. 이주 여성 역량 강화의 슬로건을 "변방에서 중심으로!"가 아닌 "변방에서 주체로!"로 한 것은 주변화되고 있는 이주 여성의 역량을 강화해 주체적 존재로 살아갈 수 있도록 돕자는 취지가 있었다. 이주 여성들에게 민주 시민으로서, 당사자 활동가로서 역량을 강화시키는 것은 이들이 한국 사회 주변부에서 중심부로 나아가 주체로 자리 잡게 하기 위해 매우 중요하다고 판단했기 때문이다.

이주여성운동이 이주 여성의 역량을 강화하여 달성하고자 하는 목표는 다음과 같다. 첫째는 이주 여성들이 한국 사회에서 당당한 구성원으로서 자신을 받아들이고 가정과 사회에서 자기 목소리를 낼 수 있도록 하기 위함이요, 둘째는 본인 역량을 강화해 본인뿐 아니라 동료들을 '주변에서 중심부'로 나올 수 있도록, '대상에서 주체'가 되도록 도와주는 촉진자로서 자기 역할을 인식하도록 하기 위함이다. 셋째는 이주 여성이 지도자로서 역량을 강화해 이주 여성과 상생·공존하는 한국 사회로 변화시키는 힘을 갖추기 위함이다.

이주 여성 활동가를 위한 역량 강화 교육은 두 가지에 초점을 맞추었는데

---

2   홍매화, '이주여성으로 이주여성의 인권을 보살피다', 한국이주여성인권센터 인터뷰(2014. 12.21).

하나는 이주 여성이 한국 사회의 주인이 되기 위해 필요한 의식화 교육이고, 다른 하나는 이주 여성들이 활동가로서 실무 역량을 갖추기 위한 실무 교육이었다. 교육은 이론 교육과 실습으로 진행되었다. 이론 교육은 이주 여성 당사자 활동가로서 정체성 찾기와 민주 시민으로서 지도력 키우기, 한국 사회 이주민 정책, 이주 여성이 알아야 정보와 정보 활용 능력 키우기, 현장 실무 역량 키우기 등이었다. '실무 역량 키우기'에 이주 여성 조직화와 관리, 소식지 만들기, 사업기획서 작성 기초, 기초회계 등 10개 강좌를 실시했다. 이론 교육을 마친 다음에는 대표적인 시민단체와 여성단체, 이주단체를 방문해 한국 NGO 활동과 한국 사회에 미치는 영향 등을 체험하게 했고 마지막 4주 동안 이주단체에 의뢰해서 현장실습을 했다.

이주 여성 당사자 역량 강화는 이주 여성 인권 보호를 위해 매우 중요하다. 선주민인 한국 여성들이 이주 여성 권익을 대변할 수는 있지만 이주 여성 본인만큼 절박할 수는 없다. 발을 밟혀 본 사람이 밟힌 아픔을 알듯이 당사자 문제는 당사자가 가장 잘 알 수 있기 때문이다. 이런 취지에서 진행된 이주 여성 당사자 역량 강화 교육을 통해 배출된 이주 여성들이 전국에 포진되어 이주 여성 활동가로, 이주 여성 자조그룹 리더로 활동하고 있어 당사자 역량 강화의 중요성을 보여준다.

이주 여성이 자기표현하기

결혼이주여성의 역량을 강화하려면 이주 여성이 자기표현력을 키워야 한다. 한국어 수업이나 프로그램에 참여하는 결혼이주여성들을 보면 이들이 한국에 살면서 한국 사회와 대화하고 소통하기보다는 한국 가족이나 사회, 여러 센터의 이야기를 들으며 한국 사회에 흡수당하다 보니 자신들의 이야기를 잊어버린다. 그래서 역량 강화 '몸풀기'로 이주 여성이 자기를 표현할 수 있는 작업을 하기로 했다. "느린 언어로 낯설지 않은 대화"라는 이름을 붙이고 2년 동안 진행했다. 이름을 "느린 언어로 낯설지 않은 대화"라고 붙인 것은 아직 한국 사회에 익숙지 않은 이주 여성의 느림이나 낯섦을 인정하고 수용해서 서로 소통하자는 뜻에서, 또 이주 여성도 느림이나 낯섦에 기죽지 말고 당당하게 자기를 표현해 한국 사회와 소통해보자는 의미였다.

"느린 언어로 낯설지 않은 대화" 작업의 첫 번째는 결혼이주여성이 자신의 이야기를 그림으로 표현하는 것이었다. 이주 여성이 자국에 대한 기억을 꺼내고 묻혀 있던 잔잔한 욕구를 끌어내어 그림으로 표현해보는 시간이다. 그림 그리는 시간보다는 기억들을 이야기로 만드는 시간이 더 오래 걸린, 비록 느리지만 그림 안에 낯설지 않은 이주 여성들이 이야기가 오롯이 표출되었다. 그림에는 그림을 그린 이들의 추억, 자국 역사와 문화에 대한 자부심 등이 담겨졌다. 몽골 출신 이주 여성 k는 몽골 민족의 영웅 칭기즈칸을 그렸다. 이는 칭기즈칸이 어렸을 때는 목숨이 위협을 당할 정도로 어려움을 겪었으나 고난을 극복하고 몽골의 위대한 통치자가 된 것처럼 자신도 한국에서 고통을 이기고 훌륭한 사람이 되겠다는 포부였다. 베트남 출신 j는 고향에 있는 연꽃과 베트남 쌀국수 만드는 방법을 그리면서 고향에 대한 추억을 상기했다. 어떤 이는 본국의 여신 신화를 통해 여성이 존중받는 본국의 문화를 그리고 자신들도 한국에서 존중받았으면 좋겠다고 말했다. 작업에 참여한 이주 여성들은 이 시간을 통해 자기 안의 많은 욕구를 발견하고 마음이 치유되었다고 말했다.

이 그림들을 모아 작은 전시회를 열었다. 그림을 본 관람객들은 이주 여성의 재능에 놀랐고 그림 속에 담긴 이주 여성의 이야기에 그들을 더 가깝게 느낄 수 있었다고 소감을 전했다.

다음은 이 작업에 참여했던 한 중국 출신 이주 여성 '안순화'가 '빙등축제' 장면을 그림으로 그리고 이를 아들에게 소개하는 글이다.

희망아. 엄마는 중국 하얼빈에서 태어나 한국에 왔단다. 그곳에서는 매년 1월 4일에 빙등축제가 열린단다. 12월부터는 날씨가 매우 추워 쑹화강이 얼어서 그 얼음으로 세계 유명한 예술가들이 모여서 빙등을 만든단다. 너는 아직 어려서 그 추운 곳에 가기 힘드니까 나중에 크거든 엄마와 그곳으로 여행을 가자. 건강하게 잘 자라라.

이주 여성들에게 그림에 이어 사진으로 자기를 표현하도록 했다. 이주 여성 자기표현 역량 강화를 위한 방안으로 구상된 사진 교육은 범람하는 다문화 담론 속에서 정작 결혼이주여성이 주변인이 되어버리는 현실에서 그들이 다문화 담론 생산자가 되는 방안의 하나로 추진되었다. 이주 여성이 주체적인 눈과 창조적인 손길로 자신들이 보는 서울살이를 사진으로 표현하도록 했다. 시간이 흐르면서 참여하는 이들의 사진 찍는 수준도 나날이 발전했지만, 그보다 의미 있는 것은 이들이 사진에 설명을 붙여나가는 과정, 작품을 찍기 위한 나들이 속에서 맛본 즐거움이었다.

우즈베키스탄 방일로나의 사진은 재미있는 한편 가슴이 멍하게 하는 작품이었다. '주인한테 도망쳤어 ㅋㅋㅋ'라는 제목으로 자기 심경을 사진으로 표현했다.

어렸을 때 동화책에 나온 이야기인데, 그림자가 주인한테 휴가받아 떠났어요. 몇 년 후 돌아왔고 주인보다 더 멋있어진 그림자는 주인의 모든 것을 빼앗았어요. 아무튼 슬픈 이야기예요. 가끔 저도 그런 생각을 해요. 어디 가야 하는데 가기 싫을 때 내 그림자가 대신 가고, 나는 가고 싶은 데로 가고….

베트남 출신 황티후엔은 비둘기 한 마리에 그의 마음을 실었다. 혼자 있는 비둘기를 통해 이렇게 자기 마음을 표현했다.

고향을 떠난 사람들의 심정은 무리에서 떨어져 나온 한 마리 새와 같다.

이들의 작품을 모아 '새로 만나는 나날들!'이라는 이름으로 사진첩을 내고 사진전을 열었다. 사진전을 관람하는 이들은 이들이 찍은 사진들을 보면서 "작품 수준이 아니라 그 사진이 들려주고자 하는 이주 여성 이야기를 듣는 마음의 귀를 여는 것이 중요하다", "사진을 통해 이주 여성 눈에 비친 한국살이와 그들의 꿈을 보면서 이들에게 공감할 수 있는 기회가 되었다", "이주 여성들의 생각, 마음, 꿈을 읽을 수 있었고, 한국 사회를 돌아보는 계기가 되었다"고 말했다. 이주 여성들은 자신의 작품이 전시되었다는 사실에 자부심을 느꼈다. "느린 언어로 낯설지 않은 대화" 프로젝트는 한국어로 의사소통하는 데 한계가 있는 결혼이주여성들이 매체를 통해 창조성과 자기표현 능력을 키움으로써 한국 사회와 소통할 수 있는 가능성을 본 계기가 되었다.

이주 여성이 말하는 인권, 그리고 한국 사회에 말 걸기

이렇게 이주 여성들이 예술을 통해 자기표현을 하게 한 다음 전개한 작업은 이주 여성들이 자기 인권에 대해 글을 쓰도록 하는 것이었다. 전국의 이주 여성들을 대상으로 실시한 '이주 여성 인권 글쓰기' 공모전에 출품했던 우수 작품들을 모아 책으로 펴냈다. 작품집은 『이주 여성이 말하는 인권, 그리고 한국 사회에 말 걸기』라는 제목으로 출간되었다. 그간 이주 여성 관련 글쓰기 대회는 많았지만 이주 여성이 자신들의 인권에 대해 말할 기회는 없었다. 처음 실시된 '이주 여성 인권 글쓰기' 공모전의 수상작들을 모아 책으로 펴낸 것은 이 책이 널리 읽혀 이주 여성들이 바라는 대로 '차별 없는 세상, 평등한 세상'이 되는 데 도움이 되었으면 하는 바람에서였다.

제가 한국 사회에서 10년을 살며 경험해보니 이주 여성들이 한국 생활에 적응하면서 겪는 불편함이라든가 외로움, 고민거리야 이루 다 말할 수 없습니다. 특히 언어 소통이 잘 안 되는 이주 여성들의 힘겨운 삶은 더 말할 나위가 없을 것입니다. 저는 이주 여성들이 잘하는 것에 대해서 고래도 춤추게 하는 칭찬도 좋겠지만 칭찬보다는 최소한 눈높이를 맞추며 마음으로, 있는 그대로를 인정해주신다면 이분들이 살아가는 데 얼마나 큰 힘이 될까 생각합니다.

저는 편견의 눈으로 우리 이주 여성을 바라보는 사람들에게 제발 '우물 안의 개구리'가 되어서 자기 멋대로의 잣대로 말하고 판단하지 말고 눈을 들어 세상을 바라보는 눈과 마음을 가지라고 말하고 싶습니다. 전 세계 200여 개 나라의 다양한 문화를 우리는 결코 무시해서는 안 된다고 말입니다. 내가 그 나라 문화를 잘 모르고 있을 뿐입니다.

무심결에 던지는 그 한마디 "중국에서 왔으니…" 지금 저는 그런 말 한마디에 전혀 상처받지 않고 긍정적으로 생각하지만 한국 생활에 갓 발을 내디딘 새내기 이주 여성들에게는 제가 처음 받았던 아픈 상처만큼 아마 그분들의 가슴도 피멍이 들지 않을까 걱정됩니다 ….[3]

이 글쓰기 작품집에 실린 이주 여성의 글을 보면 하나같이 한국의 가부장주의하에서 상처받고 차별받았던 삶의 현장을 고발하면서 차별 없는 세상을 꿈꾼다. 차별 종류와 차별하는 대상도 다양하다. 가족 사이에서 일어나는 차별과 갈등, 한국 가족 문화의 성차별적 편견, 돈 때문에 결혼했다고 다그치는 인격 모독, 상품 취급당하는 괴로움 등이 있다. 사회에서 일어나는 차별도 고발한다. 한국 국적을 받았음에도 외국인으로 차별받는 현상, 한국인들의 민족주

3   이선화, 「중국에서 왔으니…」, 한국이주여성인권센터 엮음, 『이주여성이 말하는 인권, 그리고 한국사회에 말 걸기』(한국이주여성인권센터, 2009), 53쪽.

의 벽, 외국인에게 배타적인 모습, 무시하는 한국인들의 언행과 편견, 특히 소위 선진국에서 온 사람은 우대하고 개발도상국에서 온 나라 사람은 차별하는 한국인의 이중성 등을 꼬집었다. 그러나 이들의 글은 단순히 비판하는 데서 끝나는 것이 아니라 차별 없는 평등한 세상에 대한 꿈도 그린다. 다른 사람을 배려하는 마음, 타인의 권리를 존중하는 세상, 이웃으로 존중해주기, 어떤 상황에서도 모든 사람의 인권을 존중하는 사회를 꿈꾼다.

이주 여성 자조 모임과 이주 여성의 세력화

한국 사회에서 결혼이주여성의 이미지는 〈러브 인 아시아〉 프로그램 영향으로 불쌍한 존재로, 힘이 없는 존재로 부각된 경우가 많다. 그러나 이주 여성들 중에는 활발히 자기 길을 개척해나가면서 지도자로 자리매김한 이들도 있다. 이주 여성은 정계뿐 아니라 관계로도 진출해 한 걸음 진전하고 있다. 필리핀 출신 아나벨 경장은 귀화인으로서 첫 경찰관이 되어 안산 단원경찰서 외사계에 근무하면서 방송 공익광고에도 출연해 유명세를 타고 있다. 아나벨 경장은 한국이주여성인권센터가 실시하는 이주여성 당사자 훈련 프로그램에서 "자신이 경찰이 되었다는 것 자체가 이주 여성에게 도움이 된다는 생각에 힘이 솟는다"고 말했다. 중국 출신 김영옥(34세)은 전남 해남군에서 문화관광해설사로 활동하다 2008년 해양경찰의 중국어 특별채용으로 목포 해경에 배치되어 한국 측 경제적 배타수역에서 불법 조업하는 중국 어선을 단속하는 업무를 하고 있다. '이주여성 긴급지원센터'에서 상담원으로 활동하던 몽골 출신 아리옹은 경기도 공무원으로 특별채용되어 다문화사업을 담당한 바 있다. 이 밖에도 상당수의 이주여성이 지자체에서 문화해설사로, 관광안내자로 활동하고 있다.

이주 여성 지도력 진출에서 가장 폭넓은 영역은 이주 여성 특성을 살린 분야이다. 통·번역 상담원, 이주 여성에게 한국어를 가르치는 한국어 교사, 유치원이나 어린이집 또는 학교에서 자국 문화를 소개하는 다문화 강사, 일정한 교육 수료 후 학교에 배치된 원어민 강사나 다문화 언어 강사,[4] 아동 양육사 등 이주 여성들은 다양한 영역에서 활약하고 있다. 우즈베키스탄 출신인 이로다(29세)와 베트남 출신 누곡푸옹(24세)처럼 은행 정규직으로 특별채용되어 이주민들을 대상으로 해외 송금이나 환전 업무를 담당하는 이들도 있다. 앞으로 외국과 관련된 은행이나 기업에서 이주 여성 취업이 늘어날 전망이다. 이렇게 다문화 담지자로서 특성을 살린 활동 이외에 요양보호사, 조리사, 제과제빵사, 미용사 등 기능직 자격증을 취득해 일자리 영역을 넓혀가는 이주 여성들도 있다. 또한 취미와 적성을 살려 이주 노동자 방송국에서 기자, 아나운서, 성우로 일하거나 연극·영화 만들기, 미술, 공예 등 예술 방면에서 한국 사회와 소통을 증진하는 이주 여성도 있다.

이주 여성 지도력 배출에서 빼놓을 수 없는 것이 있다. 이주 여성 자원봉사 활동이다. 〈러브 인 아시아〉 출연자들이 중심이 된 물방울 나눔회나 법무부 이주여성 네트워크에서 자원봉사활동을 하는 단체가 있는가 하면 개인적인 자원봉사활동도 꽤 활발하다. 중국 동포 안순화는 후배 이주 여성들을 지원하면

---

4 다문화 언어 강사는 다문화 가정 학생에게 맞춤형 언어 교육을 지원하기 위해 2009년 도입되어 중국, 일본, 몽골, 러시아 등에서 이주한 여성들이 경인교육대학교 '다문화 강사 양성 과정(2009년 1기, 2010년 2기, 2011년 3기, 2012년 4기)'을 거쳐 경기도 교육청에서 채용한 인력이다. 이들은 월 급여 150만 원(세전) 전일제로 지난 4년 동안 계약해지 없이 근무해왔다. 그러나 경기도 교육청은 갑자기 다문화 이중 언어 강사를 전일제에서 시간제로 전환하겠다고 했다. 한국이주여성인권센터는 이러한 전환 정책이 이주 여성의 일자리 불안을 넘어 다문화 사회라는 미래 지향적인 전망을 역행하는 처사라고 판단해 경기도 교육청의 '다문화 이중 언어 강사의 시간제 전환 계획'에 반대하는 이주 여성 투쟁에 동참했다. 현재 이 사건은 중앙노동위원회에서는 승소했으나 경기도 교육청이 행정 소송을 제기해 계류 중이다.

서 '생각나무BB센터'라는 이주여성단체를 만들어 국제결혼 가정 자녀들에게 이중 문화 교육을 하는 데 열정을 쏟고 있다. 안순화처럼 자신의 경험을 거울삼아 어려움에 처한 후배 이주 여성의 한국 생활에 도움을 주는 이주 여성도 적지 않다. 그는 "한국이주여성인권센터의 인권 교육을 비롯한 다양한 교육으로 많은 도움을 받았기에 한국 사회에 보답하고 싶어 자원봉사활동을 한다"고 피력했다. 도움을 받던 사람이 돕는 사람으로 변해가고 있다.

이주 여성이 주축이 된 '다문화' 사업이 사회적으로 유행하자 많은 지원 기관·단체에서 이주 여성 자조 모임 만들기 붐이 일었다. 자조 모임은 취지와 다르게 지원 기관이 의도적으로 조직한 경우도 있고, 지원 기관이 얼마나 많은 이주 여성을 동원 가능한가 하는 잣대로 왜곡되기도 했다. 이주 여성들이 자조 모임에 참여한 이유는 여러 가지가 있지만, 자조 모임은 그 자체로 의미가 있다. 그러나 예산이 확보된 해에는 활발하던 자조 모임이 지원 예산이 없을 경우에는 활동이 위축되는 등 부침浮沈이 많다. 또한 지원 단체가 주도하는 자조 모임은 지원 단체의 성격과 기획 의도에 따라 그 방향이 결정되는 한계가 있다.

시간이 지나면서 이주 여성들은 이러한 한계를 자발적으로 뛰어넘기 시작했다. 이주 여성들 스스로 단체를 결성하기 시작했다. 생각나무BB센터(안순화·이해응 공동대표), 한국이주여성연합회(회장 왕지연), 톡투미(대표 이레샤) 등이 선발 주자로 민간단체 등록을 했다. 이외에도 주한몽골이주여성회, 다문화여성연합, 물방울 나눔회, 이주여성유권자연맹, 아이다마을(아시아이주여성다문화공동체) 등 많은 이주 여성 당사자 단체가 조직되어 활동하고 있다. 훗날 다문화 정치인으로 등장한 국회의원 '이자스민' 의원과 경기도 의회 '이라' 의원도 모두 당사자 단체 출신들이다. 당사자 단체는 단순히 친목만을 도모하는 것이 아니라 그 조직을 통해 의식을 키우고 단체 회원, 임원으로 활동하면서 지도력을 키우고 선주민 단체와 연대하는 방법을 배운다. 당사자 단체 역량을 강화하는 것은 이주 여성 세력화를 위해 매우 중요하다. 이들 당사자 단체들은 아직 초기 단계라 현재 조직 존립에 급급하지만 머지않아 서로 연대해 이주 여성 모두를 위한 활동을 할 수 있고 한국 여성운동을 포섭할 수 있을 만큼 커나갈 것이다.

　이주 여성 당사자들이 역량을 기르고 당사자 리더들이 생겨날 때, 이 리더들에게 거는 기대는 어떤 것인가? 독일 쾰른에 '아기스라'라는 이주 여성지원 단체가 있다. 이 단체는 1975년 한국에서 독일로 이주해 간호사로 일했던 주재순Joo-Schauen이 세운 곳이다. 그는 5년 동안 독일 정신병원에서 간호사으로 근무하면서 대학에 진학해 교육학을 전공했다. 심리치료 특수교육을 이수한 후 독일에 거주하는 다양한 나라 출신의 이주 여성들이 직면한 가정폭력, 차별 등을 보면서 이들을 상담하고 체류권을 지원을 하며, 이주 여성으로서 이주 여성들의 인권을 지키고 차별에 반대하는 운동을 했다. 최근에는 독일 난민 수용소에서 이들의 구체적인 요구 사항을 듣고, 시 정부에 여성 난민을 위한 보호정책을 세우도록 촉구하고 이의 실현을 위해 다각적으로 노력하고 있다.[5] 아기스라처럼 이주민으로서의 경험을 살려 다른 이주민을 지원하는 단체를 설립·운영하며, 차별반대운동을 할 수 있는 당사자 리더십이 한국 사회에 출현하기를 기대한다.

　다문화시대라고 할 때 다문화 담지자인 이주민 당사자들이 내는 목소리가 중요하다. 그래서 결혼이주여성이 시민으로 자리매김하고 이들이 자기 소리를 내는 사회를 만들려고 노력한다. 이주 여성 당사자들이 역량을 키워 그들의 역량이 바탕이 된 시민단체를 만들어야 하는데, 이것이 힘들다. 한국의 많은

5　주사우엔 재순, 「이주여성으로, 이주여성들의 인권을 지키고 차별에 반대하는 운동을 하다」, 『서울신아리랑-천리의 강물처럼』, 한독이주여성 아카이브 특별전시 연계심포지엄 "언니들이 왔다: 이주와 사회참여"(2016.11.13), 251쪽.

이주 여성은 사회주의 출신이 많아 시민단체 활동 경험이 없다 보니 시민단체에 대한 인식이 부족하고, 힘이 결집되지 않아 목소리를 내지 못하다 보니 다문화 사회 담론을 이끌어내는 것이 여의치 않다.

또 다른 현실적 문제는 언어 문제이다. 이주 여성이 시민으로서 역량을 강화한다고 할 때 이주 여성 목소리를 들으려면 한국어를 강요할 수밖에 없는 것이 현실이다. 한국어 능력이 이주 여성의 생존 능력이나 경력과 결부되어 있는 것이다. 이런 현실에서 어디까지가 적응 지원이고 어디까지가 역량 강화인가? 이러한 현실적 고민과의 딜레마 지점이 있다.

이주 여성 당사자 단체의 등장은 이주 여성들의 자조력과 지도력을 강화하고 이주 여성의 세력화를 이룰 수 있다는 데서 가능성이 있다. 그러나 한계점도 분명히 보이는데, 이주 여성들이 자기 세력화를 이루는 것은 필요하나 현재 세력화에 관심하는 이주 여성 당사자들의 흐름을 보면 보수 여당의 대통령 후보를 지지하는 데 동원되는 등 시류에 편승하는 경향이 있다. 이는 보수 여당이 통치 전략으로 다문화 정책을 선점하고 다문화를 이데올로기로 도구화한 영향과 맞물려 이주 여성들이 이해관계를 증진하기 위해 보수 여당의 정책에 포섭된 결과이기도 하다.[6] 이주 여성들이 한국 사회의 민주화나 정치발전에

---

6   이에 대한 논쟁은 강미옥, 『보수는 왜 다문화를 선택했는가?』(상상너머, 2014)와, 2015년 8월 24일 숙명여자대학교 백주년기념관에서 "다문화 한국 10년의 정책과 실천 방안"이라는 주제로 열린 학술대회에서 민태은·오혜진 연구원이 발표한 결과를 참고할 것. 민태진·오혜진 연구원은 지난 2004년 17대 국회부터 현재 19대 국회까지 다문화 가족 지원법과 외국인 근로자 고용 관련 법을 발의한 국회의원 63명을 분석한 결과를 발표했다. 다문화 가족지원 법안을 대표 발의한 의원 35명 가운데 절반이 넘는 22명이 여당 의원이었고, 발의 법안 47건 가운데 여당 의원 법안은 70%인 33건에 달했다. 연구자들은 이런 결과는 정부 주도의 다문화 정책 때문이라고 해석함과 동시에 "법제화가 미비한 다문화 가족 관련 정책의 현실적 필요성에서 기인한 것으로 보인다"고 설명했다. 여기서 특기할 것은 이렇게 여당 의원들이 다문화 관련 법안 발의에 많이 참여한 것은 "정부가 주도적으로 다문화 정책을 추진하면서 복잡한 정부 입법 절차 대신 여당 의원이 대신 발의하는 형식을 취했다"고 유추

대한 의식화 없이 세력화를 시도하다 보면 자칫 역풍으로 몰아칠 수도 있다는 점에서 주의가 필요하다.

했다는 점이다. 참고로 결혼이주자 수가 전국 평균보다 많이 분포한 곳을 지역구로 둔 의원들이 다문화가족 지원 관련 법안을 더 많이 발의했다. 이 보고에서 눈여겨볼 것은 여당이 이렇게 다문화 법안을 선점한 것에 비해 외국인 근로자 고용 법안은 야당 의원들이 더 많이 발의했다는 점이다. 발의 의원 28명 가운데 17명이 야당 소속이었고, 발의 법안 30건 중 18건(60%)이 야당의원 발의였다. 연구자들이 "조심스럽지만, 한국은 미국과 달리 보수당이 이민 정책에서 상대적으로 진보적인 태도를 가진 것으로 보인다"며 "이민자 혹은 다문화 관련 정책을 보수당이 선점할 가능성이 있다"고 내다봤다. 그런데 연구자들이 한 가지 놓친 것이 있다. 다문화 정책을 선점한다고 할 때 누구의 이익을 위한 것이냐? 하는 것이다. 이주여성인권운동을 하면서 체감하는 것은 정부 주도 다문화 가족 정책에 의해 이주 여성의 인권이 시나브로 함몰되고 있고, 체류, 국적 등에 규제가 강화되고 있다는 점이다. 여당에서 다문화 관련 법안 발의가 많은 데 비해 야당에서 외국인 노동자 관련 법안 발의가 많은 점에 대한 평가가 필요하다.

18

이주 여성의 정치 참여와 힘 갖추기

이주 여성의 정치 참여 역사

한국에서 귀화하지 않은 이주 여성이 정치에 참여한 것은 2006년 5월 31일 지방선거부터다. 2005년 8월 선거법이 개정되면서 영주권 취득 후 3년 이상 한국에 거주한 외국인은 지방선거에 한해 투표권을 행사할 수 있게 되었다. 그해 한국에서 영주권이 있는 6589명이 투표를 할 수 있게 되었다. 비록 피선거권 제한은 있지만 영주권자에게 지방선거권을 준 것은 외국인에게도 정주하는 주민으로서의 권리를 인정해 지역사회 발전에 이바지할 기회를 부여한다는 점에서 큰 의미가 있다. 나아가서 결혼이주여성이 선거권을 갖는다는 것은 권리 행사의 단초가 되기 때문에 매우 중요하다. 결혼이주여성이 유권자로 부각될 때 이민자를 위한 정치적 공약이나 정책이 마련될 수 있기 때문이다. 그러나 당시 지방선거에서 결혼이주여성의 참여는 극히 저조했다.

이주 여성이 유권자로서 마음에 드는 사람을 뽑아 그를 통해 자기 권익을 대변하게 하는 것은 매우 중요한 정치적 행동이다. 그러나 좀 더 적극적으로 이주 여성이 정치 지도자가 되는 것은 이주 여성 당사자 이익을 위해 매우 중요하다. 한국에서 영주권이 있는 이주민에게 선거에 참여할 수 있는 길을 열어 놓았지만 이주 여성이 정치 지도자로 나서는 것에 대해 회의적인 분위기이고 그 가능성도 바늘구멍만큼이나 좁다. 법적으로는 귀화 이주 여성에게도 국회 의원이나 지방의원이 되는 길이 열려 있다. 그러나 이주 여성이 투표를 통해 의원이 되는 길은 낙타가 바늘구멍 통과하는 것만큼 힘들다. 그나마 비례대표 제를 통해서는 어느 정도 가능하다.

결혼이주여성이 처음 국회의원 총선에 등장한 것은 2008년이다. 2008년 총선에서 창조한국당이 헤르난데스 쥬디스 알레그레라는 필리핀 출신 결혼이주 여성을 비례대표 당선권에 전략 공천하겠다고 발표해 큰 반향을 일으켰다. 한국 정치사에서 처음으로 결혼이주여성이 국회의원이 될 것으로 예상되었기 때문이다. 그러나 처음 발표와 다르게 이주 여성 후보를 당선권 밖으로 배치함으로써 결혼이주여성을 정당 홍보의 도구로 사용했다는 비난을 받았다. 그러나 이 여성 결혼이민자 비례대표 추천은 문제를 노출하긴 했지만 이주 여성도 국회의원이 될 수 있다는 가능성을 보여주었다는 점에서 큰 의미가 있는 것이었다.

다문화 사회를 주창하기 시작한 2010년부터 한국 사회에서도 이주 여성의 지도력이 눈에 띄게 가시화되었다. 가장 큰 화두는 결혼이주여성이 도의회 의원으로 진출한 것이다. 몽골 출신 결혼이주여성 '이라'가 한나라당의 공천으로 귀화 외국인으로는 처음으로 2010년 6월 2일 실시된 지방의회에서 경기도 비례대표 도의원으로 당선되었다. 귀화 외국인 1호 정치인이 탄생한 것이다. 이라말고도 지방선거에서 다섯 명의 이주 여성이 도의회 의원으로 공천되었으나 당선권 밖이거나 앞 번호로 공천되었지만 당 득표율이 저조해 당선되지 못했다. 비록 실패했지만 이주 여성 여섯 명이 정치권에 후보로 진출할 수 있었다는 것만으로도 상징적인 의미가 있다. 이라가 경기도 도의원이 되자 세칭 '다문화 정치인 1호'라고 하여 한국 사회 이목이 집중되었다. 이라 의원은 당선 후

소감 발표에서 "결혼이주자들이 모두 제 행동과 말을 지켜본다는 생각에 어깨가 무겁다"며 "앞으로 다문화 가족을 위해 주도적인 역할을 하겠다"고 포부를 밝혔다. 그는 경기도 도의회 가족여성위원회에 소속되어 '다문화가족지원조례안' 개정에 앞장섰다.

2012년 제19대 국회의원 선거에서 보수당인 새누리당이 다문화 상징으로 필리핀 출신 귀화 여성 이자스민을 비례대표 15위로 공천을 해 국회의원이 되었다. 비록 정치적 쇼라는 평이 있긴 했지만, 영화 〈완득이〉에 출연한 것이 인지도의 전부였던 이자스민이 국회의원이 되자 한국 사회의 반응은 충격 그 자체였다. 결혼이민자가 국회의원이 되었다는 것은 다문화 사회의 지표로 받아들여졌으며 결혼이주여성에게는 희망의 상징이 되었다. 그녀는 본인이 이주민이기 때문에 다른 사람보다 이주민 애로점을 잘 알고 있어 이주민을 위한 입법 활동에 적극적일 수 있었다. 이자스민은 국회의원이 된 이후 이주민 제도개선을 위한 의정활동을 활기차게 벌여 이주민 권익 신장을 위해서는 당사자만한 대표가 없음을 보여주었다. 그의 활약을 지지하는 사람들도 있지만 일거수일투족이 국민들의 감시 대상이 되어 비판을 받기도 했다. 다문화를 반대하는 사람들이나 외국인 혐오증이 있는 사람, 인종차별주의자, 때로는 진보라고 자처하는 사람 중에도 필리핀 출신 결혼이민자가 국회의원이 되었다는 사실에 곱지 않은 시선을 보냈다. 한국인 국회의원이면 넘어갈 수 있는 사항들도 이자스민 의원이기에 혹독한 비판을 받기도 했다. 그 이유는 그가 인터뷰에서 말했듯이 개발도상국 출신 외국인 여성이기 때문이다. 한국인들의 계급차별적·인종차별적·성차별적 편견이 작용했기 때문이다.

이주 여성 정치 세력의 가능성과 딜레마

'상징성'과 '롤 모델'이라는 점에서 중요한 의미가 있는 이주 여성의 지도력이 한국 사회에 진입한 것에서 살펴보아야 할 지점이 있다. 도의회 의원 배출, 국회의원 배출 등 이주 여성 정치 지도력이 가시화되기 시작했지만 이 현상은 일시적인 현상에 지나지 않을 수도 있다. 사실상 한국 사회에 표출된 이주 여성 정치 지도력은 일부 성공한 사람의 예이며 다문화와 이주 여성이라는 특성에 의한 인센티브 때문이라는 한계를 갖고 있다. 그럼에도 이렇게 몽골 출신 결혼이주여성이 도의원이 되고 필리핀 출신이 국회의원이 되었다는 것은 이주 여성들에게 매우 고무적인 일이다. 다만 이주 여성을 비례대표로 내놓으면서도 그 여성이 비례대표로서 할 수 있는 역할이나 가능성 등에 대한 소개 없이 단지 상징성만 부각시킨 점은 문제이다. 그래도 이렇게 이주 여성을 전면 배치해서 피해자나 복지 대상이 아니라 정치 세력화의 가능성을 열어놓았다는 데에 큰 의미가 있다. 이주 여성들이 선거권을 가진 민주 시민으로서 자리매김하고 정치 지도자로서 역량을 키워볼 꿈을 갖게 하는 데도 중요한 계기가 되었다. 이에 자극을 받아 많은 결혼이주여성이 정치적 역량 강화를 위해 활동하고 있다. 정치 교육을 받고 또 이주 여성으로 구성된 유권자 연맹도 만들어 정치 세력화를 꿈꾸고 있다.

결혼이주여성들이 정치 무대에 등장하는 것에는 가능성도 있지만 딜레마도 있다. 과연 한국 사회가 정치 지도자로서 이주 여성을 용납하는가? 2011년 8월 19~21일에 대만 타이베이에서 아시아 결혼이주 관련 국제 워크숍이 있었다. 워크숍이 끝나고 대만 민간단체가 주최한 오픈 포럼에서 이주민 정치적 권리를 주제로 대만·홍콩·한국의 사례 발표가 있었다. 포럼을 시작하기 전에 이 포럼을 주관한 대만국제가족협회Taiwan International Family Association 에서 '대만으로 결혼 이주한 인도네시아 출신 여성, 직접선거 참가기' 다큐멘터리를 상영했다.

인도네시아 출신 주인공 이주 여성은 대만 남부 농촌 남성과 결혼해 대만에 온지 18년이 되었다. 그녀는 대만에 온 후 시골 마을에서 궂은일을 도맡아하며 봉사활동도 열심히 하여 지역사회에서 인정받았다. 마을 사람들에게 말벗이 되어주었고, 동네일에 적극적으로 나섰다. 언어도 대만 사람처럼 완벽하게 구사했다. 이런 이주 여성이 마을 대표를 뽑는 선거에 출마하고 선거운동을 시작하자 지역 사람들의 태도가 달라졌다. 평소 그 이주 여성의 보살핌을 받았던 독거노인은 인터뷰에서 "만일 그 여자가 마을 대표가 되면 다른 곳으로 이사를 가버리겠다"고 말했다. 마을 사람들이 이주 여성이 마을의 대표가 되는 것을 반대한 이유는 "어떻게 이주민이 대만 사람을 통치할 수 있는가?"라는 것이었다. 평소 투표 참여율이 낮았던 마을인데 이번 선거에서는 매우 높아졌다. 이주민이 마을 대표가 될까 봐 마을 사람들이 뭉친 것이다. 투표 결과 상대 후보는 500표를 얻었는데 그는 240표를 얻어 낙선했다. 결과적으로 이주민이 단순 봉사자일 때는 지역사회의 인정과 칭찬을 받지만 정치 지도자가 되려고 할 때는 거부한 것이다.

이 다큐멘터리는 우리 실상과 다르지 않다. 국회의원 이자스민에 대한 거부감도 바로 이런 국민의식의 표출이며, 결혼이주여성이 국회의원은 고사하고 지방의원도 직접 출마하면 모두 낙선할 것이다. 비례대표제도가 소수자에게 열려 있어야 하는 이유이기도 하다. 이주민들이 변두리가 아닌 중앙으로 나오기 위해서는 이주민 정치 지도자에 대한 거부감을 없애고 직접 투표로 당선될 수 있도록 이주민에 대한 국민 인식 개선 작업과 더불어 이주민의 역량을 강화에도 힘써야 한다.

이주 여성의 정치 교육과 정치 역량 강화

이주 여성들이 정치인으로서의 꿈을 키우는 데 중요한 계기가 된 것 중에 하나는 2009년 한국여성정치연구소가 기획한 '결혼이주여성 지방의회 의원 만들기 프로젝트'였다. 한국여성정치연구소는 여성 정치가 양성을 목적으로 교육과 훈련 프로그램을 진행하는 여성 민간단체로서 2008년과 2009년 두 차례에 걸쳐 '2010년 지방선거 국제결혼 이주 여성 의원 만들기' 프로젝트를 시행했다. 2년 동안 전국에서 이주 여성 56명이 이 교육에 참여했는데 프로그램 참여자 대부분은 이주 관련 단체의 추천을 받은 이주 여성들로 이미 현장 지도력을 갖춘 경우가 많았다. 주최 측에 따르면 직접적이든 간접적이든 이주 여성들에게 정치가 영향을 미치고 있음에도, 처음 정치 교육을 받으러 온 이주 여성들은 정치가 무엇이고 왜 이주 여성이 정치 교육을 받아야 하는지에 대해 거부감이 많았다. 교육을 통해 정치가 자기 가족과 이주 여성 본인에게도 얼마나 큰 영향을 미치고 있고 중요한지를 점점 깨닫게 되었다.[1] 교육 초기에는 정치가 무엇인지 모르겠다고 하는 이주 여성들이 프로젝트가 끝날 무렵에는 '정치하는 게 꿈'이라고 변화되었다.

이 프로그램의 첫 단계는 국회의원, 정당 관계자, 기자, 전문가들을 초청해 이주 여성들에게 '정치 참여의 의미와 의의', '선거와 민주주의' 등에 대한 강의를 하고 토론하는 방식이었다. 이주 여성과 정치 참여, 한국 여성 정치 어제와 오늘, 다문화주의란 무엇인가, 지방의회, 선거, 정부 정책, 민주주의 문화 등을 주제로 강의를 듣고 '정치란 무엇인가?', '왜 결혼이주여성이 정치에 참여해야 하는가?' 등을 주제로 토론하면서 정치에 대한 기본적인 이해를 심어주었다.

---

[1] 김은주, 「이주여성 정치참여 의제화를 위한 시론」, 결혼이주여성 의원 만들기 프로그램 강의 자료(2010).

두 번째 단계로는 '의원되기 1단계: 공천받기' 등 구체적으로 정치에 참여하기 위한 실질적인 준비를 배우는 내용으로 구성되었다.

이주 여성 정치 교육 후 2010년 지방선거에 도전해볼 의사가 있었던 이주 여성은 4~5명이었다. 여성정치연구소는 그들 중 당선 가능성이 높은 이주 여성을 지정해 언론과 인터뷰하고 정당과 연결 통로를 마련했다. 그 결과 1차 교육에 참여했던 몽골 출신 이주 여성이 비례대표로 경기도의회 의원으로 공천되었다. 비록 당선에 이르지는 못했으나 전국적으로 이주 여성 다섯 명이 공천을 받았고, 비례대표 공천 기준 하나로 이주 여성의 정치 참여가 거론될 정도로 이주 여성들에게 시민으로서의 권리를 일깨워주었다. 정치 교육과 정치 참여는 이주 여성들에게 자신과 직접적으로 연결된 정책 결정 과정에 참여하는 것을 일깨운다는 점에서 매우 중요한 과정이다. 그러나 아직까지 이주 여성의 정치 참여가 사회적으로 논의되는 단계는 아니다. 그것은 한국 국민이 이주 여성에 대한 부정적인 시각과 편견을 가지고 있기 때문으로 풀이된다. 바로 이런 인식 때문에 직접선거를 통한 이주 여성 정치 참여는 거의 기대하기 어렵다.

이주 여성의 정치 세력화를 위해서는 정치 참여에 대한 이주 여성의 의식이 있어야 한다. 이주 여성이 선주민 한국 여성들과 평등해지기 위해서는 이주 여성 스스로 정치의식을 키워야 한다. 남이 해주기를 기대해서는 결코 자기 권리를 누릴 수 없기 때문이다. 그러나 한국 사회는 물론 이주 여성 스스로가 유권자로서의 의식이 적다. 한국에 적응하느라 힘들기는 하겠지만 자신들과 자녀의 미래를 위해서는 정치 참여에 대한 의식을 높여야 한다. 유권자로서 이주 여성과 그 가족에게 희망적인 정책을 내세우는 사람에게 투표하는 것부터 시작해서 이주 여성이 후보로 나왔을 때 이를 지지하고 힘을 모아주어 당선시키는 일, 나아가서 자신이 이주 여성 대표로서 정치적 지도자가 될 수 있도록 자질을 향상시키는 일 등이 필요하다.

이주 여성에 대한 차별적 지위를 개선하기 위한 당사자 역량 강화와 정책

결정의 장에 직접 참여하기 위한 정치 역량 강화 흐름을 살펴보았다. 어느 사회든 소수자들은 자신이 처한 위치에서 운동과 정치, 이 두 가지 측면을 추구할 수밖에 없다. 소수자로서 차별 장벽을 넘어서기 위해서는 이 두 가지가 중요한 축이기 때문이다. 그런 면에서 한국 사회의 민간단체 영역에서 이루어지는 당사자 활동가 역량 강화 프로그램과 정치 교육은 그 자체로 눈에 보이는 성과를 가져오기보다는 이주 여성 역량을 강화시키는 매우 중요한 계기들이다. 이주 여성 당사자라는 위치가 한국 사회에서 차별적 지위를 변화시키는 근본적인 조건이 될 것이기 때문이다.

이주 여성 역량 강화란 콩나물에 물 주기와 같다. 시루에 콩을 넣고 물을 주면 그 물은 흘러내려 흔적도 없다. 그러나 시간이 지나 어느 순간에 보면 콩나물이 노랗게 자라 있다. 이주 여성 역량 강화도 마찬가지다. 처음에는 흔적도 보이지 않는 일 같지만 시간이 지나면 이주 여성들은 지원 대상에서 주체가 되어 자기 삶을 개척해 나갈 것이다.

소통과 융합의 다문화 사회를 꾀하며

이주여성인권운동은 선주민여성운동과 함께 진행되어야 한다

이주여성인권단체들은 지난 15년 동안 이주 여성의 인권을 보호하고 당사자 역량 강화를 통해 이주 여성이 한국 사회에서 주체가 되는 일에 역점을 두고 운동을 해왔다. 그런데 이주여성단체들이 이주여성운동을 하면서 고민하는 지점이 있다. 바로 이주여성운동이 자칫 한국 사회의 가부장성을 지탱하는 데 일익을 담당하고 있지나 않은가에 대한 경계심이다.

앞에서도 계속 말했지만 정부의 이주자 정책은 근본적으로 한국의 저출산·고령화 사회를 대비하기 위한 인력 수급 정책이다. 이주 노동자는 부족한 일손 해결을 위해, 결혼이주여성은 출산과 돌봄 노동을 충당하기 위한 존재들로 자리매김되고 있다. 결과적으로 결혼이주여성은 한국 여성들이 개선하려고 하는 가부장 문화의 전승자로서 그 자리를 메꾸어주고 지탱해주는 위치, 자칫 가부장 문화의 하수인으로 전락할 수 있는 위치에 놓여 있다. 이런 점에 유의하지 않고 이주 여성들의 권익운동만 한다면 이주여성운동은 그동안 한국여성운동이 가부장 사회를 평등한 사회로 변화시키고자 쌓아온 운동에 역행하는 결과를 가져올 수도 있다.

국제결혼 중개업체 알선에 의한 국제결혼이 '인신매매성'이라며 지자체의 '농어촌 총각 장가보내기 지원사업'을 반대할 때 중개업자들이 항의하며 한 말은 국가가 직접적으로 나서서 못하는 국제결혼을 자신들이 알선함으로써 국가의 출산 정책에 공헌하고 있다는 것이었다. 또 중개업체의 알선으로 국제결혼을 하고 아내를 학대해 이혼의 위기에 몰린 어떤 남편은 "나는 국가의 저출산 정책에 기여하니까 '애국자'인데, 이혼이 말이 되느냐? 이혼하려고 하는 동남아 여성들은 내쫓아야 한다"고 말했다. 국가가 국제결혼을 은근히 장려하는 것은 틀림없다. 이주여성운동 차원에서 보면 중개업체의 알선에 의한 국제결혼이 아니라 노동 이주를 활성화하고 그 통로로 이주된 여성들이 한국인과 결혼하는 것이 바람직하다. 영리 추구를 목적으로 한 국제결혼중개업체의 알선을 통한 결혼이주제도 자체를 놓아둔 채 고통받는 이주 여성을 지원하는 일은 '이주와 젠더'라는 거시적인 안목에서 보면 문제가 제기될 수 있는 지점이다.

젠더적 측면에서 결혼이주여성에 대해 제기되는 또 다른 문제는 가부장적 혈통 중심주의다. 한국 정부와 한국 사회가 관심하는 것은 한국 남성과 결혼해 이주한 결혼이주여성들과 이들이 꾸린 한국인 남성 가족에 대한 것이다. 저출산 정책을 해결하기 위한 국제결혼은 한국 남성과 외국인 여성의 결혼으로만 해결되는 것은 아니다. 한국 여성과 외국인 남성의 결혼도 저출산 문제에 기여할 수 있다. 그러나 정부의 정책에 한국인 여성과 외국인 남성을 위한 정책은 없는 것이나 다름없고 외국인 남성 배우자에 대해서는 규제 중심이다.

지자체가 '농어촌 총각 장가보내기 지원사업을 전개할 때 역으로 물은 적이 있다. "만일 한국 여성이 결혼을 못해도 정부가 이런 지원 사업을 할 것인가?" 외국인 남성과 한국 여성 사이에서 태어난 자녀는 한국인으로 간주하지 않고 한국인 남성과 외국인 여성 사이에서 태어난 자녀만 한국인으로 간주하는 부계 혈통 중심주의가 한국의 다문화 지원 정책의 본질이다. 이주여성운동은 이런 한국의 가부장적 다문화 정책의 민낯을 예의주시해야 한다. 이주 여성을 지원하면서 한국 선주민과 이주민의 평등에만 역점을 두고 이주 여성이 한국 정부의 저출산·고령화 정책의 도구로서 한국 사회 가부장 문화의 하인으로 자리매김하는 일을 방기한다면, 그 이주여성운동은 한국여성운동의 지지와 연대를 얻기 어렵고 이주여성운동에 부메랑이 되어 돌아올 것이다. 이주여성운동이 선주민여성운동과 함께 진행되어야 하는 이유다.

인권운동은 옆에서 '더불어 함께' 하는 것도 중요하지만 당사자가 하는 것이 제일 큰 힘이 있다. 그러나 이주여성운동의 경우 당사자성의 중요성을 알고 당사자 역량 강화에 힘을 쓰지만 정작 당사자들이 나서서 자신들의 인권 문제를 말하기에는 한계가 있다. 한국에 체류할 수 있는 권리가 본인에게 있지 않고 남편을 비롯한 한국인 가족에게 있는 상황에서, 추방의 위협 앞에서 이주 여성들이 자기 목소리를 내기는 어렵다. 인권침해를 입은 이주 여성들이 자기 목소리를 내기 위해서는 체류권과 귀화의 권리가 이주 여성 본인에게 있어야 하는데 이것이 보장되지 않는 상황에서 이주 여성들의 목소리를 기대하기 어렵다. 이주 여성에게 소리를 내라고 하는 것 자체가 그들에게 또 하나의 폭력일 수 있고 그것이 이주 여성의 삶이다. 이런 상황에서 이주여성인권운동이란 이주 여성이 소리를 낼 수 있는 그날까지 이주 여성의 소리를 대변하는 것일 수밖에 없다. 바로 여기에 '대변자'로서 이주여성인권운동의 한계성이 있다.

그렇다고 모든 이주여성운동에서 '당사자성'이 부인되는 것은 아니다. 이주 여성 당사자들이 역량 강화를 통해 지도력을 갖추어 인권침해를 받은 이주 여성을 지원하는 이주 여성 당사자 인권활동가가 이미 곳곳에서 배출되고 있다. 공동체 리더가 되어 자국민 여성의 삶의 질을 높여가는 이주 여성 공동체 리더들이 자리 잡고 있어 이주 여성 지도력의 가능성을 본다. 이미 실험적으로 이주 여성 국회의원이 배출되어 이주민들의 인권 향상에 기여하는 경험을 했다. 이 이주 여성의 지도력이 실험으로 끝나지 않도록 한국의 여성운동이 계속 이주 여성의 지도력을 여성 세력화의 이슈로 추동하고 이주 여성을 임파워먼트하는 일에 함께 하는 자매애가 필요하다.

여성운동에서 '주류화', '역량 강화'라는 말은 매우 중요하다. 그 귀착점은 '변방에서 중심으로Margin to Center'다. 여성신학운동과 여성운동을 하면서 '변방에서 중심으로'라는 말에 공감하고 여성을 비롯해 사회적 약자를 변방에서 중심으로 나아가게 하는 것을 소명으로 알았다. 그래서 여성들과 사회적 약자들을 중심부에 서게 하는 일에 열심히 매달렸다. 마찬가지로 이주여성운동에서도 주변부에 있는 이주 여성들을 중심부에 설 수 있도록 해야 한다고 나섰다.

그러나 이주 여성이 변방에서 벗어나는 데에만 관심을 두었지 변혁 가능성으로서 이주 여성이 선 자리인 '변방성'에는 관심을 두지 못했다. 이주 여성 역량 강화 프로그램 슬로건을 "변방에서 주체로!"라고 해놓고도 그 목적은 이주 여성을 변방에서 중심으로 나가게 하는 데 무게가 실렸지 변방에서 주체적인 존재가 되는 데, 변방에 있는 모든 사람이 자기 삶의 주인이 되게 하는 데 역점을 두지 못했다. 그동안의 경험을 통해 알게 된 것은 일부 이주 여성을 변방에서 중심부로 진입시킨다고 해서 이주민들이 살기 좋은 세상으로 변하지 않는다는 것이다. 변방성을 놓쳐버리면 설사 이주 여성들이 중심으로 나간다고 해도 자기 이권을 추구하는 또 하나의 세력이 될 뿐 사회 변화를 기대하기는 힘들다.

앞으로 이주여성운동이 해야 할 일은 이주 여성을 '변방에서 중심으로' 보내는 것에 무게 축을 두기보다는 선주민들이 변방에 선 이주 여성들과 함께할 수 있도록 선주민 사회를 변화시키는 일에 더욱 힘을 싣는 것이다. 이주여성운동은 변방에 있는 이주 여성에게 주체성을 갖도록 하고, 중심부에 있는 선주민여성운동은 이주민이 갖고 있는 '변방성'을 일깨워 한국 사회를 변화시키는 것이다. 즉, 선주민 중심에서 중심을 주변화하고, 변방에 있는 이주 여성 삶의 자리를 중심화하는 운동을 해야 제대로 된 여성운동이 될 수 있다. 신영복 교수 말처럼 "변방에 숲을 만드는 일"이 중요하다.

한국여성운동에서 성과 인종 사이의 소통

이주여성운동은 성 문제만이 아니라 인종차별 문제도 핵심 사항이다. 한국의 이주운동이 젠더 문제를 소홀히 했다는 비판을 받는 것처럼 한국의 여성운동도 인종차별의 문제를 소홀히 했다는 비판을 면할 수 없다. 한국인이 인정하든 인정하지 않든, 싫어하든 좋아하든 한국 사회에 20개국 이상의 언어와 문화, 민족이 존재하고 있다. 이러한 시점에서 한국의 여성운동은 이제 젠더뿐만 아니라 인종주의 문제를 여성운동의 의제로 삼아 성·인종차별을 종식시키는 일을 핵심 과제로 삼아야 할 때가 되었다.

그동안 진보여성운동 진영에서 이주여성단체의 추동으로 이주 여성의 인권 의제를 유엔에 가져가거나 선거 의제로 제시해 이주 여성의 인권을 증진시키기 위해 노력하기도 했으나 여성운동에서 인종주의를 이슈로 다룬 적은 없다. 한국의 인권운동의 출발이 "모든 사람은 태어날 때부터 평등하다"는 세계 인권 선언 제1조에 기초하고 있다면 이제는 "피부색, 성별, 민족, 종교, 언어, 국적, 갖고 있는 의견이나 신념이 다를지라도 우리는 평등하다"라는 2조의 정신을 한국 사회에서 실현시켜야 하는 과제가 남아 있다. 한국의 여성운동이 변방의 여성들과 함께 하기 위해서는 여성운동가 내면의 인종주의를 극복하고 변방에 있는 선주민의 인권만이 아니라 이주 여성의 인권도 끌어안고 가야 한다. 이런 점에서 '이주 여성'은 한국여성운동 안의 인종차별을 들여다볼 수 있는 거울이기도 하다. 한국여성운동이 이주 여성을 통해, 이주 여성과 함께 젠더와 인종의 소통을 꾀할 때 한국 사회는 소통과 융합의 열린 다문화 사회를 열어갈 수 있다.

한국 여성운동은 유엔의 여성 정책에 따라 베이징 세계여성대회가 20주년이 된 2015년 이후 Post-2015 여성운동이 해야 할 과제로 성 평등 관점에서 새로운 틀을 짜는 작업을 시작했다. 한국의 여성운동이 젠더를 기반으로 차별에 대응하기 위한 변혁적 접근을 추구한다면, 이주여성운동의 의제도 끌어안아야 한다. 여성의 이주는 '빈곤의 세계화', '빈곤의 여성화'에서 기인한 것이기 때문에 자연히 여성 이주의 프레임도 '빈곤과 경제'일 수밖에 없다. 이런 현상에서 한국의 여성운동은 여성 이주자들이 이주를 떠나는 본국과 이주한 나라에서 젠더에 기반을 둔 차별에 어떻게 대응할 수 있는가? 이주한 나라에서 젠더 차별과 더불어 인종차별, 계급차별에 어떻게 대응할 수 있는가? 이러한 여성 이주자의 질문에 여성운동은 응답해야 한다.

2000년 유엔 총회의 새천년 선언문 내용 중 제20절의 "빈곤, 기아, 질병에서 벗어나서 지속 가능한 발전을 위해 양성평등과 여성의 권한 강화를 도모함"이나 제25절의 "여성에 대한 모든 형태의 폭력을 근절하고, '여성차별철폐협약the Convention on the Elimination of All Forms of Discrimination against Women: CEDAW'을 이행"은 모든 여성의 일상을 위해 중요한 과제다. 그런데 "여성들 모두 개인과 국가 모두 개발의 혜택을 받을 수 있는 기회로부터 차단당하지 않아야 한다"는 부분은 여성의 이주에서 매우 중요한 의미가 있다. 이주가 여성에게 개발의 한 장이기도 하지만 개발 소외의 결과가 이주로 나타나기도 한다. 여성 이주자들은 종종 본국의 개발에서 소외당한다. 아시아에서 이주의 70%가 여성이라는 사실은 여성이 개발의 혜택을 입는 것이 아니라 이주로 내몰리는 것임을 보여준다. 따라서 여성에게 이익이 되는 형태로 개발 원조를 진행해 여성들이 이주로 내몰리지 않도록 '개발과 여성 이주'에 관한 한국여성운동과 이주여성운동의 젠더적 고찰과 응답이 필요하다.

한국의 이주여성인권운동은 한국의 법과 제도의 성차별성과 자민족 중심성에서 시작되었다. 초기에 이주여성운동이 한 일은 인권 피해를 입은 이주 여성들이 당면한 문제를 해결해주는 일이었다. 이주 여성들이 겪는 문제를 해결하기 위해서는 이주 여성의 인권침해를 방지하고 폭력 피해 이주 여성을 위한 법·제도가 만들어져야 했다. 법과 제도가 수립된 후에는 이 법과 제도가 제대로 운영되도록 체류권을 비롯해, 국적취득권, 문화권, 시민권 등 이주 여성들이 향유해야 할 권리 획득을 위한 권리운동으로 나아갔다. 이 과정에서 진정한 이주여성인권운동은 당사자가 하는 것이 중요하다는 '당사자성'에 대해 인식하게 되었다. 그리하여 이주여성인권운동의 대변자로서의 역할과 더불어 당사자 이주 여성들이 자기 삶의 주인이 되기 위한 역량 강화 운동을 전개하기 시작했다. 인권 피해자나 복지 지원 대상으로 자리매김되어 있는 이주 여성이 시민으로서 선주민과 동등한 사회구성원이 되기 위한 역량 강화에 역점을 두었다. 이주여성운동의 방향은 선주민들이 만들어놓은 다문화 프레임이 아니라 이주 여성 당사자들 스스로 선주민 여성들과 서로 소통하고 융합하는 다문화 사회를 열어가는 것이다.

아직도 가야할 길이 멀다. 지난 15년간 이주여성인권운동을 반추해보았다. 지난 15년을 돌아보면서 일본의 이주운동 구호가 떠오른다. "이주민이 잘 사는 사회가 되면 일본인도 잘 사는 사회가 된다." 이 말은 우리에게도 그대로 적용될 수 있다. 한국 사회에서 가장 소외받는 이주민이 잘 사는 사회라면 선주민은 말해 무엇하랴? 이주 여성과 함께 소통의 다문화 사회를 열어갈 미래를 준비하며 길 떠날 차비를 할 이주 여성 활동가들과 선주민들에게, 파울로 코엘료가 『흐르는 강물처럼』에서 인용한 한 수피의 말로 이 글을 마치고자 한다.

밤이 끝나고 날이 밝는 정확한 순간을 어떻게 알아낼 수 있는가? 한 이방인이 우리에게 다가오고 있을 때, 우리가 그를 형제자매로 받아들여 모든 갈등이 소멸되는 그 순간이 바로 밤이 끝나고 날이 밝는 순간이다.

Coordinating Organization: Korea Women's Association United. 2011. "Immigratn Women's Human Rights." *NGO Shadow Report Republic of Korea: An Examination of The Seventh Periodic Report by Republic of Korea(2006-2009) on the Implementation of the UN Convention on the Elimination of All Forms of Discrimination against Women.* Coordinating Organization: Korea Women's Association United.

Jean D'Cunha(UNIFEM). 2004. "Mobility and Gender Aspects in Migration." *Migration for Development and its Feminization Process.* Regional Conference on Migration in Asia.

Preparation Committee of Asia Women's Forum on Migration. 2005. "Asia Women's Forum on Migration." Preparation Committee of Asia Women's Forum on Migration.

Varona, Rex. 2004. "Migration and Trafficking." *Migration for Development and its Feminization Process.* Regional Conference on Migration in Asia.

UNIFEM. 2004. "Empowering-women migrant workers in Asia." *Migration for Development and its Feminization Process.* Regional Conference on Migration in Asia.

강미옥. 2014. 『보수는 왜 다문화를 선택했는가?』. 상상너머.

고현웅 외. 2005. 「국제결혼 중개구조 실태: 베트남, 필리핀 현지조사」. 국제이주기구(IOM).

국가인권위원회. 2011. 「이주인권가이드라인 구축 실태조사」. 국가인권위원회.

국제이주기구 서울사무소 외. 2006. 「여성 결혼이민자 가족 지원 정책 다시보기' 토론회 자료집」. 국제이주기구 서울사무소 외 주최 정부의 결혼이민자 지원정책 다시보기 토론회.

국제이주기구(IOM). 2010. 『인신매매피해자직접지원을 위한 IOM 핸드북』. 국제이주기구(IOM).

김상임. 2004. 「상담 사례를 통해 본 한국 남성과 결혼한 국제결혼 이주여성의 삶」. 『이주의 여성화와 국제결혼』. 한국이주여성인권센터.

김엘림·오정진. 1997. 『여성외국인노동자의 인권보장에 관한 연구』. 한국여성개발원.

김영옥. 2009. 『국경을 넘는 아시아 여성들, 다문화 사회를 만들다』. 서울: 이화여자대학교출판부.

김은주. 2010. 「이주여성 정치참여 의제화를 위한 시론」. 결혼이주여성 의원 만들기 프로그램 강의 자료.

김현미. 2014. 『우리는 모두 길을 떠난다』. 파주: 돌베개.

_____. 2008. 「다문화 사회의 문화적 쟁점과 정책방향」. 『다문화포럼 자료집(2008.2.27)』. 문화체육관광부.

_____. 2005. 『글로벌 시대의 문화번역』. 서울: 또하나의문화.

김현선. 2002. 「미군기지촌의 국가 간 인신매매와 성매매 실태」. 『미군 기지촌 성매매 실태와 성적 인신매매 근절을 위한 원탁토론회 자료집』. 한국여성단체연합.

대한변호사협회. 2014. 「출입국 관리업무 재량권 개선을 위한 토론회 자료집」. 대한변호사협회 출입국 관리업무 재량권 개선을 위한 토론회(2014.10.22).

레티마이투. 2014. 「낯섬, 끌림, 그리고 어울림」. 한국이주여성인권센터.

_____. 2011. 「나는 이주여성 당사자 활동가」. 『국경을 넘어서: 이주와 이산의 역사』. 전국역사학대회조직위원회 제54회 전국역사학대회 자료집.

민주사회를 위한 변호사 모임. 2011.6.17. "국제노동기구(ILO)의 가사노동협약 채택을 환영한다!" minbyun.jinbo.net/minbyun/zbxe/?document_srl=248909(검색일: 2016.11.13).

민태은·오혜진. 2015. 「다문화 한국 10년의 정책과 실천 방안」. 한국다문화학회 & 숙명여자대학교 다문화통합연구소.

보건복지부. 2005. 「국제결혼 이주여성 실태조사 보고서」. 보건복지부.

새머스, 마이클(Michael Samers). 2013. 『이주』. 이영민 외 옮김. 서울: 푸른길.

설동훈 외. 2005. 「국제결혼 이주여성실태조사」. 보건복지부.

성·인종차별차별반대공동행동 엮음. 2010. 「인종, 인종차별, 성·인종차별 알아보기」. 성·인종차별차별반대공동행동.

소라미. 2013. 「합법과 불법의 경계에선 이주여성」. 이주여성인권포럼 엮음. 『우리 모두 조금 낯선 사람들』. 서울: 오월의봄.

여성가족부. 2008. 「국제결혼 전, 이것만은 꼭 알아두세요(국제결혼 정보제공 프로그램 자료집)」. 여성가족부.

_____. 2007. 「결혼이민자 가족 실태조사」. 여성가족부.

외국인 이주·노동운동협의회. 2009. 「한국 내 이주노동자차별 철폐운동」. 『2009 외국인이주·노동운동협의회 활동가 수련회 자료집』.

외국인노동자대책협의회. 2001. 『외국인이주노동자인권백서』. 서울: 다산글방.

위선주 외. 2015. 「폭력 피해 이주여성의 '자립', 가능한가?」. 한국이주여성인권센터 심포지엄

자료집.

유엔인권정책센터. 2009. 「베트남 결혼이주여성을 위한 출국 전 정보제공 프로그램 활동보고서」. 보건복지부.

이석우·조영광. 2013. 『이주민 인권백서』. 오름.

이선주·김영혜·최정숙. 2005. 「세계화와 아시아에서의 여성 이주에 관한 연구」. 한국여성개발원.

이선화. 2009. 「중국에서 왔으니…」. 한국이주여성인권센터 엮음. 『이주여성이 말하는 인권, 그리고 한국사회에 말 걸기』. 한국이주여성인권센터.

이주·여성인권연대. 2001. 「한국 내 이주여성 및 국제결혼 가정 문제와 대책」. 이주·여성인권연대 발족식과 정책워크숍 자료집(2001.3.29).

이준호. "남편에게 살해당한 열아홉살 베트남 신부 추모행사 열려". ≪한국일보≫, 2007년 8월 20일 자.

이철순. 1997. 「세계화와 이주여성노동자의 문제」. 한국교회여성연합회 엮음. 『외국인여성노동자문제, 무엇이 문제인가?』. 한국교회여성연합회.

이해응 외. 2008. 『아시아 여성들의 삶에 대한 이해와 말 걸기』. 한국이주여성인권센터.

주-사우엔 재순. 2016. 「이주여성으로, 이주여성들의 인권을 지키고 차별에 반대하는 운동을 하다」. 『서울신아리랑-천리의 강물처럼』. 한독이주여성 아카이브 특별전시 연계심포지엄 "언니들이 왔다: 이주와 사회참여"(2016.11.13).

카슬(Stephen Castles)·밀러(Mark J. Miller). 2013. 『이주의 시대』. 한국이민학회 옮김. 서울: 일조각.

파레나스, 라셀 살라자르(Rhacel Salazar Parrenas). 2009. 『세계화의 하인들』. 문현아 옮김. 서울: 도서출판 여이연.

한국교회여성연합회 엮음. 1997. 『외국인여성노동자문제, 무엇이 문제인가?』. 한국교회여성연합회.

한국여성단체연합 엮음. 2014. 『젠더관점에서 본 한국사회의 변화: 걸어온 길, 그리고 나아갈 길』. 한국여성단체연합.

한국염. 2010. 「한국 결혼 이주 현실에서 살펴 본 인신매매성 결혼이주 방지를 위한 아시아 초국적 네트워크의 중요성」. 인신매매 피해 이주여성의 인권보호를 위한 서울 국제회의 발표 자료(2010.6.28).

_____. 2009. 「힘들어요, 그러나 새 꿈을 꾸어야지요」. 유네스코 아시아·태평양 국제이해교육원 엮음. 『다문화이해의 다섯 빛깔: 아시아 이해를 위한 국제교육』. 파주: 한울.

_____. 2007. 「인신매매성 국제결혼: 이주여성에 대한 성서적 응답」. 『두레방 20주년 기념문

집: 두레방에서 길을 묻다』. 두레방.

_____. 2004. 『꿈의 나라에서』. 한국이주여성인권센터.

_____. 1997. 「외국인여성노동자 선교적 과제」. 『외국인여성노동자문제, 무엇이 문제인가?』. 한국교회여성연합회.

한국이주여성인권센터. 2012. 「나도 그 여성일 수 있어요」. 이주여성 추모제 발표 자료(2012. 7.18).

_____. 2010. 「필리핀 결혼이주여성의 결혼과정 및 이혼 후 귀환과정에 대한 현지조사」. 한국이주여성인권센터.

_____. 2009. 『이주여성이 말하는 인권, 그리고 한국사회에 말 걸기』. 한국이주여성인권센터.

_____. 2008. 『결혼이주여성 인권백서』. 한국이주여성인권센터.

_____. 2006. 『매매혼적 국제결혼 예방과 방지를 위한 아시아 이주여성 전략회의』. 한국이주여성인권센터 주최 매매혼적 국제결혼 예방과 방지를 위한 아시아 이주여성 전략회의 자료집.

_____. 2003. 『외국인여성노동자, 무엇이 문제인가?』. 한국이주여성인권센터 주최 이주여성 정책포럼 자료집.

한국정신대문제대책협의회. 2010. 『2010년 일본군 '위안부' 문제를 말한다』. 한국정신대문제대책협의회 창립 20주년 기념 국제심포지엄 자료집.

허오영숙. 2013. 『결혼이주여성의 본국 가족 지원』. 파주: 한울.

황혜진·서상범·김현경. 2012.4.23. "외국인혐오증? 외국인도 외국인 나름 '백인우호' Vs '아시아인혐오' 이중성". ≪헤럴드경제≫.

민주사회를 위한 변호사모임. "2012년 제81차 유엔인종차별철폐위원회 대한민국보고에 대한 최종 견해". http://minbyun.jinbo.net/

≪경향신문≫. 2008.6.23.

≪동아일보≫. 2012.8.14. "[2010~2012 세계 가치관 조사 '외국인 이웃도 좋다' 59% … 33국 중 31위".

대법원 등기호적국 보도자료. 2007.4.13. "국제혼인 및 국제이혼 건수 현황".

행정안전부 보도자료. 2009.6.24.

이주 여성 관련 정부 정책 연표

1991.10	해외투자기업 산업연수생제도 실시
1994.01	업종별 산업기술연수생제도 시행
1997.12	국적법 일부 개정(어머니가 대한민국 국민일 경우 출생한 자녀가 대한민국 국적을 취득할 수 있음)
1992.08	중국과 정식 수교(중국 동포와의 국제결혼 계기)
1998.06	새로운 국적법 시행(혼인신고를 후 한국에서 2년 이상 거주하면 귀화 신청 가능)
1999.08	국제결혼 중개 관련법(허가제에서 신고제로)
2003.07	한중 간 국제결혼 양해각서 폐지(양국 중 선택해 혼인신고 → 비자신청)
2003.05	중국 동포 친척 방문 허용, 8촌 이내 혈족과 4촌 이내 인척으로 확대
2003.07	외국인 근로자의 고용 등에 관한 법률 국회 통과, 산업연수생제도와 병행 실시
2004.08	고용허가제 실시
2004.06	국적법 개정(간이귀화에 혼인귀화 포함)
2005.09	간이귀화제도로 출입국관리법 개정(혼인 파탄에 귀책사유 없는 결혼이민자에게 한국 체류권 허용), 결혼이민자 자유 취업 허용
2006.01	여성단체확인서제도 도입
2006.02	결혼이민자 가족지원센터 설치(2008년 다문화가족지원센터로 명칭 변경)

2006.04   여성 결혼이민자와 그 가족의 사회통합 지원 정책 발표

2006.04   가정폭력 방지 및 피해자 보호 등에 관한 법률 개정, 이주여성 긴급전화
와 이주여성쉼터 규정 마련

2006.11   이주여성 긴급전화(1577-1366) 개소

2007.01   이주여성쉼터 제도화(2006년 2개소로 시범 운영을 시작해 2015년 말
현재 쉼터 25개소, 자립 쉼터 1개소, 그룹홈 2개소로 확대)

2007.05   '재한외국인처우기본법' 제정

2007.08   거주 외국인 지원 조례 제정, 2008년 외국인 지원 조례 제정(외국인을
주민으로 설정)

2007.12   국제결혼 중개업 관리에 관한 법률 제정

2008.06   결혼이민 예정자 국제결혼 정보안내 프로그램(여성가족부) 실시

2008.03   국적법 개정(간이귀화 요건 신설 및 결혼이민자 간이귀화 대상자로 포함)

2008.3   '다문화가족지원법' 제정

2008.12   제1차 외국인 정책 기본계획, 제1차 다문화 가족 기본정책 수립(2008~
2012)

2009.01   사회통합프로그램 실시(결혼이민자 인센티브제)

2009.01   한국인 국제결혼 희망자 대상 국제결혼 안내 프로그램(법무부)

2011   다문화 가족 자녀를 위한 이중 언어 교육 실시

2012   초·중등교육법시행령을 개정하여 '이중 언어 강사' 제도 마련, 이중 언
어 강사 배치

2012   문화다양성 보호와 증진에 관한 법 제정 및 관련 법 개정〔다문화 사회
의 기초가 되는 문화다양성 정책 강화 법령 및 조항 마련(문화부)〕

2011   다누리 콜센터 운영

2012   법무부 해피스타트 프로그램 도입(결혼이민자 조기 적응 프로그램)

2012   다문화이해교육 전문 강사 양성 및 교육

2012	다문화 가족 실태 조사 실시
2012	지자체의 외국인 주민 및 다문화 가족 지원 협의회 구성·운영 확대(여성가족부·지방자치단체)
2013	다문화 가족 사례관리사(코디네이터) 시범 운영(다문화가족지원센터)
2013	다문화가족지원센터 통번역 전담 인력 배치
2013.12	제2차 외국인 정책 기본계획, 다문화가족 정책 기본계획(2013~2017) 수립
2014.01	'국민 대통합을 위한 다문화 가족 정책 개선 방안' 발표
2014	다문화가족지원센터와 건강가정지원센터 통합해 '가족센터' 시범 운영
2014	국제결혼 사증 심사 강화(결혼이민자 비자강화제도)
2014	한국어 교육협의체 구성(여성가족부·교육부·법무부·문화체육관광부) 및 지자체 운영 전환
2015	다문화 가족 실태 조사 실시
2016.04	귀화를 원하는 일반 귀화자에게 일단 영주 자격 취득 후 귀화를 하게 하는 '영주 자격 전치주의' 도입

지은이

한 국 염

현재 (사)한국이주여성인권센터 상임 대표로 일한다. 한국정신대문제대책협의회 공동 대표
이기도 하다. 그녀는 빈민운동, 여성운동, 기독교개혁운동에 오랫동안 몸담았고, 2001년 한
국이주여성인권센터를 설립하면서 지금까지 이주여성운동에 헌신해왔다. 정부조차도 관심
을 두지 않았던 시기에 이주여성운동을 선구적으로 열고 지금까지 법과 제도를 마련하는 데
기여해왔으며 이주여성들의 인권 향상을 위해 다각적인 활동을 펼쳤다. 이 공로를 인정받아
국가인권위원회 인권상, 삼성비추미여성대상 해리상, 유관순상, 시민인권상 등을 받았다.
쓴 글로는 이주에 관한 단편적인 글 50여 편이 있다.

한울아카데미 1957

우리 모두는 이방인이다

사례로 보는 이주여성인권운동 15년

ⓒ 한국염, 2017

지은이 | 한국염
펴낸이 | 김종수
펴낸곳 | 한울엠플러스(주)
편 집 | 조인순

초판 1쇄 인쇄 | 2017년 2월 20일
초판 1쇄 발행 | 2017년 2월 28일

주소 | 10881 경기도 파주시 광인사길 153 한울시소빌딩 3층
전화 | 031-955-0655
팩스 | 031-955-0656
홈페이지 | www.hanulmplus.kr
등록번호 | 제406-2015-000143호

Printed in Korea.
ISBN 978-89-460-5957-3 93330 (양장)
      978-89-460-6286-3 93330 (학생판)

※ 책값은 겉표지에 표시되어 있습니다.
※ 이 책은 강의를 위한 학생용 교재를 따로 준비했습니다.
   강의 교재로 사용하실 때에는 본사로 연락해주시기 바랍니다.